Kohlhammer

**Die Autor:innen**

**Dr. Sarah K. Schäfer** ist Psychologische Psychotherapeutin (VT) und arbeitet als wissenschaftliche Mitarbeiterin am Leibniz-Institut für Resilienzforschung in Mainz.

**Dr. Christian G. Schanz** ist wissenschaftlicher Mitarbeiter an der Universität des Saarlandes. Er absolviert eine Ausbildung zum Psychologischen Psychotherapeuten (VT).

**Prof. (apl.) Dr. Monika Equit** leitet die Psychotherapeutische Universitätsambulanz an der Universität des Saarlands und ist Psychologische Psychotherapeutin (VT) und Supervisorin.

Sarah K. Schäfer/
Christian G. Schanz/
Monika Equit

# Diagnostik in der ambulanten Psychotherapie

Ein Lehr- und Praxishandbuch

Verlag W. Kohlhammer

Dieses Werk einschließlich aller seiner Teile ist urheberrechtlich geschützt. Jede Verwendung außerhalb der engen Grenzen des Urheberrechts ist ohne Zustimmung des Verlags unzulässig und strafbar. Das gilt insbesondere für Vervielfältigungen, Übersetzungen und für die Einspeicherung und Verarbeitung in elektronischen Systemen.

Pharmakologische Daten verändern sich ständig. Verlag und Autoren tragen dafür Sorge, dass alle gemachten Angaben dem derzeitigen Wissensstand entsprechen. Eine Haftung hierfür kann jedoch nicht übernommen werden. Es empfiehlt sich, die Angaben anhand des Beipackzettels und der entsprechenden Fachinformationen zu überprüfen. Aufgrund der Auswahl häufig angewendeter Arzneimittel besteht kein Anspruch auf Vollständigkeit.

Die Wiedergabe von Warenbezeichnungen, Handelsnamen und sonstigen Kennzeichen berechtigt nicht zu der Annahme, dass diese frei benutzt werden dürfen. Vielmehr kann es sich auch dann um eingetragene Warenzeichen oder sonstige geschützte Kennzeichen handeln, wenn sie nicht eigens als solche gekennzeichnet sind.

Es konnten nicht alle Rechtsinhaber von Abbildungen ermittelt werden. Sollte dem Verlag gegenüber der Nachweis der Rechtsinhaberschaft geführt werden, wird das branchenübliche Honorar nachträglich gezahlt.

Dieses Werk enthält Hinweise/Links zu externen Websites Dritter, auf deren Inhalt der Verlag keinen Einfluss hat und die der Haftung der jeweiligen Seitenanbieter oder -betreiber unterliegen. Zum Zeitpunkt der Verlinkung wurden die externen Websites auf mögliche Rechtsverstöße überprüft und dabei keine Rechtsverletzung festgestellt. Ohne konkrete Hinweise auf eine solche Rechtsverletzung ist eine permanente inhaltliche Kontrolle der verlinkten Seiten nicht zumutbar. Sollten jedoch Rechtsverletzungen bekannt werden, werden die betroffenen externen Links soweit möglich unverzüglich entfernt.

1. Auflage 2022

Alle Rechte vorbehalten
© W. Kohlhammer GmbH, Stuttgart
Gesamtherstellung: W. Kohlhammer GmbH, Stuttgart

Print:
ISBN 978-3-17-041194-4

E-Book-Formate:
pdf:   ISBN 978-3-17-041195-1
epub: ISBN 978-3-17-041196-8

# Inhalt

| | | |
|---|---|---|
| **Einleitung** | | 9 |
| **1** | **Vom Störungs- und Problemverständnis zur Diagnostik** | **11** |
| 1.1 | Integratives Störungs- und Problemverständnis | 12 |
| 1.2 | Schulenspezifisches Störungs- und Problemverständnis | 16 |
| 1.3 | Problem-, lösungs- und störungsorientierte Perspektiven | 19 |
| **2** | **Diagnostik im Therapieverlauf** | **21** |
| 2.1 | Psychotherapeutische Sprechstunden | 23 |
| | 2.1.1 Diagnostische Fragestellungen in den Sprechstunden | 24 |
| | 2.1.2 Weitere Aufgaben in den Sprechstunden | 30 |
| 2.2 | Probatorische Sitzungen | 37 |
| | 2.2.1 Kategoriale Störungsdiagnostik | 37 |
| | 2.2.2 Die Verhaltensanalyse | 42 |
| | 2.2.3 Der Behandlungsplan | 52 |
| 2.3 | Diagnostik in der Behandlungsphase | 53 |
| **3** | **Störungsübergreifende Diagnostik** | **56** |
| 3.1 | Abklärung von Suizidalität | 57 |
| 3.2 | Analyse von Lebenskrisen | 61 |
| 3.3 | Lebenszielanalyse | 63 |
| | 3.3.1 Schritte der Lebenszielanalyse | 65 |
| | 3.3.2 Weitere Zugänge zur Lebenszielanalyse | 69 |
| 3.4 | Ressourcendiagnostik | 70 |
| | 3.4.1 Relevanz einer ressourcenorientierten Betrachtungsweise | 71 |
| | 3.4.2 Zugänge zur Ressourcendiagnostik | 72 |
| 3.5 | Analyse von Beziehungen | 76 |
| | 3.5.1 Dynamik in Paarbeziehungen | 77 |
| | 3.5.2 Analyse der Beziehungsdynamik | 80 |
| | 3.5.3 Analyse von Beziehungsmotiven | 81 |
| 3.6 | Erstellung des Modusmodells | 85 |
| 3.7 | Plananalyse | 89 |
| | 3.7.1 Aufbau von Plänen | 89 |
| | 3.7.2 Vorgehen bei der Plananalyse | 91 |
| 3.8 | Visualisierende Methoden im diagnostischen Prozess | 92 |

|  |  | 3.8.1 | Genogrammarbeit | 92 |
|---|---|---|---|---|
|  |  | 3.8.2 | Symbolische Darstellungen: Grafiken und Figuren ... | 94 |
| **4** | **Störungsspezifische Diagnostik** | | | **96** |
|  | 4.1 | Differenzialdiagnostik psychischer Störungen | | 97 |
|  |  | 4.1.1 | Die Güte (halb-)strukturierter und unstrukturierter Interviewdiagnostik | 98 |
|  |  | 4.1.2 | Differenzialdiagnostik verschiedener psychischer Störungen | 104 |
|  |  | 4.1.3 | Abgrenzung psychischer Störungen von anderen Symptomursachen | 124 |
|  | 4.2 | Erfassung störungsspezifischer Informationen | | 132 |
|  |  | 4.2.1 | Störungsspezifische Diagnostik bei unipolar-affektiven Störungen | 133 |
|  |  | 4.2.2 | Störungsspezifische Diagnostik bei Angststörungen .. | 137 |
|  |  | 4.2.3 | Störungsspezifische Diagnostik bei Zwangsstörungen | 141 |
|  |  | 4.2.4 | Störungsspezifische Diagnostik bei Posttraumatischer Belastungsstörung | 144 |
|  |  | 4.2.5 | Störungsspezifische Diagnostik bei Essstörungen ..... | 146 |
| **5** | **Diagnostik von Persönlichkeitsstilen und -störungen** | | | **150** |
|  | 5.1 | Therapeutische Relevanz von Persönlichkeitsstilen und -störungen | | 153 |
|  | 5.2 | Herausforderungen der Diagnostik von Persönlichkeitsstörungen | | 156 |
|  | 5.3 | Diagnostik spezifischer Persönlichkeitsstörungen | | 157 |
|  |  | 5.3.1 | Die Paranoide Persönlichkeitsstörung | 159 |
|  |  | 5.3.2 | Die Schizoide Persönlichkeitsstörung | 160 |
|  |  | 5.3.3 | Die Schizotype Persönlichkeitsstörung | 162 |
|  |  | 5.3.4 | Die Antisoziale Persönlichkeitsstörung | 163 |
|  |  | 5.3.5 | Die Narzisstische Persönlichkeitsstörung | 165 |
|  |  | 5.3.6 | Die Histrionische Persönlichkeitsstörung | 166 |
|  |  | 5.3.7 | Die Borderline-Persönlichkeitsstörung | 168 |
|  |  | 5.3.8 | Die Zwanghafte Persönlichkeitsstörung | 170 |
|  |  | 5.3.9 | Die Dependente Persönlichkeitsstörung | 172 |
|  |  | 5.3.10 | Die Vermeidend-selbstunsichere Persönlichkeitsstörung | 174 |
|  | 5.4 | Differenzialdiagnostik von Persönlichkeitsstörungen | | 175 |
|  |  | 5.4.1 | Abgrenzung von Persönlichkeitsstörungen untereinander | 176 |
|  |  | 5.4.2 | Abgrenzung von Persönlichkeitsstörungen und anderen psychischen Störungen | 178 |

Literaturverzeichnis .................................................... **183**

Stichwortverzeichnis .................................................... **199**

Übersicht Onlinematerialien ............................................ **202**

> **Onlinematerialen:**
>
> Dieses Lehr- und Praxishandbuch enthält Materialien für den Einstieg in die Diagnostik und Multiple-Choice-Fragen zu den verschiedenen Kapiteln zur Kontrolle des Lernfortschritts. Den Link zu den Onlinematerialien finden Sie in der Übersicht am Ende des Buches.

# Einleitung

Ziel dieses Lehr- und Praxishandbuchs ist es, Student:innen klinisch-psychologischer bzw. psychotherapeutischer Masterstudiengänge und Psychotherapeut:innen (in Ausbildung) fundiertes und praxisnahes Wissen für die psychotherapeutische Diagnostik zur Verfügung zu stellen. Hierbei steht die Vermittlung direkt anwendbaren Wissens im Vordergrund, das anhand einer Vielzahl von Fallbeispielen und Formulierungshilfen illustriert wird. Empirisches Wissen und theoretische Rahmenmodelle werden dabei so aufbereitet und vorgestellt, dass sie evidenzbasiertes Handeln erlauben, ohne den Bezug zum Therapiealltag zu verlieren. Dieses Buch will vor allem eines, nämlich praktisch arbeitenden Psychotherapeut:innen (in Ausbildung) und Studierenden, die es werden wollen, nützlich sein.

**Das Buch gliedert sich in fünf große Kapitel:**

*Kapitel 1 – Vom Störungs- und Problemverständnis zur Diagnostik:* Ziel des ersten Abschnitts dieses Buchs ist es, ein Störungs- und Problemverständnis zu vermitteln, auf das die nachfolgenden Inhalte aufbauen können. Dieses Verständnis bildet die Grundlage, um die im Anschluss vorgestellten Methoden in ihrer Relevanz einzuschätzen und sie zielgerichtet einsetzen zu können.

*Kapitel 2 – Diagnostik im Therapieverlauf:* Dieser Teil des Buchs liefert Studierenden und Psychotherapeut:innen (in Ausbildung) einen Leitfaden für den Einstieg in ihre praktische Tätigkeit, indem er den diagnostischen Prozess phasenspezifisch strukturiert und assoziierte Methoden zur Informationserfassung erläutert.

*Kapitel 3 – Störungsübergreifende Diagnostik:* In diesem Kapitel werden störungs- und schulenübergreifende diagnostische Techniken vermittelt, die ein fundiertes problemorientiertes Verständnis von Entstehungs- und aufrechterhaltenden Bedingungen der vorliegenden Symptomatik ermöglichen. Diese Techniken können, mit unterschiedlichem Schwerpunkt, bei allen psychischen Störungen Anwendung finden.

*Kapitel 4 – Störungsspezifische Diagnostik:* Kapitel 4 widmet sich der Diagnostik bei zentralen psychischen Erkrankungen in der ambulanten Psychotherapie (u. a. bei affektiven Störungen, Angststörungen, Essstörungen). Nach einer ausführlichen Darstellung der Differenzialdiagnostik befasst sich der zweite Abschnitt dieses Kapitels mit der Erfassung behandlungsrelevanter Informationen für diese Störungsbilder.

*Kapitel 5 – Diagnostik von Persönlichkeitsstilen und -störungen:* Im 5. Kapitel dieses Buchs wird auf Basis empirischer Befunde und zweier Dritte-Welle-Verfahren (Schematherapie und Klärungsorientierte Psychotherapie) zunächst ein aktuelles Verständnis spezifischer Persönlichkeitsstörungen vermittelt, ehe sich dieser Abschnitt der Differenzialdiagnostik von Persönlichkeitsstörungen zuwendet

Wir hoffen sehr, dass die Leser:innen in diesem Buch hilfreiche Informationen finden werden, die ihre (beginnende) psychotherapeutische Arbeit bereichern. Ergänzend werden den Leser:innen Online-Materialien zur Verfügung gestellt, die zum einen Multiple-Choice-Fragen zur Überprüfung des Lernfortschritts und zum anderen Materialien für den Einstieg in die diagnostische Arbeit enthalten.

Saarbrücken, Januar 2022

Sarah K. Schäfer
Christian G. Schanz
Monika Equit

# 1 Vom Störungs- und Problemverständnis zur Diagnostik

> **Zusammenfassung**
>
> Die psychotherapeutischen Richtlinienverfahren – Psychodynamische Therapien, Systemische Therapie und Kognitive Verhaltenstherapie – verstehen psychische Störungen als (Resultat dysfunktionaler) Adaptationsversuche, vor dem Hintergrund der Wechselwirkung bio-psycho-sozialer Vulnerabilitäts-, Resilienz- und Stressfaktoren. Entsprechend steht die Erfassung folgender Variablen im Fokus der psychotherapeutischen Diagnostik:
>
> - prädisponierende und auslösende Faktoren (≈ problemorientierte Perspektive)
> - aufrechterhaltende Faktoren, inklusive der Abbildung von Ressourcen und Veränderungsmöglichkeiten (≈ lösungsorientierte Perspektive)
> - kategoriale und dimensionale Erfassung der Symptomatik sowie die Erfassung störungsimmanenter Variablen (≈ störungsorientierte Perspektive)
>
> Neben diesen Aspekten, die mit unterschiedlichen Gewichtungen von allen Richtlinienverfahren geteilt werden, zeichnen sich die Richtlinienverfahren zusätzlich durch schulenspezifische, diagnostische Schwerpunkte aus:
>
> - Psychodynamische Therapien: Wesentliche Ziele psychodynamischer Diagnostik sind die Feststellung des Strukturniveaus, die Identifikation des Aktual- bzw. Grundkonflikts und das Erkennen von Abwehrmechanismen. Der Königsweg der Diagnostik führt über die Analyse des Beziehungsgeschehens in der therapeutischen Situation.
> - Systemische Therapie: Wesentliche Ziele systemischer Diagnostik sind die Analyse des Familiensystems hinsichtlich Grenzen, Hierarchien und Regeln sowie (zirkulärer) Wechselwirkungen im Interaktionsverhalten der Systemmitglieder. Zentrales Element des Therapierationals ist die Durchbrechung der Problemtrance und die Erweiterung des Möglichkeitsraums.
> - Kognitive Verhaltenstherapie: Wesentliche Ziele verhaltenstherapeutischer Diagnostik sind die Identifikation der selbstregulativen Elemente des Symptomgeschehens sowie die Analyse dysfunktionaler Erlebens- und Verhaltensmuster. Psychotherapie wird als Prozess des Umlernens und des Anstoßens korrigierender Erfahrungen verstanden.

# 1 Vom Störungs- und Problemverständnis zur Diagnostik

> Ziel dieses ersten Kapitels, ist die Vermittlung des notwendigen Grundwissens, zum Verständnis und zur Anwendung der in den nachfolgenden Abschnitten vorgestellten Methoden.

Die Ziele klinischer Diagnostik liegen in der Erfassung, Auswertung und Interpretation aller Informationen, die für Beschreibung, Verständnis, Prognose und Veränderung psychopathologischen Erlebens und Verhaltens erforderlich sind. Welche Informationen für die Bewältigung dieser Aufgaben als relevant erachtet werden, hängt vom zugrundeliegenden Störungs- und Problemverständnis ab. Daher widmet sich dieser erste Teil des Buchs, der Vermittlung des basalen Störungs- und Problemverständnisses der psychologischen Psychotherapie.

## 1.1 Integratives Störungs- und Problemverständnis

In der psychologischen Psychotherapie ist vor allem die Schulenzugehörigkeit für das jeweilige Störungs- und Problemverständnis ausschlaggebend. Erfreulicherweise zeigen die Richtlinienverfahren [Psychodynamische Therapien (d. h. Analytische Psychotherapie und Tiefenpsychologisch fundierte Psychotherapie), Systemische Therapie und Kognitive Verhaltenstherapie] sowie die meisten anderen Therapieschulen eine Vielzahl an Gemeinsamkeiten bezüglich eines großen Teils der Grundannahmen über das menschliche Erleben und Verhalten. Spezifische Gewichtungen unterscheiden sich jedoch je nach Schulenzugehörigkeit.

*Passung zwischen Kind und Umwelt.* Wir kommen nicht als Tabula rasa (unbeschriebenes Blatt) zur Welt, sondern mit dem Erbgut unserer Vorfahren. Diese Grundausstattung ist (außer bei eineiigen Zwillingen) bei jedem Menschen einzigartig und beeinflusst vom ersten Moment an die Interaktionen zwischen Menschen und ihrer Umwelt. Wesentlich für die mehr oder minder funktionalen bzw. dysfunktionalen Entwicklungen eines Kindes und seiner Umwelt ist dabei die Passung ebendieser zueinander – d. h., können Anforderungen der einen Seite durch Reaktionen der anderen Seite erfüllt werden (Hipson & Séguin, 2017)? So führt beispielsweise ein stärkeres ›emotional coaching‹ (d. h. Eltern gehen achtsam auf die Emotionen des Kindes ein und begegnen auch negativen Emotionen wertschätzend und tolerant) bei Kindern mit geringen regulativen Fertigkeiten im Längsschnitt zu mehr prosozialen Kompetenzen, während es bei Kindern mit guten regulativen Fertigkeiten im Längsschnitt mit größerer Ängstlichkeit assoziiert ist (Lagacé-Séguin & Coplan, 2005).

*Neurobiologische Grundlage.* Unser Bewusstsein sowie alle unbewussten Prozesse basieren auf elektrischen und biochemischen Vorgängen in unserem zentralen Nervensystem (Delacour, 1997). Eine Dichotomisierung zwischen ›Psyche‹ (Seele) und ›Soma‹ (Leib) ist dabei eine künstliche, wenn auch sehr hilfreiche, Vereinfachung unseres Verständnisses der Funktionsweise unseres Organismus. Für das

## 1.1 Integratives Störungs- und Problemverständnis

Verständnis aller psychischen Störungen und ihrer Entwicklungsbedingungen müssen neurobiologische Prozesse mitgedacht werden.

*Grundbedürfnisse.* Der Wunsch nach der Befriedigung von Grundbedürfnissen ist die basale motivierende Kraft menschlichen Verhaltens. Die in der (deutschsprachigen) klinischen Psychologie am meisten rezipierte Konzeption der Grundbedürfnisse stammt von Grawe (2004). Demnach strebt der Mensch nach Lustgewinn bzw. Unlustvermeidung, Bindung, Orientierung und Kontrolle sowie Steigerung bzw. Erhalt des Selbstwerts. Ähnliche Konzeptionen finden sich u. a. bei Young, Klosko und Weishaar (2003) sowie Ryan und Deci (2017). Lustgewinn/Unlustvermeidung kann dabei den anderen Grundbedürfnissen übergeordnet werden, da die Befriedigung bzw. Nicht-Befriedigung der Bedürfnisse nach Bindung, Orientierung und Kontrolle sowie Selbstwert ihrerseits zu Lust- bzw. Unlusterleben führen. Unser Wunsch nach Befriedigung unserer Grundbedürfnisse drückt sich insbesondere in Form assoziierter Beziehungsmotive aus, d. h. anhand der grundlegenden Ziele, die wir im sozialen Kontakt verfolgen (▶ Tab. 1.1; Sachse, 2012).

*Bindungs- und entwicklungspsychologische Perspektive.* Die ersten Lebensjahre des Menschen sind prägend für die sozioemotionale und kognitive Entwicklung. Hier wird das Fundament späteren Erlebens und Verhaltens gelegt. Die Entwicklung eines sicheren (oder zumindest ›organisierten‹) Bindungsstils und eines gesunden Explorationsverhaltens gehören zu den am besten gesicherten protektiven Faktoren im Hinblick auf spätere Psychopathologie (Mikulincer & Shaver, 2012). Insbesondere zwischen der (dritten Welle der) kognitiven Verhaltenstherapie und den psychodynamischen Therapien besteht (trotz des unterschiedlichen Vokabulars, z. B. dysfunktionale Schemata vs. Grundkonflikte) Einigkeit darüber, dass Erfahrungen aus diesen frühen Entwicklungsphasen die ›Themen‹ bzw. ›Sollbruchstellen‹ späterer Psychopathologie bestimmen (Busch et al., 1991; Kempke & Luyten, 2007; Luyten, Blatt, & Fonagy, 2013).

*Gemäßigter Konstruktivismus.* Menschen nehmen sich selbst, andere und die Welt nicht objektiv wahr. Wahrnehmung ist per se ein schöpferischer Prozess, bei dem Umweltreize durch das zentrale Nervensystem in eine idiosynkratische Realität übersetzt werden (Mahoney & Granovold, 2005). Diese subjektive Weltwahrnehmung hat erheblichen Einfluss auf interpersonelles Handeln und damit auch den psychotherapeutischen Prozess, denn hier sind (eigentlich) nie ›harte Daten‹ (z. B. auf dem Konto sind 1337,93 Euro), sondern stets die idiosynkratische Bedeutung (z. B. »Was bedeutet es für mich, dass auf dem Konto 1337,93 Euro sind?«) relevant. Dieses Phänomen wird insbesondere in der Auseinandersetzung mit Paarkonflikten und den dabei zu Tage tretenden divergierenden Wahrnehmungen und Interpretationen der einzelnen Beteiligten deutlich (Greenberg & Goldman, 2010).

*Der Mensch als soziales Wesen.* Erleben und Verhalten eines Menschen kann nur vor dem Hintergrund seiner sozialen Realität verstanden werden, denn der Mensch ist evolutionsbiologisch darauf ausgelegt, in soziale Gruppen eingebunden zu sein (Brewer & Caporael, 2006). Daher sind Säuglinge von Geburt an darauf ausgerichtet, mit ihrer Umwelt in sozialen Kontakt zu treten und bei ihrem Umfeld fürsorgliches Verhalten auszulösen (z. B. Kindchen-Schema, Greifreflexe usw.). Über die Kindheit und Adoleszenz hinweg sieht sich der Heranwachsende mit sozialen Entwicklungsaufgaben (u. a. Entwicklung eines Identitätsgefühls, Aufbau eines Freundeskreises, Sammeln erster sexueller Erfahrungen usw.) konfrontiert, die maßgeblich beeinflussen, welche soziale Rolle eine Person im Erwachsenenalter einnimmt (Thyen & Konrad, 2018). Auch wenn sich Entwicklungsschritte im frühen und mittleren Erwachsenenalter verlangsamen, bleiben sie vor allem von sozialen Themen geprägt (z. B. soziales Mit- und Nebeneinander in Beruf und Freizeit, Gründung einer Familie, Versorgung von älter werdenden Angehörigen). Die zentrale Rolle sozialer Themen setzt sich bis ins hohe Erwachsenenalter fort (z. B. Wechsel der sozialen Rolle vom Versorgenden zum Versorgten, vermehrte Konfrontation mit Todesfällen im sozialen Umfeld, Regelung des eigenen Nachlasses; Lang, Martin, & Pinquart, 2011).

**Tab. 1.1:** Grundbedürfnisse nach Grawe (2004) und Beziehungsmotive nach Sachse et al. (2012)

| Übergeordnetes Streben | Grundbedürfnisse | Beziehungsmotiv | Kindliche Beziehungserfahrungen, die das Bedürfnis befriedigen |
|---|---|---|---|
| Lustgewinn und Unlustvermeidung | Selbstwert | Anerkennung | Unkonditionale Liebe: Das Kind muss keine Voraussetzung erfüllen, um geliebt zu werden. |
| | | Wichtigkeit | Unkonditionale Aufmerksamkeit: Das Kind muss keine Voraussetzung erfüllen, um für seine Bezugspersonen wichtig zu sein. |
| | Bindung | Solidarität | Praktische Unterstützung im Lebensalltag: Das Kind erfährt in schwierigen Situationen Rückhalt – seine Bezugspersonen setzen sich für es ein. |
| | | Verlässlichkeit | Stabilität der Bindungsbeziehung: Das Kind erfährt, dass es Vertrauen in die Stabilität affektiver Beziehungen setzen kann. |
| | Orientierung und Kontrolle | Territorialität | Entwicklungsangemessene Wahrung von Grenzen: In Abhängigkeit des Entwicklungsstands werden die körperlichen, emotionalen und sozialen Grenzen des Kindes gewahrt. |
| | | Autonomie | Entwicklungsangemessene Möglichkeit zur freien Entscheidung: In Abhängigkeit des Entwicklungsstandes überlassen die Bezugspersonen dem Kind die Gestaltung seiner Lebenswelt. |

Diese geteilten Grundannahmen münden im Störungsverständnis von biopsychosozialen (von Uexküll & Wesiack, 1988) und Vulnerabilitäts-Stress-Modellen (Wittchen & Hoyer, 2011). Das biopsychosoziale Modell geht davon aus, dass ein vollständiges Störungsverständnis nur unter Berücksichtigung sowohl biologischer (z. B. Neurotransmitterhaushalt, genetische Grundlagen), psychologischer (z. B. Werte, Grundannahmen) als auch sozialer Faktoren (z. B. Familiensystem, sozioökonomischer Status) möglich ist. Das Vulnerabilitäts-Stress-Modell erweitert die Perspektive des biopsychosozialen Modells um zeitliche Aspekte sowie um die Interaktion von Stressoren und Coping-Versuchen. Grundlegende Annahme ist, dass Menschen sich hinsichtlich ihrer Vulnerabilität (d. h. ihrer Verletzlichkeit) für spezifische Stressoren unterscheiden. Für das Ausmaß der individuellen Vulnerabilität sind biopsychosoziale Faktoren verantwortlich. Stressereignisse unterscheiden sich hinsichtlich ihrer Frequenz (z. B. täglicher Stress auf der Arbeit vs. Vorstellungsgespräch), Dauer (z. B. Überfall vs. Kriegserleben), Intensität (z. B. grippaler Infekt vs. Krebserkrankung) und Qualität (z. B. Beziehungskonflikt vs. Arbeitsbelastung). Menschen verfügen über Ressourcen, die den Umgang mit Stressoren modulieren können (z. B. soziale Unterstützung, Emotionsregulationsstrategien) und so einen mehr oder weniger erfolgreichen Coping-Prozess erlauben. Wenn Coping-Mechanismen versagen, kommt es zur Symptombildung (alternativ können Symptome auch als Coping-Versuch verstanden werden).

> *Frau V. (63 Jahre, Friseurmeisterin) wurde als viertes Kind ihrer Eltern geboren. Sie berichtet, dass sie, nachdem ihr Vater die Familie früh verlassen habe, als »Problemkind« zunächst zu ihren Großeltern und später in ein Heim »abgeschoben« worden sei (primär deprivierte Beziehungsmotive Solidarität, Verlässlichkeit). Erst im Erwachsenenalter wurde, im Zuge eines psychiatrischen Aufenthalts, eine Hyperkinetische Störung diagnostiziert (Dysfunktion im dopaminergen System), damals hätte aber niemand gewusst, was mit ihr los gewesen sei, und niemand hätte adäquat auf ihre Symptome reagiert (mangelnde Passung zwischen den Bedürfnissen des Kindes und den Reaktionen der Umwelt). Im Heim habe sie viel Unverständnis, Zurückweisung und Gewalt erfahren (vernachlässigende und missbrauchende Kindheitserfahrungen, depriviertes Beziehungsmotiv Territorialität). In der Folge war die subjektive Perspektive von Frau V. auf sich selbst (u. a. »ich bin nicht in Ordnung«) und die Anderen (u. a. »die Anderen sind nicht vertrauenswürdig«) früh von dysfunktionalen Verzerrungen geprägt, welche sich später in einem emotional-instabilen Persönlichkeitsstil niederschlugen.*

Auf Basis dieses Grundverständnisses ist es für die psychotherapeutische Diagnostik wichtig, folgende (nicht distinkte) Faktoren zu berücksichtigen:

- Genetische und biologische Einflüsse (z. B. Temperament, körperliche Grunderkrankungen, medizinische Krankheitsfaktoren)
- Funktionalität der Zielsetzungen und Verhaltensstrategien, mit denen eine Person versucht, ihre Grundbedürfnisse zu befriedigen (z. B. Konfligiert das Ziel, eine Professur anzustreben, möglicherweise mit dem Rollenmodell, Hausmann und Vater sein zu wollen?)
- (Beziehungs-)Erfahrungen in Kindheit und Jugend sowie deren Einfluss auf Beziehungsdynamiken im Erwachsenenalter (z. B. Für welche Verhaltensweisen haben die Betroffenen in ihrer Kindheit Aufmerksamkeit erfahren? Für welche Verhaltensweisen Strafe oder Missachtung?)
- Subjektives Selbst- und Weltverständnis, mit den dazugehörigen Grundannahmen und Schemata (z. B. Welche Werte sind der betroffenen Person wichtig? Wie nimmt die betroffene Person sich selbst und ihre Rolle in der Welt wahr?)

- Soziales Beziehungsgefüge, vor dessen Hintergrund die Problematik bzw. Symptomatik entstanden ist und aktuell auftritt (z. B. Wie werden Freundschaften, Paarbeziehungen und Arbeitsverhältnisse gelebt?)
- Stressreiche Lebensereignisse (z. B. Arbeitsplatzwechsel, Traumata, Umzüge)
- Coping-Strategien (z. B. Ressourcen, bisherige Bewältigungsversuche, soziale Unterstützung)

## 1.2 Schulenspezifisches Störungs- und Problemverständnis

Neben diesen allgemeinen, (beinahe) konsensfähigen Annahmen zum Störungs- und Problemverständnis, gilt es die schulenspezifischen Informationen zu erfassen, die für die Anwendung spezifischer Therapietechniken erforderlich sind. Ausführliche Informationen zu Theorien der Störungsgenese in den Richtlinienverfahren finden sich an anderer Stelle (Boll-Klatt & Kohrs, 2013; Brakemeier & Jacobi, 2017; von Schlippe & Schweitzer, 2013). Zusammengefasst sind folgende Schwerpunkte (jenseits der zuvor beschriebenen Gemeinsamkeiten) für die Richtlinienverfahren relevant:

*Kognitive Verhaltenstherapie* (Schneider & Margraf, 2018). Die Kognitive Verhaltenstherapie hat ihren Ursprung im Behaviorismus und basiert im Kern auf Lerntheorien zur klassischen Konditionierung (Erlernen einfacher Reiz-Reaktion-Verknüpfungen), zur operanten Konditionierung (Erlernen von Reaktionen auf diskriminative Hinweisreize in Abhängigkeit spezifischer Konsequenzen, d. h. Verstärkung und Bestrafung) und zum sozialen Lernen (Welches Verhalten hat sich für andere bewährt?). Mit der kognitiven Wende rückten darüber hinaus überdauernde kognitive Stile, Einstellungen und Schemata in den Fokus der kognitiven Verhaltenstherapie. Diese kognitiven Stile, Einstellungen und Schemata sind das Resultat der Summe einzelner Lernerfahrungen, die in ein kognitives Netzwerk integriert werden (Was kann ich auf Basis meiner bisherigen Erfahrungen von der Zukunft erwarten?). Es wird angenommen, dass diese überdauernden kognitiven Elemente die Aufmerksamkeitslenkung und die Interpretation von Informationen (in sozialen Situationen) beeinflussen. Kognitive Schemata werden dabei durch Hinweisreize (engl. ›Trigger‹) aktiviert. Die initiale Bewertung von Situationen erfolgt ›automatisch‹ (d. h. über schnell ablaufende, implizite bzw. unbewusste kognitive Prozesse) und es erfordert Selbstregulation, diese automatischen Schlussfolgerungen zu korrigieren bzw. anzupassen. Da die Grundlagen psychischer Störungen, im Verständnis der kognitiven Verhaltenstherapie, durch Lernprozesse erworben wurden, besteht ein zentrales Ziel der Therapie im Anstoßen neuer Lernprozesse durch korrigierende Erfahrungen. Mit der dritten Welle (der ›emotionalen‹ Wende) der kognitiven Verhaltenstherapie rückten neben verhaltensbezogenen und kognitiven Methoden auch erlebnisorientierte Techniken in das Zentrum von Theorie und Praxis (Heidenreich & Michalak, 2013). Diagnostische Schwerpunkte in der kognitiven Verhaltenstherapie liegen folglich:

- In der Mikroanalyse von Situationen – in der festgestellt werden soll, welche Stimuli aufgrund welcher (automatischen) kognitiven, emotionalen und physiologischen Reaktionen, zu welcher willkürmotorischen Reaktion führen und inwiefern dieses Verhaltensmuster durch seine Konsequenzen aufrechterhalten wird.
- In der Makroanalyse – in der festgestellt werden soll, welche überdauernden Schemata, kognitiven Einstellungen, Skripte usw. die (automatischen) Kognitionen, Emotionen und physiologischen Reaktionen bedingen und so das (willkürmotorische) Verhalten lenken.

*Psychodynamische Psychotherapien* (Rudolf, 2018). Die moderne psychodynamische Psychotherapie entwickelte sich in vier Phasen von der Triebtheorie, über die Ich-Psychologie und die Objekttheorie zur Selbstpsychologie. Den psychodynamischen Verfahren liegt die Überzeugung zugrunde, dass sich in den ersten Lebensjahren des Menschen die Struktur des psychischen Apparates herausbildet, die vier Kategorien umfasst: Wahrnehmung (z. B. Affektdifferenzierung, Selbst-Objekt-Differenzierung), Steuerung (z. B. Impulssteuerung, Interessensausgleich), Kommunikation (z. B. Mitteilung von Affekten, Reziprozität) und Bindung (z. B. Introjekte nutzen, Beziehungen aufnehmen und beenden können). Eine geringe Ausbildung der strukturellen Fähigkeiten ist primär Folge eines Mangels an förderlichen Beziehungen in der frühen Kindheit (z. B. gespiegelt werden, beruhigt werden bei unlustvoller Erfahrung). Im Laufe der Entwicklung ist das Kind mit zentralen Entwicklungsaufgaben konfrontiert, die – unzureichend bewältigt – zur mangelnden Bewältigung von Grundkonflikten führen können. Zentrale Themen der Grundkonflikte sind: Nähe (Es gibt mich, es gibt ein Objekt und wir haben eine kommunikative Beziehung.), Bindung (Ich habe eine sichere Basis, die mich liebt, wie ich bin.), Autonomie (Ich kann in Beziehung wirksam sein und kann mich zur Exploration vorübergehend von meiner sicheren Basis entfernen.), Identität (Ich habe eine zu mir passende Rolle in einem sozialen Netzwerk.). Grundkonflikte können durch spätere Beziehungserfahrungen, die ähnliche Themen anstoßen, reaktiviert werden. Während der zentrale Grundkonflikt (vereinfacht gesagt) das ›Thema‹ einer Störung bestimmt (z. B. ›drehen‹ sich Angsterkrankungen um die Themen Autonomie, Orientierung und Kontrolle), ist die Struktur (vereinfacht gesagt) zentral dafür, ob Konflikte intra- oder extrapsychisch ausgetragen werden und wie reif oder unreif Konfliktthemen bewältigt werden (zentrales Element hierfür sind die Abwehrmechanismen). Diagnostische Schwerpunkte in den psychodynamischen Theorien liegen folglich (Arbeitskreis OPD, 2006; Vaillant, 1992):

- auf der Aufdeckung des zentralen Grundkonflikts (primär in der Analytischen Psychotherapie) bzw. auf der Identifikation des Aktualkonflikts (primär in der Tiefenpsychologisch fundierten Psychotherapie).
- auf der Feststellung des Strukturniveaus: Dies kann gut (u. a. differenzierte Wahrnehmung von Selbst und Objekt, intrapsychische Konfliktbewältigung), mäßig (u. a. eingeschränkte Selbst- und Objektwahrnehmung, größtenteils intrapsychische Konfliktbewältigung), gering (u. a. Objekte sind bedrohend oder werden idealisiert, keine intrapsychische Konfliktbewältigung) oder desintegriert sein (d. h. Selbst und Objekt sind konfundiert).

- auf der Identifikation der dominanten Abwehrmechanismen: Diese können reif (z. B. Humor und Sublimierung), neurotisch (z. B. Reaktionsbildung, Pseudo-Altruismus) oder unreif sein (z. B. Spaltung, Projektion).
- auf der Analyse der Beziehungsdynamik, im Rahmen derer festgestellt werden soll, wie Patient:innen andere (immer wieder) wahrnehmen, wie sie (immer wieder) darauf reagieren, wie diese Reaktion (immer wieder) von anderen wahrgenommen wird und wie diese (immer wieder) darauf reagieren.

*Systemische Therapie* (von Sydow & Borst, 2018). Im Zentrum der Systemischen Therapie steht die Familie als mehrgenerationales, abgrenzbares und regelgesteuertes System. Dabei entscheiden die Grenzen eines Systems über die Systemzugehörigkeit und Regeln beschreiben explizite oder implizite wiederkehrende Verhaltensmuster und/oder -erwartungen. Für jedes menschliche System gilt, dass sich Verhaltensmuster verfestigen, die Dynamik eines Systems machtvoller ist als die Dynamik seiner einzelnen Mitglieder (weshalb es als sinnvoll betrachtet wird, mit dem gesamten System und nicht nur mit einzelnen Mitgliedern zu arbeiten), das Verhalten einzelner Systemmitglieder zugleich Ursache und Wirkung des Verhaltens anderer Systemmitglieder ist und die Veränderung eines Mitglieds das ganze System verändert. In Systemen kann es zu Problemen kommen, das heißt, einem Erleben oder Verhalten unter dem die Betroffenen und/oder ihre Umgebung leiden. Ob Erleben und Verhalten problematisch sind, hängt anknüpfend an konstruktivistische Ansätze von deren Interpretation ab. Diese wiederum hängt von biographisch entstandenen Grundüberzeugungen ab. Das, was als Symptom sichtbar wird, ist eine sinnvolle und zu verstehende Reaktion eines Systemmitglieds auf ein problembehaftetes System. Da in jedem System neben Veränderungstendenzen auch Beharrungstendenzen wirksam sind (jedes System strebt auf eine Homöostase, d. h. einen Gleichgewichtszustand, zu), können Probleme fortbestehen, obwohl Problemauslöser nicht mehr gegenwärtig sind (z. B. kann die Affäre eines Ehepartners zu nachhaltigen Problemen im System führen, obwohl die Affäre schon beendet ist). Zentraler Gegenstand der Therapie ist daher nicht die Beseitigung von Symptomen oder die Herleitung der Symptomentstehung, sondern die Durchbrechung der Problemtrance und die Erweiterung des Möglichkeitsraums. Diagnostische Schwerpunkte in der Systemischen Therapie liegen folglich:

- auf dem Verstehen der familiären Beziehungsstruktur: Wie sind die Rollen verteilt? Welche Hierarchien bestehen? Wie grenzt sich das System nach außen ab? Gibt es im Inneren Subsysteme? Welche Muster, Probleme, Versuche der Problembewältigung treten über Generationen hinweg immer wieder auf? Wurde mit Familientraditionen gebrochen, wurden Erwartungen erfüllt? Gab es Übergänge in andere soziale oder Bildungsschichten und kulturelle Kreise?
- auf dem Verständnis der Perspektiven der einzelnen Systemmitglieder auf das System: Wie werden Beziehungen erlebt? Welche Annahmen bestehen darüber, wie andere Systemmitglieder das System verstehen? Welche Bindungsmuster und Persönlichkeitsmerkmale färben das Erleben und Verhalten?
- auf der Identifikation von Möglichkeitsräumen: Wohin möchten sich die Systemmitglieder entwickeln? Welche Vorteile hat das aktuelle Problem? Wodurch

könnte eine Irritation und Störung der gegenwärtigen (belastenden) Systemhomöostase angestoßen werden?

## 1.3 Problem-, lösungs- und störungsorientierte Perspektiven

Die jeweilige Schulenzugehörigkeit beeinflusst die Perspektive aus der Therapeut:innen das Erleben und Verhalten der Patient:innen analysieren und aus der heraus sie Interventionen planen. Hierbei kann eine störungsorientierte von einer problemorientierten und einer lösungsorientierten Perspektive unterschieden werden. Unter ›Störungsorientierung‹ wird verstanden, dass sich die diagnostische Abklärung und die Behandlung an spezifischen Störungskategorien orientiert und die Therapie auf die Reduktion bzw. Beseitigung einer definierten Symptomatik ausgerichtet ist (Born, 2014). Diese Perspektive, die der Differenzialdiagnostik und der Arbeit mit störungsspezifischen Manualen eine große Bedeutung beimisst, ist in der kognitiven Verhaltenstherapie stark verankert. ›Problemorientiert‹ bedeutet, dass der diagnostische und therapeutische Prozess auf die Abklärung der Störungs- oder Problemursache sowie auf deren Nachbearbeitung und Auflösung fokussiert. Insbesondere in der psychodynamischen Therapie stehen hierbei Grundkonflikte aus der Kindheit bzw. deren Reaktualisierung in der gegenwärtigen Lebenswelt im Fokus (Rudolf & Hauten, 2019). Im Gegensatz dazu fokussiert die ›lösungsorientierte‹ Perspektive die Erfassung und Ausnutzung des Möglichkeitsraums für bedürfniskongruente Veränderungen, ohne dabei der Symptomatik selbst oder deren Auslöser ein allzu großes Gewicht beizumessen. Diese Perspektive ist insbesondere in der Systemischen Therapie heimisch, die einen bedeutenden Lösungsmechanismus in der Aufgabe einfacher Kausalitätsannahmen (d. h. Aufgabe monokausaler Erklärungen) und in der Durchbrechung der Problemtrance erkennt (Wagner, 2020). Wichtig ist jedoch zu betonen, dass alle Richtlinienverfahren – mit unterschiedlicher Schwerpunktsetzung – alle besprochenen Perspektiven berücksichtigen.

Wie zuvor angedeutet, hat sich die klassischerweise störungsorientierte Kognitive Verhaltenstherapie im Zuge der Entwicklung der Dritten-Welle-Verfahren, verstärkt auch problem- (z. B. in der Schematherapie, Young et al., 2003) und lösungsorientierter Perspektiven (z. B. in der Akzeptanz- und Commitmenttherapie, Walser & Westrup, 2007) angenommen. Viele Dritte-Welle-Verfahren nutzten hierbei psychodynamische Konzepte, die so adaptiert wurden, dass sie in den kognitiv-verhaltenstherapeutischen Therapieprozess integriert werden können (z. B. Cognitive Behavioral Analysis System of Psychotherapy; CBASP, McCullough, 2003). Darauf aufbauend integrieren wir in diesem Buch neben der störungsorientierten Perspektive unserer ›therapeutischen Heimat‹ (der kognitiven Verhaltenstherapie) problemorientierte und lösungsorientierte Perspektiven sowie Konzepte aus Verfahren der Dritten Welle. Eine schematische Darstellung der diagnostischen und therapeutischen Perspektiven findet sich in Abbildung 1.1 (▶ Abb. 1.1).

# 1 Vom Störungs- und Problemverständnis zur Diagnostik

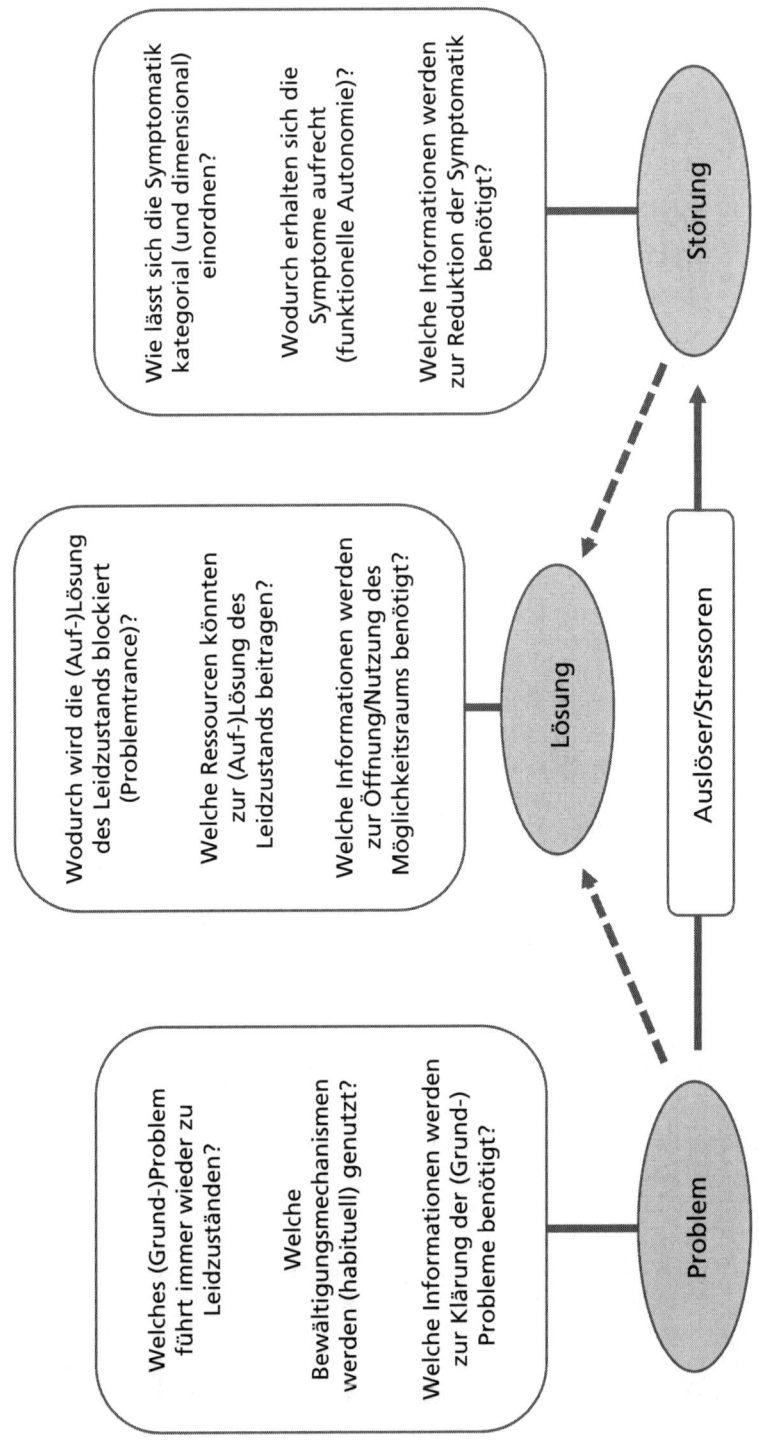

**Abb. 1.1:** Problem-, lösungs- und störungsorientierte Perspektiven in der Diagnostik.

# 2 Diagnostik im Therapieverlauf

> **Zusammenfassung**
>
> Anhand inhaltlicher Schwerpunkte und diagnostischer Rahmenbedingungen lässt sich der diagnostische Prozess (grob) in drei Abschnitte einteilen:
>
> - Die Sprechstunden: Im Fokus der Sprechstunden steht die Beantwortung der Frage, ob eine ambulante psychotherapeutische Behandlung indiziert ist. Darüberhinausgehend wird mit der Exploration der vorliegenden Symptomatik und der biographischen, sozialen sowie Krankheits- und Behandlungsanamnese begonnen. Am Ende der Sprechstunden sollte ein (vorläufiges) gemeinsames Therapieziel bzw. ein Therapieauftrag formuliert werden können.
> - Die probatorischen Sitzungen: Ziel der probatorischen Sitzungen ist die Erstellung einer (individualisierten) Fallkonzeption. Die Fallkonzeption beinhaltet eine (Verdachts-)Diagnose, den Therapieauftrag, ein Modell der prädisponierenden, auslösenden und aufrechterhaltenden Faktoren sowie einen Behandlungsplan. Entsprechend kommen in den probatorischen Sitzungen primär differenzialdiagnostische und problemorientierte diagnostische Methoden zum Einsatz, welche die Erstellung der (individualisierten) Fallkonzeption unterstützen.
> - Die Behandlungsphase: In der Behandlungsphase tritt die Konstruktion des Wirklichkeitsraums (d. h. des Ist-Zustands) zunehmend hinter die Initiierung von Veränderungsprozessen (d. h. einer Konstruktion und Nutzung des Möglichkeitsraums) zurück. Hierbei kommt der Diagnostik die Aufgabe zur Erfassung, Auswertung und Interpretation aller (störungs-, problem- und lösungsorientierten) Informationen zu, die zur Realisierung des Behandlungsplans und zur Erreichung der Therapieziele notwendig scheinen.
>
> Ziel dieses Kapitels ist es, den Leser:innen einen Leitfaden zur Organisation des diagnostischen Prozesses zur Verfügung zu stellen, anhand dessen die Auswahl diagnostischer Methoden erfolgen kann.

Die einzelnen Diagnostikphasen (Sprechstunden, probatorische Sitzungen, Behandlungsphase) zeichnen sich durch unterschiedliche methodische Schwerpunkte und Fragestellungen aus. Während in der Anfangsphase der Therapie das Sammeln diagnostischer Informationen und der Aufbau einer Arbeitsbeziehung das Gros der

## 2 Diagnostik im Therapieverlauf

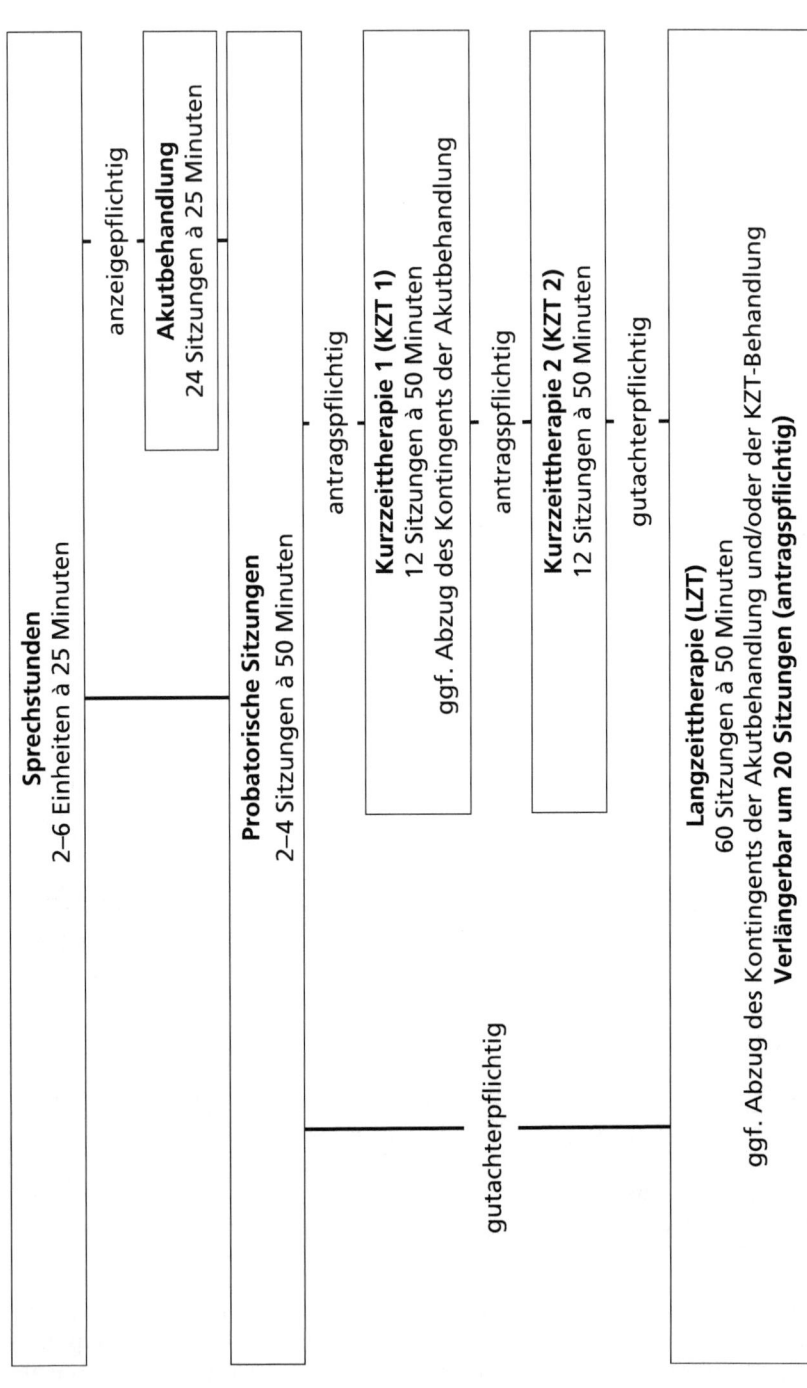

Abb. 2.1: Das Stundenkontingent in der Verhaltenstherapie.

therapeutischen Arbeit ausmachen, gewinnt das Anstoßen von Veränderungsprozessen im weiteren Verlauf zunehmend an Bedeutung. Dennoch enden die Erfassung, Auswertung und Interpretation diagnostischer Informationen erst mit dem Abschluss der Therapie. Während in den folgenden Kapiteln des Buches detailliert auf spezifische diagnostische Methoden und Fragestellungen eingegangen wird, konzentriert sich dieses Kapitel auf die Darstellung der phasenspezifischen Gestaltung und Zielsetzung der Diagnostik im Therapieverlauf. Abbildung 2.1. gibt einen schematischen Überblick über die Anzeige-, Antrags- und Begutachtungsschritte im deutschen Krankenkassensystem (▶ Abb. 2.1).

## 2.1 Psychotherapeutische Sprechstunden

Die psychotherapeutischen Sprechstunden (auch Erstgespräch genannt) markieren den Beginn einer therapeutischen Zusammenarbeit und stellen abgesehen von der Terminabsprache i. d. R. den ersten Kontakt zwischen Patient:innen und Psychotherapeut:innen dar. Gegenüber den gesetzlichen Krankenkassen werden Sprechstunden in bis zu sechs 25-Minuten-Einheiten abgerechnet [Gebührenordnungsposition (GOP) 35151]. Bevor mit einer psychotherapeutischen Behandlung begonnen werden kann, müssen mindestens zwei Einheiten, d. h. 50 Minuten, psychotherapeutischer Sprechstunde stattgefunden haben. Im Rahmen dieser Sprechstunden gilt es in erster Linie zu klären, welche Aufträge die Patient:innen an die Therapeut:innen haben und ob vor dem Hintergrund dieses Auftrags eine ambulante Therapie indiziert ist oder ggf. ein anderes Therapie- bzw. Beratungssetting zielführender wäre (z. B. stationäre Therapie). Des Weiteren wird mit dem Sammeln von therapierelevanten Informationen begonnen, was vor allem die Erhebung anamnestischer Informationen, die Abklärung von Selbstgefährdung/Suizidalität (und seltener Fremdgefährdung) sowie eine Exploration der vorhandenen Symptomatik umfasst. Über die diagnostische Arbeit hinaus gehen mit der Durchführung der Sprechstunden weitere Aufgaben einher (z. B. Beginn der Beziehungsarbeit, Aufklärung des Patient:innen), die im Folgenden aufgrund ihrer Bedeutung für den Therapieverlauf ebenfalls skizziert werden. Hierbei können die meisten der nachfolgend beschriebenen Inhaltsbereiche beim Erstkontakt nur angerissen werden. Es sind stets weitere Sprechstunden, Fragebögen oder auch probatorische Sitzungen nötig, um sie mit einem befriedigenden Ergebnis abschließen zu können. Nichtsdestotrotz sollte bereits im Erstkontakt mit Erfassung und Vermittlung der relevanten Informationen begonnen werden. Bei den zum Download abrufbaren Onlinematerialien findet sich sowohl ein Leitfaden für das Erstgespräch (M1) als auch ein Anamnesebogen (M2).

## 2.1.1 Diagnostische Fragestellungen in den Sprechstunden

Die diagnostischen Aufgaben in den Sprechstunden umfassen die Frage nach den Therapiezielen und der Therapiemotivation, die biographische, die soziale sowie die Krankheits- und Behandlungsanamnese, das Stellen einer Verdachtsdiagnose (bzw. den Beginn der Differenzialdiagnostik) und die Klärung der Indikationsstellung.

*Therapieziele: Welche Wünsche und Hoffnungen verbinden Patient:innen mit der Therapie?* Diese Frage mag zunächst trivial scheinen, doch die Reduktion der Symptomatik ist nicht zwangsläufig das (einzige) Ziel, mit dem Patient:innen in Therapie kommen. Stattdessen berichten viele Patient:innen von einer ganzen Reihe unterschiedlicher und in der Regel parallel bestehender Ziele. Empirisch berichten Patienten v. a. folgende Ziele (Faller, 2000):

- Meine Probleme lösen (78,7 %)
- Meine Beschwerden mindern (74,8 %)
- Selbstbewusster werden (58,8 %)
- Mich selbst besser verstehen (57,0 %)
- Orientierung für mein Leben gewinnen (42,3 %)
- Probleme mit Partner:innen bewältigen (33,3 %)
- Probleme in Beruf oder Ausbildung bewältigen (33,1 %)

Um Patient:innen eine adäquate Therapie anbieten zu können, ist es daher essentiell individuell zu klären, was genau Patient:innen von einer Therapie erwarten. Falls Patient:innen spontan keine Ziele berichten, sollte explizit nach diesen gefragt werden (z. B. »Weshalb kommen Sie gerade jetzt zu mir in Therapie, was möchten Sie gerne mit Unterstützung der Therapie erreichen? Was müsste sich in den nächsten Monaten in Ihrem Leben durch die Therapie verändern, damit Sie das Gefühl haben, die Therapie hat sich gelohnt?«). Im weiteren Verlauf (in der Regel nicht bereits in den Sprechstunden) sollten Therapieziele anschließend nach Priorität geordnet und so spezifiziert werden, dass sie (Brakemeier & Jacobi, 2017; Michalak, Holtforth, & Berking, 2007; Boelicke, 2004):

- für Patient:innen persönlich relevant sind;
- Annäherungs- anstatt Vermeidungsziele darstellen;
- eine Zeitperspektive beinhalten;
- situationsspezifisch sind;
- verhaltensspezifisch sind;
- selbst- und motivkongruent sind;
- überprüfbar sind.

Darüber hinaus sollten sie im Sprachstil der Patient:innen formuliert sein und eine Definition von Zwischenzielen erlauben. Eine Metaanalyse zeigt, dass die Übereinstimmung zwischen Patient:innen und Therapeut:innen hinsichtlich der wichtigsten Therapieziele einen bedeutsamen prädiktiven Wert für den Therapieerfolg hat (Tryon, Birch, & Verkuilen, 2018). Diese Übereinstimmung zu prüfen, ist nicht nur am Anfang der Zusammenarbeit, sondern auch im Therapieverlauf relevant, da Ziele einem fortlaufenden Veränderungsprozess unterworfen sind. Therapeut:innen sollten dabei stets transparent machen, für welches Therapieziel spezifische Interventionen und Hausaufgaben relevant sind. Falls Patient:innen keine Therapieziele berichten können, sollte das Erarbeiten von Therapiezielen das erste Ziel der Therapie werden. Ausgangspunkte der Zieldefinition können dabei folgende sein:

- Fragen nach dem Grund für das Aufsuchen der Psychotherapie.
- Fragen nach dem Status quo und den Veränderungswünschen in den Lebensbereichen partnerschaftliche Beziehungen, Familie, Beruf und Freizeit
  *Bitte beschreiben Sie mir, wie Sie die Beziehung zu Ihrem:Ihrer Partner:in erleben. Woran liegt diese Unzufriedenheit? Möchten Sie etwas an der Beziehung zu Ihrem:Ihrer Partner:in verändern? Was verhindert diese Änderung derzeit? Denken Sie, die Möglichkeit für eine solche Veränderung zu schaffen, wäre ein relevantes Thema für unsere Therapie?« [vgl. auch Kapitel 3.3 zur Lebenszielanalyse]*
- Fragen nach dem Zielzustand und den damit assoziierten Lebensumständen
  *»Wenn unsere Therapie erfolgreich verläuft, was wird sich dann an Ihrem Verhalten, ihrem emotionalen Erleben, ihren Beziehungen verändern? ... Wenn wir uns in einem Jahr wieder treffen (nach erfolgreicher Therapie): Wo treffe ich Sie, was machen Sie, wie leben Sie?«)*
- Fragen nach der Befriedigung von Grundbedürfnissen
  *»Wir gehen davon aus, dass jeder Mensch grundlegende Bedürfnisse nach Bindung, Orientierung und Kontrolle sowie Selbstwert hat. Haben Sie das Gefühl, stabile und befriedigende soziale Bindungen in Ihrem Leben zu haben? Seit wann haben Sie das Gefühl, dass Ihnen die Aufrechterhaltung stabiler Beziehungen schwerfällt?«. [vgl. auch Kapitel 3.5 zur Beziehungsanalyse])*

*Verdachtsdiagnose: Welche psychische und/oder körperliche Symptomatik besteht?* Um die Grundlage für die Therapieplanung und die Kommunikation mit Patient:innen, mit Kolleg:innen und Krankenkassen zu legen, ist es zu empfehlen, früh eine Verdachtsdiagnose zu stellen. Ausgangspunkt der Verdachtsdiagnose sind zunächst die Spontanangaben der Patient:innen, die im weiteren Verlauf der Sprechstunde durch eine (halb-)strukturierte Exploration dieser Symptomatik und ein Screening auf weitere Störungen ergänzt werden. Wichtig ist es hierbei, die Verdachtsdiagnose als das zu bewerten, was sie ist – ein Verdacht – und ihr Zutreffen oder Nicht-Zutreffen im weiteren Verlauf durch die Anwendung weiterer diagnostischer Methoden (u. a. halbstrukturierter Interviews) zu überprüfen. Die Durchführung der Differenzialdiagnostik wird im vierten Kapitel dieses Buches im Detail besprochen.

*Therapiemotivation: Inwiefern sind die Patient:innen zur Aufnahme der Therapie motiviert?* Die meisten Patient:innen (76 %) sind intrinsisch zu einer psychotherapeutischen Behandlung motiviert (Ogrodniczuk, Kealy, Laverdière, & Joyce, 2018). Dem gegenüber stehen jedoch 38 % der Patient:innen, die (auch) externe Gründe für das Aufsuchen der Therapie berichten (z. B. Wunsch von Familienangehörigen, Rentenwunsch). Insbesondere (aber nicht ausschließlich) diese Patient:innen stimmen Aussagen zu, die auf motivationale Probleme im weiteren Therapieprozess hindeuten können:

- »Ich würde es vorziehen, nur Medikamente gegen meine Probleme einzunehmen.« (23,2 %)
- »Wenn die Therapie Stress bedeutet, weiß ich, dass sie nicht die richtige Behandlungsform für mich darstellt.« (18,9 %)
- »Ich werde die Therapie vermutlich beenden, wenn es zu schwierig wird, Dinge umzusetzen oder über sie zu sprechen.« (17,5 %)
- »Ich bin nicht zu größeren Veränderungen in meinem Leben bereit.« (16,6 %)
- »Die/der Therapeut:in sollte den Großteil der Arbeit in unseren Sitzungen übernehmen.« (9,3 %)

Die Gründe für das Aufsuchen der Therapie sollten daher exploriert werden. Auch im Falle problematischer Einstellungen zum Therapieprozess, sollte stets wertschätzend reagiert werden.

> *»Ich finde es sehr gut, dass Sie so offen zu mir sind. Wir können nur mit dem arbeiten, was auf dem Tisch liegt und daher finde ich es gut, dass Sie Ihre Zweifel an einer Psychotherapie direkt ansprechen. Viele meiner Patient:innen machen zum ersten Mal den Schritt, eine Psychotherapie zu beginnen und sind unsicher, worauf sie sich hier einlassen. Was lässt Sie am Nutzen der Psychotherapie zweifeln? [...] Sehen Sie auch Gründe, warum es zielführend für Sie sein könnte, eine Behandlung zu beginnen?«*

Insbesondere Patient:innen mit somatoformen Störungen (inklusive Hypochondrie bzw. Krankheitsangst) sind häufig skeptisch, was eine psychotherapeutische Behandlung angeht. Dementsprechend sind Abbruchraten in dieser Patient:innengruppe besonders hoch (Timmer, Bleichhardt, & Rief, 2006). Bei diesen Patient:innen, aber auch bei anderen Störungsbildern, ist es zielführend, die gemeinsame Analyse und Abwägung, ob eine psychotherapeutische Behandlung sinnvoll scheint oder nicht, zum ersten Therapiegegenstand zu machen. Im Falle von Somatisierungsstörungen ist es in dieser Phase besonders relevant, psychoedukativ Wissen über psychosomatische Zusammenhänge zu vermitteln und mit den Patient:innen gemeinsam ein individuelles Störungsmodell zu erarbeiten.

> *»Ich glaube, dass ich die Gründe Ihrer Skepsis gegenüber einer Psychotherapie gut verstehen kann. Viele Patient:innen mit ähnlichen Problemen befürchten z. B., dass Therapeut:innen ihnen vorwerfen könnten, die Symptome nur vorzutäuschen oder dass sie ihre Probleme nicht ernst genug nehmen könnten. Ich versichere Ihnen, ich nehme Ihre Beschwerden und auch Ihre Bedenken sehr ernst. Darum würde ich Ihnen anbieten, dass wir die ersten Therapiesitzungen nutzen, um gemeinsam zu prüfen, ob eine Psychotherapie zur Lösung mancher der vorliegenden Probleme hilfreich sein könnte oder auch nicht – dann entscheiden wir, ob wir die Therapie fortsetzen oder ob es nicht das Richtige für Sie ist. Wäre dieses Vorgehen für Sie in Ordnung?«*

*Biographische Anamnese: Wie ist das Leben der Patient:innen bisher verlaufen?* Die Anwendung eines Großteils der therapeutischen Techniken (insbesondere der Dritten-Welle-Verfahren und der psychodynamischen Therapien) setzt eine fundierte Kenntnis der Entwicklungs- und Lebensgeschichte einer Person voraus (z. B.imaginatives Überschreiben, Zens, & Jacob, *2020*; Arbeit mit dem Kiesler-Kreis, Kiesler, 1983). Darüber hinaus ist die Kenntnis der Biografie der Patient:innen für das Verständnis von emotionalen Problemen und Beziehungsdynamiken (▶ Kap. 3.5) sowie für einige der typischen Therapieziele der Patient:innen (z. B. Mich selbst besser verstehen; Orientierung für mein Leben gewinnen) äußerst relevant. Daher ist die Erhebung der biographischen Anamnese einer der ersten diagnostischen Schritte, die im Rahmen der Sprechstunden durchgeführt werden.

Folgende Informationen sollten im Rahmen der biographischen Anamnese mindestens erfasst werden:

- Bei wem sind die Patient:innen aufgewachsen, wer waren die primären Bezugspersonen? Wer gehörte darüber hinaus zur Kernfamilie?
- Gab es längere Zeiten der Trennung zwischen den Patient:innen und ihren primären Bezugspersonen?
- Wie war die sozioökonomische Situation in der Kernfamilie? Welchen Beruf übten die Mitglieder der Kernfamilie aus?
- Welchen kulturellen und religiösen Hintergrund hatte die Kernfamilie? Welche moralischen Werte waren von besonderer Bedeutung?
- Wie war das emotionale Verhältnis zwischen den Mitgliedern der Kernfamilie? Wie wurde miteinander interagiert? Welche Grenzen, Regeln und Hierarchien gab es?
- Litten Mitglieder der Kernfamilie unter körperlichen und/oder psychischen Erkrankungen?
- Wie verlief die Schullaufbahn der Patient:innen? Welchen Schulabschluss haben sie erreicht? Welche Ausbildung haben sie abgeschlossen?

*Soziale Anamnese: Wie ist die gegenwärtige Lebenssituation der Patient:innen?* Die biographische Anamnese geht nahtlos in die soziale Anamnese über, in deren Rahmen die aktuelle Lebenssituation der Patient:innen erfasst wird. Eine Kenntnis der Lebenssituation der Patient:innen ist bedeutsam, um sich einen Überblick über die gegenwärtigen Belastungen und Ressourcen sowie den Möglichkeitsraum der Patient:innen zu verschaffen (z. B. finanzielle Ressourcen, Verfügbarkeit sozialer Unterstützung). Um die Therapiemotivation aufrechtzuerhalten und eine Generalisierung therapeutischer Inhalte in den Alltag zu gewährleisten, sollten therapeutische Methoden (z. B. Aufbau positiver Aktivitäten, Stimuluskontrolle oder Expositionsübungen) auf individuelle Alltagsbedingungen abgestimmt werden. Über die soziale Anamnese werden zudem die ›Hot Spots‹ des Leidensdrucks der Patient:innen (z. B. Qualität der Partnerschaft, Zufriedenheit im Beruf, Zufriedenheit mit der sozialen Rolle) sowie erste Anhaltspunkte für die Analyse der aufrechterhaltenden Bedingungen erfasst.

Folgende Fragen sind im Rahmen der sozialen Anamnese mindestens zu klären:

- Sind die Patient:innen gegenwärtig familiär integriert? Wie setzt sich ihre gegenwärtige Kernfamilie zusammen? Wie ist gegenwärtig das emotionale Verhältnis zwischen den Mitgliedern der Kernfamilie? Wie wird interagiert? Wie sehen die Grenzen, Regeln und Hierarchien des Familiensystems aus?

- Wer sind weitere wichtige Personen im sozialen Umfeld der Patient:innen? In welchem Verhältnis stehen sie zu diesen? Inwiefern fühlen sich die Patient:innen sozial unterstützt?
- Welchen Beruf üben die Patient:innen zurzeit aus? Wie ist ihre finanzielle Situation? Inwiefern sind sie mit dem gewählten Beruf und der beruflichen Perspektive zufrieden?
- Wie ist die Freizeit der Patient:innen gestaltet? Welchen Hobbys gehen sie nach? Inwiefern besteht ein Gleichgewicht zwischen beruflichen und privaten Aktivitäten und inwiefern sind die Patient:innen mit diesem (Un-)Gleichgewicht zufrieden?

*Krankheits- und Behandlungsanamnese: Welche Versuche der Problembewältigung haben bisher stattgefunden?* Alle Patient:innen haben Erfahrung darin, mit ihren Problemen mehr oder minder effizient umzugehen – teilweise mit, teilweise ohne professionelle Hilfe. Um geeignete Maßnahmen planen zu können, ist daher eine Krankheits- und Behandlungsanamnese wichtig, um zu verstehen, von welchen Bewältigungsschritten Patient:innen in der Vergangenheit profitieren konnten und von welchen nicht. Die Patient:innen werden dadurch als Expert:innen für ihr Leben und ihre Beschwerden ernstgenommen und ihre Therapeut:innen können von ihren wertvollen Erfahrungen profitieren. Häufig vergehen viele Jahre bis Patient:innen den Weg in eine Psychotherapie finden. So liegen laut einer dänischen Studie zwischen dem Beginn einer psychischen Störung und dem Aufsuchen professioneller Hilfe im Durchschnitt 9,3 Jahre (ten Have, de Graaf, van Dorsselaer, & Beekman, 2013). Zudem zeigt sich, dass Patient:innen, die eine ambulante Psychotherapie beginnen, in vielen Fällen schon Vorbehandlungen durchlaufen haben (Wittmann, 2011):

- in ca. 30 % der Fälle eine ambulante Psychotherapie
- in ca. 20 % der Fälle eine ambulante psychiatrische Behandlung
- in ca. 14 % der Fälle eine stationäre psychosomatische Behandlung
- in ca. 9 % der Fälle eine stationäre psychiatrische Behandlung

Entsprechend relevant ist es, die bisherige Krankheits- und Behandlungsgeschichte zu erheben. Einerseits ist dies differenzialdiagnostisch relevant (z. B. für die Abgrenzung zwischen bipolarer und unipolarer Depression), andererseits bietet der bisherige Umgang mit der Symptomatik wichtige Anhaltspunkte für die weitere Therapieplanung.

*Therapieindikation: Besteht eine Indikation für Behandlung, Therapieart und Therapiesetting?* Patient:innen sollte nur bei Vorliegen bestimmter Voraussetzungen eine ambulante psychotherapeutische Behandlung angeboten werden. Außerdem müssen (relative) Kontraindikationen beachtet werden. Folgende Fragen sind dafür zu klären:

- *Besteht eine Störung bzw. eine Problemstellung, für deren Behandlung ausreichende empirische Evidenz für die praktizierten Therapietechniken nachgewiesen wurde?* Psychotherapeut:innen bieten Patient:innen eine evidenzbasierte Behandlung für ein spezifisches Problem (bzw. eine Reihe von Problemen) an. Daher ist es wichtig (auf Basis der zuvor besprochenen Informationen), zu überprüfen, ob die Behandlung, die im Rahmen einer spezifischen Psychotherapie angeboten werden kann, für die Besserung dieser Symptomatik bzw. zur Lösung dieses Problems zielführend ist. Zur Prüfung dieser Frage können u. a. die Therapieleitlinien der Arbeitsgemeinschaft der Wissenschaftlichen Medizinischen Fachgesellschaften (AWMF) sowie Befunde aus aktuellen Reviews und Metaanalysen genutzt werden.

- *Besteht eine akute psychotische oder manische Phase? Besteht akut Substanzkonsum im Rahmen einer Abhängigkeitserkrankung?*
Bei akuten psychotischen und manischen Episoden besteht derzeit kein Nachweis einer ausreichenden Wirksamkeit alleiniger psychotherapeutischer Interventionen (Hasan et al., 2013; Pfennig et al., 2012). Psychotherapie stellt dennoch eine sinnvolle Ergänzung im Gesamtbehandlungsplan psychotischer und bipolarer Störungen dar. Es ist daher essenziell, bei Aufnahme einer Behandlung eine psychopharmakologische Mitbehandlung bzw. eine vorübergehende stationäre Behandlung sicherzustellen. Ebenso ist bei Abhängigkeitserkrankungen eine (alleinige) ambulante Psychotherapie erst in der postakuten Phase indiziert. Kommen Patient:innen in einer akuten Phase des Substanzkonsums zur Psychotherapie ist das Hauptziel der psychotherapeutischen Gespräche, die Voraussetzungen (insbesondere auf motivationaler Ebene) für eine stationäre Entgiftung mit anschließender Entwöhnung zu schaffen (Mundle, Banger, & Mugele, 2003; Thomasius et al., 2004).

- *Liegt eine akute Fremd- oder Selbstgefährdung vor?*
Für die therapeutische Arbeit gilt, dass diese nur durchgeführt werden kann, wenn weder die körperliche Unversehrtheit der Therapeut:innen, der Patient:innen noch Dritter akut bedroht ist. Liegt eine akute Fremd- oder Selbstgefährdung vor, müssen Maßnahmen ergriffen werden, die diese akute Gefährdung beenden. Dies schließt in der Regel Maßnahmen zur Einleitung einer stationären Unterbringung ein. Akute Suizidalität (d. h. drängende Suizidideen, Suizidpläne, Suizidversuche) treten bei beinahe allen Störungen gehäuft auf, wobei insbesondere Personen mit depressiven, psychotischen und Suchterkrankungen gefährdet sind (Too et al., 2019). Akute Fremdgefährdung (d. h. körperliche Gewalt) tritt im Kontext psychischer Störungen selten und wenn überhaupt vor allem im Rahmen von Substanzabhängigkeiten und psychotischen Zuständen auf, teilweise auch bei Personen mit Persönlichkeitsstörungen (Fazel, Smith, Chang, & Geddes, 2018). Wie zur Abklärung von Selbstgefährdung (▶ Kap. 3.1) sollten folgende Punkte auch zur Abklärung von Fremdgefährdung erfasst werden:
  – Wie häufig und mit welcher Intensität treten entsprechende Gedanken auf?
  – Bestehen Pläne zur Umsetzung der Gewaltfantasien?
  – Wurden Vorbereitungen zur Umsetzung dieser Pläne getroffen?
  – Was hat die Person bislang von der Umsetzung ihrer Pläne abgehalten?
  – Wie distanzierungs- und absprachefähig ist der:die Betroffene?
  – Im Rahmen psychotischer Zustände sollte eruiert werden, ob vorhandene Wahnideen die Anwendung von Gewalt nahelegen.

Sollte nach Prüfung dieser Fragestellungen keine Indikation für eine ambulante Psychotherapie bestehen, sollte sie nicht bzw. nur als Übergangslösung (z. B. bei

Abhängigkeitserkrankungen) angeboten werden. Darüber hinaus müssen methodenspezifische Indikationsstellungen berücksichtigt werden (z. B. zur Durchführung kognitiver Therapie ausreichende Reflexionsfähigkeit; Stavemann 2014).

Neudeck, Mühlig und Berndt (2013) schlagen außerdem vor, dass Therapeut:innen auch ihre eigene Eignung und Bereitschaft zur Durchführung einer spezifischen Therapie prüfen sollten. Hierfür wären folgende Punkte relevant:

- Bin ich für die Behandlung der jeweiligen Störung bzw. Problemstellung ausreichend ausgebildet? Habe ich ein ausreichendes Kompetenzniveau bzw. kann ich entsprechende Voraussetzungen (z. B. durch Lektüre, Supervision oder Fortbildungen) hinreichend zeitnah schaffen?
- Kann ich einen ausreichend guten Zugang zur Problemstellung gewinnen, ohne von der Problematik selbst vereinnahmt zu werden?
- Bin ich in der Lage, zu dieser Person eine tragfähige Arbeitsbeziehung herzustellen? Kann ich mich mit ihr auf eine gemeinsame Zielsetzung und die Schritte zur Zielerreichung verständigen? Kann ich eine ausreichend positive affektive Beziehung zu der betroffenen Person eingehen?

Gerade mit Blick auf die erste Frage sollte man als Anfänger nicht zu früh ›den Kopf in den Sand stecken‹. Die Frage ist, ob man es sich inklusive Supervision und Selbststudium zutraut, ein ausreichend gutes Behandlungsangebot zu machen. Therapeut:innen sollten sich hier weder überfordern noch ein zu geringes Vertrauen in ihre Ausbildung, ihre Kompetenz und ihre Supervisor:innen haben. Sollten Ausbildungskandidat:innen (und natürlich auch erfahrene Therapeut:innen) feststellen, dass sie immer wieder in ein ›Mitleiden‹ geraten, sollten Selbsterfahrungsangebote genutzt werden, um dies zu reflektieren und die eventuell zugrundeliegende eigene Thematik zu lösen. Die Frage nach dem Aufbau einer tragfähigen Arbeitsbeziehung beschränkt sich explizit nicht darauf, ob Therapeut:innen den:die Patient:in sympathisch finden oder nicht. Bei vielen Störungs- und Problembildern (z. B. narzisstische Persönlichkeitsstörung, Somatisierungsstörung) wird es auf Seite der Patient:innen wahrscheinlich Persönlichkeitsanteile geben, die zunächst zu Interaktionsschwierigkeiten führen können. Hierbei handelt es sich jedoch zumeist um Bewältigungsmechanismen, die vor dem Hintergrund der Biografie verstanden werden können und hinter denen *immer* ein legitimes Grundbedürfnis steht. Daher sollte man sich trotz anfänglicher – und ggf. nachvollziehbarer – Skepsis bemühen, diese Bewältigungsversuche von Patient:innen als diese zu identifizieren und wertzuschätzen.

## 2.1.2 Weitere Aufgaben in den Sprechstunden

Neben diagnostischen Aufgaben gibt es weitere Aufgaben bzw. Themenfelder, die in den Sprechstunden berücksichtigt werden müssen. Dazu gehören der Aufbau einer positiven Therapieerwartung, die Aufklärung und der Beginn der Beziehungsarbeit.

## Aufbau einer positiven Therapieerwartung

Es gibt eine Vielzahl von Studien, die einen positiven Zusammenhang zwischen positiven Therapieerwartungen und Therapieeffekten zeigen (Constantino, Vîslă, Coyne, & Boswell, 2018). Unter positiven Therapieerwartungen wird hierbei die Hoffnung der Patient:innen verstanden, dass die psychotherapeutische Behandlung zur Erreichung ihrer persönlichen Ziele beitragen wird. Insbesondere im Erstgespräch (jedoch auch im weiteren Verlauf) sollten daher Maßnahmen ergriffen werden, die zu einer positiven Therapieerwartung beitragen (Swift & Derthick, 2013).

*Vermittlung des Therapierationals.* Den Patient:innen sollte (auf Basis der Verdachtsdiagnose und des bisherigen Problemverständnisses) erläutert werden, wie der übliche Ablauf einer Psychotherapie ist, welchen Beitrag Patient:innen und welchen Therapeut:innen leisten und wie viel Zeit eine psychotherapeutische Behandlung in Anspruch nimmt. Insbesondere das Thematisieren einer zu erwartenden Behandlungsdauer und die Aufklärung über die Dosis-Wirkungsbeziehung von Psychotherapie verringern bedeutsam die Anzahl an Therapieabbrüchen (Swift & Callahan, 2011).

> *»Ich würde gerne mit Ihnen besprechen, wie eine Psychotherapie in der Regel abläuft. Wir haben zunächst vier probatorische Sitzungen – sozusagen ›Probesitzungen‹, in denen wir uns kennenlernen, gemeinsame Ziele formulieren und einen Plan entwickeln, wie wir diese erreichen wollen. Im Anschluss daran beantragen wir bei der Krankenkasse weitere Sitzungen – zunächst (z. B.) 12. Es kann jedoch sein, dass wir für einige Themen mehr Zeit benötigen, dann sind insgesamt bis zu 80 Sitzungen Verhaltenstherapie möglich. Im Regelfall sehen wir uns einmal pro Woche für 50 Minuten. In der kognitiven Verhaltenstherapie haben wir drei Zugänge zu psychischen Problemen – wir arbeiten an Kognitionen, emotionalem Erleben und direkt am Verhalten. Haben Sie dazu irgendwelche Fragen?«*

*Vermittlung von Informationen zu erwartenden Therapieergebnissen.* Patient:innen sollte eine realistische Einschätzung des durch die Psychotherapie zu erwartenden Erfolgs vermittelt werden. Diese Einschätzung sollte sich an der Verdachtsdiagnose sowie dem bisherigen Problemverständnis orientieren. In diesem Zusammenhang sollten Patient:innen auch über potenziell auftretende Nebenwirkungen (s. u.) informiert werden. Störungsübergreifend zeigt sich, dass 69 % der Patient:innen im Verlauf einer Psychotherapie eine bedeutsame Besserung ihrer Symptomatik (spezifiziert als einen ›Reliable Change‹, d. h. eine statistisch bedeutsame Veränderung) erleben (Nordmo et al., 2020). Zwischen 55 % und 58 % der Betroffenen erfüllen nach Abschluss der Therapie nicht mehr die Kriterien einer psychischen Störung.

> *»Es gibt leider keine Garantie für den Erfolg einer ambulanten Psychotherapie – aber er ist wahrscheinlich. Im Schnitt profitieren ca. 70 % unserer Patient:innen von der Behandlung. Gerade in Ihrem Fall bin ich zuversichtlich, dass wir Ihre Ziele erreichen können. Das liegt vor allem daran, dass Sie in vielen Bereichen Ihres Alltags gut oder sogar sehr gut zurechtkommen. Sie haben viele Ressourcen, wie z. B. Ihren Freundeskreis,*

*Ihren Arbeitsplatz, die es wahrscheinlich machen, dass wir die Therapie erfolgreich gestalten können.«*

*Aufbau von Vertrauen in den:die Therapeut:in.* Die von Patient:innen wahrgenommene Expertise der Therapeut:innen und das Ausmaß, indem Patient:innen Therapeut:innen für vertrauenswürdig halten, hängt positiv mit Behandlungserfolgen zusammen (Hoyt, 1996). Therapeut:innen sollten selbstbewusst und authentisch verdeutlichen (jedoch auch in realistischem Ausmaß), dass sie davon überzeugt sind, den Patient:innen helfen zu können. Gerade am Anfang der therapeutischen Tätigkeit gilt hier: »Fake it till you make it«. Wichtig ist es jedoch der ›make-it‹-Teil, d. h. relevante Wissenslücken zu schließen und Supervision in Anspruch zu nehmen. Viele Studierende und Psychotherapeut:innen in Ausbildung haben gerade zu Beginn ihrer praktischen Tätigkeit die Sorge, von älteren Patient:innen nicht ernstgenommen zu werden. Wie sollen sie reagieren, wenn Patient:innen sie nach ihrem Alter, dem Stand ihrer Ausbildung oder ihrer Erfahrung fragen?

*»Ich kann absolut verstehen, dass es für Sie wichtig ist, von einem:einer kompetenten erfahrenen Therapeuten:in behandelt zu werden. Wenn ich selbst zum Arzt gehe, ist es mir ebenso wichtig, Vertrauen in meine:n Behandler:in zu gewinnen. Daher finde ich es gut, dass Sie fragen. Ich bin 27 Jahre alt und befinde mich in der Ausbildung zum:zur Psychologischen Psychotherapeuten:in.«*

Das absolute Gros der Fragen, die Patient:innen stellen, sind absolut berechtigt und entspringen einem nachvollziehbaren Bedürfnis – entsprechend sollten sie ernstgenommen und beantwortet werden. Therapeut:innen signalisieren dabei Offenheit anstelle von Abwehr. Rückfragen wie z. B. »Wieso ist das für Sie relevant? Welche Bedeutung hat mein Alter für Sie?« empfinden wir in diesem Kontext als nicht hilfreich – sie schaffen Distanz in einer Phase des Beziehungsaufbaus und beschämen Patient:innen möglicherweise, da diese den Eindruck gewinnen können, sich falsch verhalten zu haben. Je nach Situation kann es angemessen sein, die eigene Kompetenz durch eine Reihe von Aussagen zu verdeutlichen:

*»In der Tat bringt es einige Vorteile mit sich, dass ich mich noch in der Ausbildung befinde. Das liegt daran, dass meine jungen Kolleg:innen und ich unser fünfjähriges Studium erst vor Kurzem beendet haben und sowohl wissenschaftlich als auch technisch auf dem aktuellsten Wissensstand sind. Unsere Behandlungen werden zudem regelmäßig supervidiert – das heißt, wir sind in regelmäßigem Austausch mit erfahrenen Kolleg:innen, sodass Sie letztlich zwei Behandler:innen haben.«*

*Vermittlung des Gefühls, dass Therapeut:innen Vertrauen in die Patient:innen haben.* Therapeut:innen sollten Patient:innen (in realistischem Ausmaß) das Gefühl vermitteln, dass sie daran glauben, dass Patient:innen zur Erreichung ihrer Ziele und zur Verbesserung ihrer Lebensqualität in der Lage sind. Hierfür sollten Therapeut:innen insbesondere auf die resilienten Persönlichkeitsanteile von Patient:innen und Lebensbereiche mit gutem Funktionsniveau (auf Basis der anamnestischen Informationen, s. o.) eingehen.

»Ich bin zuversichtlich, dass Sie es schaffen können, Ihre Ziele zu erreichen. Das liegt daran, dass ich sehe, wie engagiert Sie Ihre Ausbildung verfolgen, wie gut Sie es schaffen, enge Beziehungen zu Ihren Geschwistern und Ihren Freunden zu führen. Diese Leistungsbereitschaft und diese sozialen Fertigkeiten sind ganz wichtige Kompetenzen, die uns beim Erreichen Ihrer Therapieziele helfen können.«

## Aufklärung

Therapeut:innen haben gegenüber den Patient:innen eine Aufklärungspflicht und müssen Patient:innen über Art und Umfang der angebotenen Behandlung, über Alternativbehandlungen, über die Möglichkeit zur Akteneinsicht, die Schweigepflicht und die möglichen Nebenwirkungen der Behandlung aufklären (Stellpflug & Berns, 2008). Die Aufklärung über die Art und den Umfang der angebotenen Behandlung erfolgt wie oben beschrieben. Über Alternativtherapien kann z. B. folgendermaßen aufgeklärt werden (Informationen zu einzelnen Therapieverfahren können zur Zeitersparnis auch schriftlich gegeben werden):

»Neben der Verhaltenstherapie übernehmen die Krankenkassen auch die Kosten für systemische, psychodynamische und medikamentöse Behandlungen. Die Systemische Therapie arbeitet mit dem gesamten Familiensystem, um das interaktionelle Problem, das hinter der Symptombildung steht, aufzulösen. Die Analytische Psychotherapie arbeitet mit unbewussten psychischen Prozessen und konzentriert sich dabei auf die Aufdeckung von Grundkonflikten aus früheren Lebensphasen. Die Tiefenpsychologisch fundierte Therapie arbeitet ebenfalls mit unbewussten Konflikten, ist jedoch eher auf deren Bedeutung in der gegenwärtigen Lebenssituation fokussiert. Psychopharmakologische Behandlungen nutzen Medikamente, um in den Stoffwechsel des Gehirns einzugreifen und diesen zu ›normalisieren‹. Was ich Ihnen anbiete, ist eine evidenzbasierte Therapie. Das heißt, wir verwenden Methoden, die sich zur Behandlung Ihrer Problemstellung auf Basis von Studien bewährt haben. Wie gesagt ist meine Ausrichtung dabei verhaltenstherapeutisch, falls jedoch Methoden anderer Therapierichtungen oder der Einsatz von Medikamenten besser geeignet seien sollten, um in bestimmten Problembereichen voranzukommen, werden wir diese Methoden ebenfalls nutzen bzw. mit ärztlichen und psychotherapeutischen Kolleg:innen zusammenarbeiten.«

Bezüglich der Behandlungskosten müssen Patient:innen der gesetzlichen Krankenversicherungen darüber aufgeklärt werden, dass die Kostenübernahme für die Behandlung bei den gesetzlichen Krankenkassen beantragt wird. Privatpatient:innen müssen darüber informiert werden, dass Therapeut:innen die Sitzungen den Patient:innen in Rechnung stellen und diese mit ihrer privaten Krankenversicherung (und ggf. der Beihilfe) zunächst abklären sollten, inwiefern die Kosten erstattungsfähig sind. Private Krankenversicherungen schließen nicht immer psychotherapeutische Leistungen ein. Selbst in Fällen, in denen diese im Versicherungsschutz inkludiert sind, kann hinsichtlich der Anzahl der Sitzungen pro Jahr ein Maximum in der Versicherungspolice definiert sein. Patient:innen sollten deswegen darauf hingewiesen werden, sich genau zu informieren, um unvorhergesehene Kosten zu vermeiden. Private Krankenversicherungen schließen außerdem in der Regel die Behandlung durch Psychotherapeut:innen in Ausbildung (und manchmal auch durch psychologische Psychotherapeut:innen im Allgemeinen) aus, weswegen Patient:innen ggf. an approbierte Kolleg:innen (bzw. an ärztliche Kolleg:innen) verwiesen werden sollten.

Bezüglich der Schweigepflicht müssen Patient:innen darüber aufgeklärt werden, was diese umfasst und wann sie gegebenenfalls keine Gültigkeit hat. Die Schweigepflicht schließt alle Informationen ein, die Therapeut:innen im Zuge ihrer Tätigkeit von Patient:innen erfahren – inklusive des Therapieverhältnisses selbst. Dennoch gibt es Settings, in denen Therapeut:innen in anonymisierter Form über Patient:innen sprechen dürfen – im Kontext kollegialer Beratung, Intervision, Supervision und Forschung. Darüber hinaus darf die Schweigepflicht bei akuter Fremd- oder Selbstgefährdung gebrochen werden (▶ Kap. 3.1). Patient:innen können Therapeut:innen auch jederzeit von der Schweigepflicht entbinden, z. B. um die Kommunikation zwischen behandelnden Therapeut:innen und Hausärzt:innen oder Psychiater:innen zu ermöglichen.

Therapeut:innen sind zur Dokumentation aller therapierelevanten Informationen verpflichtet (inklusive Diagnosen, Behandlungsplanung, Abklärung von Fremd- und Selbstgefährdung). Die Dokumentation erfüllt dabei den Zweck, die Therapie gegenüber den Patient:innen, den Mit- und Nachbehandler:innen, Gutachter:innen, Supervisor:innen usw. transparent und nachvollziehbar zu gestalten und Behandlungsschritte zu rechtfertigen. Die Dokumentation muss dabei für Expert:innen, aber nicht zwingend für Patient:innen nachvollziehbar gestaltet sein. Darüber hinaus bildet die Dokumentation die Basis für die Reflexion von Therapeut:innen über den Behandlungsprozess. Patient:innen müssen darüber aufgeklärt werden, dass sie ein Recht zur Einsicht der Dokumentation haben – die einzigen Ausnahmen die hiervon bestehen, sind ›zwingende therapeutische Gründe‹ (die in der Verhaltenstherapie praktisch inexistent sind) sowie die Wahrung der Rechte Dritter. Im Zweifelsfall müssen Gutachter:innen darüber entscheiden, ob die Verweigerung der Akteneinsicht gerechtfertigt war. In jedem Fall sollten sich Therapeut:innen bewusst sein, dass eine Verweigerung der Akteneinsicht die Arbeitsbeziehung stark belasten kann.

Wie jede medizinische Behandlung kann auch Psychotherapie mit Nebenwirkungen verbunden sein. Unter Nebenwirkungen werden dabei nicht-intendierte, in der Durchführung der Behandlung unvermeidbare, aversive Effekte verstanden (Linden, Strauß, Scholten, Nestoriuc, Brakemeier, & Wasilewski, 2018). Damit sind Nebenwirkungen von unethischem Verhalten (z. B. Verletzung der therapeutischen Abstinenz) oder Behandlungsfehlern (z. B. aufgrund falscher Diagnosestellung) abzugrenzen. Nebenwirkungen von Psychotherapie sind relativ häufig, präzise Schätzungen gibt es jedoch kaum. Während Linden und Schermuly-Haupt (2014) ein Auftreten von Nebenwirkungen bei 5 bis 20 % der Patient:innen annehmen, berichten andere Autor:innen mit bis zu 95 % von deutlich höheren Raten (Moritz et al., 2015). Häufige Nebenwirkungen sind z. B. das Erleben des Therapieprozesses als emotional schmerzhaft (11 %), das Gefühl, von der Therapie abhängig zu sein (10 %), das Auftreten neuer Symptome (6 %) (Lorenz, 2020) sowie negative Auswirkungen auf partnerschaftliche Beziehungen (12 %) oder auf Freundschaften und das Familienleben (9,6 %; Ladwig, Rief, & Nestoriuc, 2014).

## Beginn der Beziehungsarbeit

Die therapeutische Arbeitsbeziehung umfasst sowohl die Übereinstimmung zwischen Patient:innen und Therapeut:innen bezüglich der Ziele der Therapie als auch eine Übereinstimmung hinsichtlich des Wegs zur Zielerreichung sowie eine gute affektive Basis. Das Etablieren einer guten Arbeitsbeziehung ist wichtig, da sie bedeutsam zum Therapieerfolg beiträgt (Fluckiger, Del Re, Wampold, & Horvath, 2018). In der Verhaltenstherapie wird eine gute therapeutische Arbeitsbeziehung als notwendig, jedoch nicht hinreichend für einen Therapieerfolg verstanden (Lammers, 2017). An der therapeutischen Beziehung wird daher zu Beginn der Therapie, bei Motivations- und Interaktionsproblemen und beim Vorliegen von Persönlichkeitsstörungen gearbeitet. In der Dritten Welle der Verhaltenstherapie kommt der Beziehungsarbeit meist eine noch größere Bedeutung zu. Bei der therapeutischen Beziehungsgestaltung ist stets eine Gratwanderung zwischen Empathie und Veränderungsdruck notwendig – wird rein empathisch gearbeitet, kann dies zur Stagnation des Therapieprozesses führen, wird zu viel Veränderungsdruck aufgebaut, entsteht Widerstand (Kanfer, Reinecker, & Schmelzer, 1996). Im nachfolgenden Kasten wird ein Exkurs zu den Grundlagen der Gesprächsführung in der Psychotherapie dargestellt.

> **Exkurs: Grundlagen der Gesprächsführung in der Psychotherapie**
>
> *Therapeut:innen sollen wertschätzend sein:* »Wertschätzung« bezeichnet hier die bedingungslose Akzeptanz von Patient:innen und ihren Bedürfnissen. Dabei nehmen Therapeut:innen eine zugewandte interessierte Haltung ein und kümmern sich (im Rahmen ethischer Grenzen) um die Bedürfnisse von Patient:innen (d. h. Befriedigung der Bedürfnisse nach z. B. Anerkennung, Wichtigkeit und Verlässlichkeit). Das Signalisieren von Wertschätzung ist positiv mit dem Erfolg von Psychotherapie korreliert (Farber, Suzuki, & Lynch, 2018).
>
> *Therapeut:innen sollen die Bedürfnisse von Patient:innen validieren:* Jedes Grundbedürfnis ist legitim und nachvollziehbar. Die Art der (versuchten) Zielerreichung ist es, die zu Problemen und Leiden führen kann. Durch die Validierung des Bedürfnisses fühlt sich die betroffene Person verstanden und ihre Bereitschaft zur Selbstöffnung wird gestärkt. Durch invalidierendes Verhalten wird eine Person beschämt, zweifelt an ihrer Wahrnehmung und wird in Zukunft wenig(er) von sich preisgeben. Diese Annahmen werden durch empirische Befunde gestützt, die zeigen, dass eine validierende Grundhaltung Abbruchraten bei psychotherapeutischen Behandlungen reduziert und zu weniger belastenden emotionalen Reaktionen bei Patient:innen führt (Carson-Wong, Hughes, & Rizvi, 2018; Linehan et al., 2002).
>
> *Eine Patientin (36 Jahre) berichtet von einem eskalierenden Streit mit ihrem Partner, bei dem sie Teile eines gemeinsamen Fotoalbums zerrissen und ihn wiederholt mit seinem Vater verglichen habe, zu dem ihr Partner eine sehr schlechte Beziehung habe. Zu dem*

*Streit sei es gekommen, da ihr Partner es wiederholt unterlassen habe, einen Teil der gemeinsamen Hausarbeit zu erledigen. In dieser Situation versucht die Therapeutin zu ergründen, was es für die Patientin bedeutet hat, dass ihr Partner die Hausarbeit nicht erledigt hat. Die Patientin sagt sie fände das »respektlos« und sie fühle sich wie eine »billige Haushaltshilfe«, wenn er sie nicht unterstütze. Die Therapeutin validiert das Bedürfnis der Patientin, von ihrem Freund respektiert und auf Augenhöhe wahrgenommen zu werden (dabei stellt sie biographische Bezüge zu Vorerfahrungen der Patientin her). Das Bedürfnis, respektiert und auf Augenhöhe wahrgenommen zu werden, ist absolut richtig und die Patientin muss und soll das Bedürfnis nicht verändern. Im Anschluss wird gemeinsam erarbeitet, wie das Bedürfnis in Zukunft auf eine Art und Weise ausgedrückt werden kann, die weniger beziehungsgefährdend ist und die mit weniger Nachteilen für die Patientin (und ihren Partner) einhergeht.*

*Therapeut:innen bieten explizit das Besprechen schwieriger Themen an:* Etwa 93 % der Psychotherapie-Patient:innen berichten gegenüber ihren Therapeut:innen gelogen bzw. Informationen verschwiegen zu haben (Blanchard & Farber, 2016). Auch wenn es das uneingeschränkt zu akzeptierende Recht von Patient:innen ist, Informationen zurückzuhalten, sollten Therapeut:innen sich bewusst sein, dass diese Zurückhaltung therapierelevante Informationen betreffen kann:

- 76,7 % der Betroffenen sprechen sexuelle Funktionsstörungen nicht selbst an (Reinecke, Schöps, & Hoyer, 2006)
- 11 bis 29 % der Patient:innen berichten, bezüglich des Umfangs und Gebrauchs von Drogen und Alkohol zu lügen bzw. Informationen zurückzuhalten (Farber, 2020)
- Besonders relevant: 21,4 % der Patient:innen berichten, über das Vorliegen von Suizidgedanken zu lügen oder dieses Thema zu vermeiden (Blanchard & Farber, 2020)

Dabei geben ca. 40 % der Patient:innen an, zu glauben, dass diese ›Unehrlichkeit‹ dem Fortschritt ihrer Behandlung abträglich war (Farber, 2020). Die Hauptgründe für das Verschweigen von Informationen sind, dass die Betroffenen Scham empfinden oder befürchten, Therapeut:innen könnten überreagieren oder sie nicht verstehen (siehe die Anmerkungen zu Wertschätzung und Validierung). Daher sollten Therapeut:innen signalisieren, dass die Besprechung dieser Themen im therapeutischen Kontext ›normal‹ ist und sie damit umzugehen wissen. Therapeut:innen sollten diese Themen entstigmatisieren, indem sie diese direkt ansprechen. Hier zeigt sich, dass 46 % der Patient:innen angeben, sie hätten über die verschwiegenen Themen gesprochen, wenn die Therapeut:innen sie direkt angesprochen hätten (Love & Farber, 2019).

*»Damit wir nichts übersehen, würde ich Ihnen gerne noch ein paar Fragen stellen, die ich all meinen Patient:innen stelle. Haben Sie jemals darüber nachgedacht, sich selbst das Leben zu nehmen? Haben Sie sich schon einmal mit Absicht selbst verletzt? Sind Sie derzeit mit Ihrem Sexualleben zufrieden? Sind Sie mit Ihrer Ehe zufrieden? Hatten Sie*

*schon mal Phasen, in denen sie sich sehr wütend gefühlt haben und verbal oder körperlich gegenüber anderen aggressiv waren? Konsumieren Sie Alkohol oder andere Drogen? Wie häufig haben sie in der vergangenen Woche Alkohol oder andere Drogen konsumiert? Gibt es sonst irgendetwas, das wichtig für die Behandlung sein könnte, was wir noch nicht besprochen haben? In Ordnung. Falls solche Dinge jemals relevant werden, sprechen Sie sie gerne direkt an.«*

## 2.2 Probatorische Sitzungen

Bevor die Kostenübernahme einer Kurzzeit- oder Langzeittherapie bei den gesetzlichen Krankenkassen beantragt werden kann, muss mindestens eine probatorische Sitzung (GOP 35150) stattgefunden haben und eine weitere terminiert sein (wird eine Akutbehandlung durchgeführt, erfolgen die probatorischen Sitzungen ggf. erst nach Abschluss der Akutbehandlung). Die probatorischen Sitzungen dienen (neben der Fortführung der Themen aus den Sprechstunden) in erster Linie der Erstellung einer individualisierten Fallkonzeption, die die Basis für den Therapieprozess darstellt. Die Fallkonzeption sollte sowohl die Diagnose, den Therapieauftrag (▶ Kap. 2.1.1), ein Erklärungsmodell zu Entstehung und Aufrechterhaltung der Symptomatik als auch einen Behandlungsplan beinhalten (Mattejat & Quaschner, 2019). Die Basis des Erklärungsmodells bilden in der Regel empirisch fundierte Störungsmodelle sowie die Verhaltensanalyse. Bei den Onlinematerialien findet sich ein Arbeitsblatt zur Formulierung der Fallkonzeption (M3).

### 2.2.1 Kategoriale Störungsdiagnostik

Diagnosen sind künstliche, deskriptive Kategorien anhand derer Krankheitsbilder systematisiert werden – sozusagen ›Schubladen‹, in die sich individuelle Symptommuster mehr oder weniger gut einordnen lassen. Namen und Inhalte dieser Kategorien werden durch die aktuellen Auflagen der *Internationalen statistischen Klassifikation der Krankheiten und verwandter Gesundheitsprobleme* (ICD; World Health Organization, 1993) und des *Diagnostischen und statistischen Manuals psychischer Störungen* (DSM; American Psychiatric Association, 2013) definiert. Maßgeblich für die Abrechnung mit gesetzlichen Krankenkassen und privaten Krankenversicherungen in Deutschland ist derzeit (Januar 2022) die ICD-10. Ab 2022 soll ein fünfjähriger Übergangszeitraum beginnen, im Rahmen dessen die ICD-10 durch die ICD-11 (World Health Organisation, 2018) abgelöst wird. Derzeit ist noch keine Aussage möglich, wann in dieser Übergangszeit die Umstellung auf die ICD-11 in Deutschland erfolgt. Die kategoriale Diagnostik im deutschen Sprachraum wird durch die elfte Auflage der ICD einige Veränderungen erfahren. Diese betreffen unter anderem die Einführung zusätzlicher Diagnosen (Gaebel, Stricker, & Kerst, 2020):

- *Katatone Störung (6A40/41)*: Die Katatone Störung, die im Wesentlichen die motorischen Kernmerkmale des vormals verwendeten katatonen Subtyps der Schizophrenie umfasst, wird als eigenständige Diagnose eingeführt.
- *Bipolare-II-Störung (6A61)*: In Anlehnung an das DSM-5 wird in Zukunft zwischen Bipolaren Störungen mit manischen (und depressiven) Episoden (Bipolare-I-Störung) und Bipolaren Störungen mit ausschließlich hypomanischen (und depressiven) Episoden (Bipolar-II-Störung) unterschieden.
- *Körperdysmorphe Störung (6B21)*: Ein Störungsbild, das in der ICD-10 der Hypochondrie untergeordnet war. Die Betroffenen leiden an der Wahrnehmung, eines ihrer Körperteile bzw. ein Bereich ihres Körpers sei entstellt.
- *Eigengeruchswahn (6B22)*: Ähnlich zur körperdysmorphen Störungen leiden die Betroffenen hier unter der Wahrnehmung, ihr Körpergeruch bzw. Mundgeruch sei stark faulig oder für andere Menschen belästigend.
- *(Zwanghaftes) Horten (6B24)*: Umgangssprachlich oft ›Messie-Syndrom‹ genannt, ist beschrieben als das zwanghafte Ansammeln von Dingen und Gegenständen.
- *Exkoriationsstörung (6B25.1)*: Die Exkoriationsstörung, auch Dermatillomanie, bezeichnet ein Störungsbild mit zwanghaftem Aufkratzen der Haut.
- *Komplexe Posttraumatische Belastungsstörung (6B41)*: Eine Traumafolgestörung, die neben den Kernsymptomen der Posttraumatischen Belastungsstörung (PTBS) insbesondere durch Schwierigkeiten in der Affektregulation, ein stark negatives Selbstkonzept und Schwierigkeiten im Führen stabiler Beziehungen gekennzeichnet ist.
- *Komplizierte Trauer (6B42)*: Ein Störungsbild, das durch das Vorliegen überdauernden emotionalen Schmerzes nach dem Tod einer nahestehenden Person gekennzeichnet ist, länger als sechs Monate andauert und das »normale« Ausmaß einer Trauerreaktion deutlich übersteigt.
- *Binge Eating Störung (6B82)*: Eine Essstörung, die sich durch Essattacken ohne regelmäßiges Kompensationsverhalten auszeichnet.
- *Vermeidende/restriktive Essstörung (6B83)*: Ein Krankheitsbild, das aus einer insuffizienten Nahrungs- bzw. Nährstoffeinnahme besteht. Das restriktive Essen ist hierbei auf die Ablehnung von Nahrungsmitteln von bestimmter Farbe bzw. Konsistenz oder auf die Angst, sich an den Nahrungsmitteln zu verschlucken bzw. sich übergeben zu müssen, zurückzuführen.
- *Body Integrity Dysphoria (6C21)*: Eine im Kindesalter oder der frühen Adoleszenz beginnende Störung, die durch einen anhaltenden Wunsch nach körperlicher Behinderung gekennzeichnet ist (inklusive Phantasien über das Vorliegen einer Behinderung oder das Vortäuschen derselben).
- *Computerspielstörung (6C51)*: Eine Verhaltenssucht, bei der die Betroffenen online oder offline Computerspiele in exzessiver und für sie selbst nur bedingt kontrollierbarer Weise spielen.
- *Zwanghaftes Sexualverhalten (6C72)*: Ein Störungsbild, das durch die repetitive und nur bedingt kontrollierbare Ausübung von sexuellen Handlungen gekennzeichnet ist.
- *Intermittierende explosive Störung (6C73)*: Eine Impulskontrollstörung, die durch plötzliche aggressive Reaktionen auf vergleichsweise geringe Provokationen gekennzeichnet ist.

Darüber hinaus unterscheiden sich ICD-10 und -11 auch hinsichtlich der Klassifikation einiger Störungsbilder bzw. Störungskategorien, die bereits in der ICD-10 vorhanden waren. Folgende Veränderungen sind hierbei für die ambulante psychotherapeutische Diagnostik am relevantesten (Reed et al., 2019):

- *Schizophrenie und primär psychotische Störungen:* Bedingt durch Forschungsarbeiten, die die zeitliche Stabilität und den prädiktiven Wert der schizophrenen Subtypen in der ICD-10 (paranoid, hebephren, katatan) in Frage stellten, wird diese Differenzierung aufgegeben.
- *Affektive Störungen:* Neben der zuvor erwähnten Einführung der Bipolare-II-Störung werden bei den affektiven Störungen beinahe ausschließlich formale Adaptionen vorgenommen (z. B. die Zusammenfassung verschiedener depressiver Verläufe in einer gemeinsamen Kategorie). Darüber hinaus wird die Diagnose F41.2 »Angst und depressive Störung, gemischt« von den Angststörungen in den Bereich der affektiven Störungen verschoben.
- *Angststörungen:* Bezüglich der Agoraphobie gibt die ICD-11 die in der ICD-10 vorgenommene Listung relevanter Situationen auf (z. B. Menschenmengen, offene Plätze). Diese wird ersetzt durch eine allgemeine Beschreibung der Charakteristika der vermiedenen Situationen. Dies sind Situationen, in denen eine Flucht oder die Inanspruchnahme von Hilfe erschwert sind und für die katastrophale Erwartungen bestehen. Die Generalisierte Angststörung kann in der ICD-11 – wie im DSM-5 – komorbid zu depressiven Störungen und phobischen Angststörungen vergeben werden. U. a. bei Agoraphobie, sozialer Phobie und spezifischer Phobie kann zusätzlich ›mit Panikattacken‹ kodiert werden. Die Trennungsangst wurde zur Störungskategorie der Angststörungen verschoben (zuvor gelistet bei Verhaltens- und emotionale Störungen mit Beginn in der Kindheit und Jugend).
- *Zwangsstörungen und verwandte Erkrankungen:* Die Einführung einer eigenen Störungskategorie für Zwangsstörungen und verwandte Erkrankungen stellt per se eine Neuerung dar. Diese Störungskategorie umfasst die Zwangsstörung, die Körperdysmorphe Störung, den Eigengeruchswahn, die Hypochondrie (bzw. Krankheitsangst), (zwanghaftes) Horten, Exkoriationsstörungen und das Tourette-Syndrom (ebenfalls gelistet unter Erkrankungen des Nervensystems). Neben Angst werden in der ICD-11 weitere häufige Empfindungen von Patient:innen wie z. B. Ekel, Scham und Unvollständigkeitsgefühle in den Diagnosekriterien der Zwangsstörung expliziert. Zwangsstörungen werden nicht länger in Subtypen unterteilt (vormals: vorwiegend Zwangsgedanken, vorwiegend Zwangshandlungen, gemischt). Während die ICD-10 die Ich-Dystonie der Zwangssymptome verlangte, kann in der ICD-11 das Fehlen einer »Störungseinsicht« mitkodiert werden.
- *Stressassoziierte Erkrankungen:* Neben den zuvor adressierten Störungsbildern, der Komplexen Posttraumatischen Belastungsstörung und der Anhaltenden Trauerstörung werden stressassoziierte Erkrankungen durch die reaktive Bindungsstörung und die Bindungsstörung mit Enthemmung ergänzt, die in der ICD-10 noch unter F9 »Verhaltens- und emotionale Störungen mit Beginn in der Kindheit und Jugend« gelistet werden. Die Kriterien der Posttraumatischen Belastungsstörung wurden in der ICD-11 auf sechs reduziert: Dissoziatives Wiedererleben (nicht mehr nur unerwünschte Erinnerungen), Albträume, Übererregung, gesteigerte

Schreckhaftigkeit, Vermeidungsverhalten bzgl. Trigger-Reizen und Gedanken und Gefühlen, die mit dem Trauma assoziiert sind. Die akute Belastungsreaktion, die schon zuvor als »normale« Reaktion auf Belastungen verstanden wurde, wird nicht länger als Störung definiert.
- *Fütter- und Essstörungen:* Fütter- und Essstörungen werden in eine gemeinsame Störungskategorie integriert. Endokrine Symptome werden nicht mehr als Kernsymptom der Anorexia nervosa gelistet und der Body Mass Index (BMI) Cut-Off wird von 17,5 auf 18 erhöht. Für die Bulimia nervosa sind in der ICD-11 erstmals explizit subjektive Essattacken (anstelle objektiver Essattacken in der ICD-10) maßgeblich.
- *Somatische Belastungsstörung und Störungen des Körpererlebens*: Die Somatische Belastungsstörung unterscheidet sich von der Vorgängerdiagnose Somatisierungsstörung ganz wesentlich dadurch, dass die Diagnose auch ohne Ausschluss einer organischen Grunderkrankung gestellt werden kann. Zentral ist zukünftig, das Vorliegen klinisch relevanter psychischer Belastung aufgrund (organisch erklärbarer oder auch nicht erklärbarer) körperlicher Beschwerden.
- *Persönlichkeitsstörungen:* Die Kategorie der Persönlichkeitsstörungen stellt die Störungskategorie mit den wohl umfassendsten Veränderungen dar. Mit Ausnahme der Borderline-Persönlichkeitsstörung wird auf die Differenzierung spezifischer Persönlichkeitsstörungen verzichtet. Neben einem kategorialen Ansatz (Persönlichkeitsstörung: ja vs. nein) wird die Kodierung um einen dimensionalen Ansatz ergänzt (d. h. relative Ausprägungen auf den Dimensionen negative Affektivität, Dissozialität, Verschlossenheit, Enthemmung und Zwanghaftigkeit).

Während für die Diagnostik psychischer Störungen sowie die Abrechnung psychotherapeutischer Leistungen im deutschen Sprachraum die ICD relevant ist, bezieht sich die internationale Forschung (und somit auch die Mehrzahl der in diesem Buch referenzierten Studien) überwiegend auf das DSM-5 und seinen Vorgängerversionen. Da sich dieses Buch vor allem auf die aktuelle therapeutische Praxis in Deutschland bezieht, orientieren sich seine Inhalte hingegen an der ICD-10. Sofern praktisch relevante Diskrepanzen zwischen der ICD-10 und der ICD-11- oder DSM-5-Klassifikation bestehen, werden diese an entsprechenden Stellen thematisiert.

*Ziele kategorialer Diagnostik.* Eine kategoriale Diagnostik hat einige Vorteile. Gefragt nach der wichtigsten Funktion kategorialer Diagnostik, machen Psychotherapeut:innen in Deutschland folgende Angaben (Maercker, Reed, Watts, Lalor, & Perkonigg, 2014):

- Entscheidung zur Therapie und Vorgehensweise (43,8 %)
- Kollegiale Kommunikation (38,3 %)
- Kommunikation mit Patient:innen (5,6 %)
- Basis für Berichterstattung an Gutachter:innen (4,3 %)
- Bedeutung für die Forschung (1,2 %)

Damit diese Vorteile nutzbar werden, ist es wichtig, die relevanten Störungsbilder eines Fachgebietes genau zu kennen sowie valide diagnostische Methoden und Dokumentationsformen zu verwenden. Aufgrund der hohen Prävalenz transdiagnostischer Merkmale (z. B. Schwierigkeiten der Emotionsregulation, Schlafprobleme) kommt dabei insbesondere einer differenzialdiagnostischen Abgrenzung einzelner Störungsbilder eine große Bedeutung zu. Kapitel 4 dieses Buches stellt die Differenzialdiagnostik von depressiven Störungen, Angststörungen, Zwangsstörungen, Posttraumatischer Belastungsstörung und Essstörungen dar. Kapitel 5 behandelt u. a. die Differenzialdiagnostik von Persönlichkeitsstörungen.

*Grenzen kategorialer Diagnostik.* Die kategoriale Diagnostik anhand von ICD-10 und -11 oder DSM-5 hat jedoch ebenso einige Nachteile (Boateng & Schalast, 2011; Freyberger & Stieglitz, 2006; K. von Sydow, 2018):

- Defizitorientierte Betrachtungsweise (d. h. Reduktion von Patient:innen auf ihre Symptomatik)
- Labeling bzw. Symptomverschreibung (z. B. bei Emotional-instabiler Persönlichkeitsstörung: »Ich kann da nichts machen, ich bin einfach impulsiv.«)
- Informationsverlust (d. h. die individuelle Symptomatik der Patient:innen ist im Regelfall nicht deckungsgleich mit der Beschreibung des jeweiligen Störungsbildes im Klassifikationssystem; die kategoriale Diagnose kann diese ›Unschärfe‹ nur unzureichend abbilden)
- Beschränkung auf deskriptive Merkmale (d. h. ätiologische Annahmen und Funktionalität des gezeigten Verhaltens werden bei der Kategorisierung – in den meisten Fällen – ausgespart)
- Gegenläufige empirische Evidenz (z. B. Normalverteilung von Symptomen in der Allgemeinbevölkerung, anstatt dichotome Kategorie ›krank‹ vs. ›gesund‹) und hohe Komorbiditätsraten (d. h. viele klinische Symptommuster lassen sich nicht durch eine einzige Diagnose beschreiben; insbesondere bei Persönlichkeitsstörungen)

Unter anderem aufgrund solcher Nachteile wünscht sich ein Großteil der Psychotherapeut:innen, dass die Klassifikationssysteme in Zukunft (Maercker et al., 2014):

- Schweregrad und Funktionsniveau berücksichtigen (89,7 %);
- Dimensionale Anteile einschließen (68,4 %);
- eine flexiblere Handhabung von diagnostischen Kriterien erlauben (63,2 %).

In Übereinstimmung mit diesen Wünschen empfehlen wir für die Berücksichtigung dieser Aspekte nicht auf die Revision von Klassifikationssystemen zu warten, sondern sie von Beginn der therapeutischen Tätigkeit an in diagnostische und therapeutische Überlegungen einzubeziehen. Insbesondere die dimensionale Diagnostik hat gegenüber kategorialen Ansätzen mehrere Vorteile:

- Angemesseneres Skalenniveau: Psychologische Merkmale sind selten dichotom, sondern meist kontinuierlich; d. h. Personen sind nicht ›depressiv – ja (1) oder nein (0)‹, sondern ›gar nicht (0), sehr leicht (1), leicht (2), mittelgradig (3), schwer (4) oder sehr schwer depressiv (5)‹.

- Möglichkeit zum Vergleichen von Symptomausprägungen (z. B. Ist die Symptomatik im Vergleich zur Norm schwach, mittel oder stark ausgeprägt? Wie stark ist die Symptomatik im Vergleich zu anderen Patient:innen mit Panikstörungen ausgeprägt?)
- Höhere Veränderungssensitivität (auch wenn Diagnosekriterien noch erfüllt sind, können Veränderungen innerhalb einer Störungskategorie abgebildet werden, z. B. die Kriterien einer Anorexia nervosa sind noch immer erfüllt, aber die Körperschemastörung ist schwächer geworden.)

Eine rein dimensionale Diagnostik kann jedoch die zuvor beschriebenen Vorteile einer kategorialen Diagnostik (z. B. Erleichterung der Kommunikation, Identifikation relevanter Behandlungsleitlinien, Erfüllung der Anforderungen des Krankenkassensystems) nicht vollständig kompensieren. Entsprechend empfiehlt es sich für die klinische Praxis – ebenso wie für die klinische Forschung – eine Kombination kategorialer und dimensionaler Erhebungsverfahren einzusetzen.

### 2.2.2 Die Verhaltensanalyse

Die Verhaltensanalyse hat eine lerntheoretische Fundierung und soll Entstehungs- und aufrechterhaltende Bedingungen einer bestehenden Symptomatik erklären. Sie fußt auf verhaltenstheoretischen Annahmen der klassischen und operanten Konditionierung sowie auf kognitionstheoretischen Annahmen des sozialen Lernens.

**Mikro- und Makroanalyse**

Am Anfang der Entwicklung des SORKC-Modells (Kanfer & Saslow, 1969) stand die horizontale Verhaltensanalyse (die Mikroanalyse), die *eine* Situation entlang einer Zeitachse beschreibt. In diesem Modell wurden Stimuli (S) betrachtet, auf die eine Reaktion (R) folgte, die wiederum mit einem bestimmten zeitlichen Abstand (Kontiguität) und mit einer bestimmten Kontingenz (beide als K abgekürzt) zu strafenden oder verstärkenden Konsequenzen (C) führte.

Im Zuge der kognitiven Wende wurde dieses SRKC-Modell um die Organismus-Variable (O) ergänzt. Hintergrund war die Einsicht, dass die Annahme, menschliches Verhalten sei rein als Reaktion auf situationale Stimuli zu verstehen, kein nützliches Modell für die klinische Praxis sein konnte (Schulte, 1974). Stattdessen ist menschliches Verhalten zielorientiert und folgt mehr oder weniger zeitlich stabilen Motiven – daher müssen neben situationsspezifischen Variablen auch situationsübergreifende Variablen bei der Verhaltensanalyse berücksichtigt werden (vertikale Verhaltensanalyse bzw. Makroanalyse; Caspar & Grawe, 1983). Die situationsübergreifenden Variablen, die eine spezifische Situation beeinflussen, werden in der O-Variable zusammengefasst, die somit die Schnittstelle zwischen der vertikalen und horizontalen Verhaltensanalyse darstellt (▶ Abb. 2.2).

Über das Kernmodell hinaus wurde das SORKC-Modell wiederholt weiterentwickelt. Eine entscheidende Weiterentwicklung erfuhr es dabei unter anderem im Rahmen des dynamischen Selbstregulationsmodells (Kanfer, Reinecker, & Schmelzer, 1996), das neben einer weiteren Unterteilung der einzelnen Komponenten in α- (beobachtbares Verhalten, sichtbare Umgebungsbedingungen), β- (innere Zustände – kognitiv und emotional) und γ-Ebenen (innere Zustände – physiologisch), das Modell um Feedback-Schleifen erweitert. Dabei wird angenommen, dass die KC-Variablen (als Konsequenz des Verhaltens und somit ›neue‹ Lernerfahrung) die O-Variable modifizieren (z. B. Bestätigung und Korrektur von Annahmen) und die O-Variable die Wahrnehmung und Interpretation der S-Variable beeinflusst (z. B. auf Basis meiner Lernerfahrung, was bedeuten diese Umweltstimuli für mich?). In den Onlinematerialien zum Buch findet sich ein Arbeitsblatt zur Erstellung des SORKC-Modells (M4).

### Die Durchführung der Makroanalyse

Mit der Erfassung der Informationen zur Makroanalyse wird in der Regel vor der Durchführung der Mikroanalyse begonnen (z. B. im Rahmen der biographischen Anamnese, der sozialen Anamnese sowie der Krankheits- und Behandlungsanamnese). Die Makroanalyse umfasst alle überdauernden Personenvariablen, die zum Verständnis der Entstehung, Auslösung und Aufrechterhaltung der therapierelevanten Störung bzw. Problematik relevant sind. Störungsübergreifende Basis der Makroanalyse sind das biopsychosoziale Modell (von Uexküll & Wesiack, 1988) bzw. das Vulnerabilitäts-Stress-Modell (Wittchen & Hoyer, 2011). Entsprechend sind folgende Informationen zu berücksichtigen, deren praktische Erfassung in Kapitel 3 (▶ Kap. 3) besprochen wird:

- *Biologisch/genetische Ausstattung:* Diese Informationen werden im psychotherapeutischen Kontext primär durch die biographische Anamnese (z. B. Vorerkrankungen in der Familie) oder ärztliche Konsultation (z. B. Abklärung einer Schilddrüsenunterfunktion über Endokrinolog:innen) erfasst.
- *Einflüsse des sozialen Umfelds:* Der Mensch ist ein soziales Wesen mit starkem Bindungsbedürfnis. Für die Befriedigung seiner Grundbedürfnisse ist ein soziales Miteinander unerlässlich (Grawe, 2004). Entsprechend prägend sind sowohl frühere als auch gegenwärtige soziale Erfahrungen für das Interaktionsverhalten und die Selbst-, Welt- und Zukunftssicht einer Person. Die Erfassung entsprechender Informationen wird u. a. in Kapitel 3.5 ›Analyse von Beziehungen‹ (▶ Kap. 3.5) und Kapitel 3.8 ›Visualisierende Methoden im diagnostischen Prozess‹ (▶ Kap. 3.8) näher besprochen.
- *Psychische Faktoren:* Die Grundannahmen, Ziele und Verhaltenspläne einer Person sind die wesentlichen Determinanten, die die Reaktionen eines Individuums auf neue Situationen bestimmen (Grawe & Caspar, 1984). Die innere Lebenswelt einer Person sowie ihre Konstruktion der Wirklichkeit nachzuvollziehen, ist daher essenziell, um die Funktion von (dysfunktionalen) Erlebens- und Verhaltensweisen zu verstehen. Weiterführende Informationen zur Analyse dieser Variablen finden sich u. a. in Kapitel 3.3 ›Lebenszielanalyse‹ (▶ Kap. 3.3), 3.6 ›Erstellung des Modusmodells‹ (▶ Kap. 3.6) und 3.7 ›Plananalyse‹ (▶ Kap. 3.7).

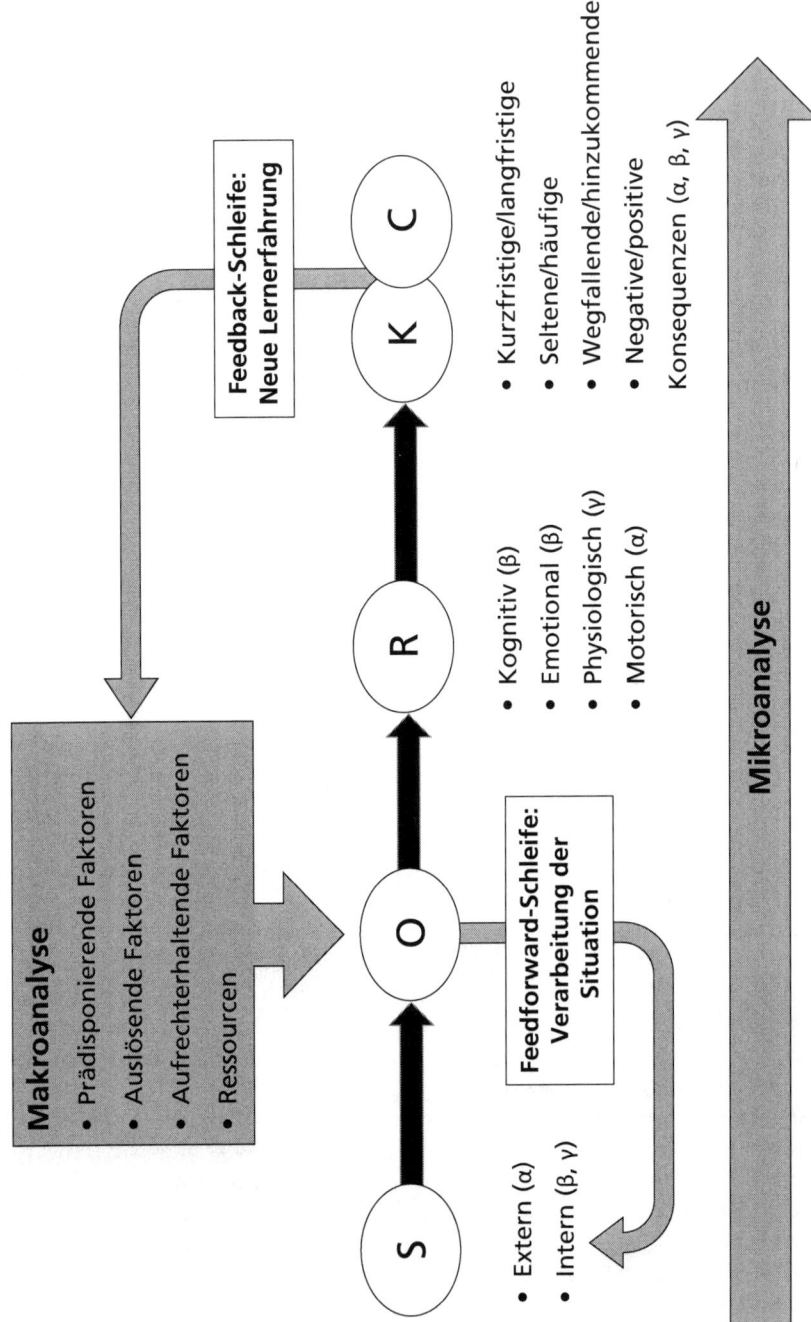

**Abb. 2.2:** Das SORKC-Modell.

- *Stressreiche Lebensereignisse:* Stressbelastung erhöht die Wahrscheinlichkeit des Auftretens psychischer Erkrankungen (Hassanzadeh et al., 2017) und akute Stressoren stellen häufig den Auslöser für die Exazerbation psychischer Störungen dar (Asselmann, Wittchen, Lieb, Höfler, & Beesdo-Baum, 2015). Dabei spielen sowohl weit zurückliegende Stressoren, z. B. Misshandlungs- und Vernachlässigungserfahrung in der Kindheit als auch gegenwärtige Stressoren eine große Rolle. Die ›Analyse von Lebenskrisen‹ wird in Kapitel 3.2 (▶ Kap. 3.2) besprochen.
- *Ressourcen:* Jeder Mensch verfügt über Ressourcen, die ihm helfen können stressreiche Situationen zu bewältigen, gesund zu bleiben oder wieder gesund zu werden (Deppe-Schmitz & Deubner-Böhme, 2016). Die Aufdeckung und ggf. (Re-)Aktivierung von Ressourcen stellt einen bedeutsamen Wirkfaktor von Psychotherapie dar. Kapitel 3.4 behandelt Methoden zur diagnostischen Erfassung von Ressourcen (▶ Kap. 3.4).

Das folgende Beispiel illustriert die Zusammenfassung einer Makroanalyse:

> *Prädisponierende Faktoren:* Herr D. (46 Jahre) stammt aus einem strengen Elternhaus mit patriarchalen Strukturen. Sein Vater habe ihm nichts zugetraut. Seiner Mutter sei es primär wichtig gewesen, dass die ›makellose‹ Fassade der Familie nach außen hin gewahrt bleibe. Seine Eltern hätten ihm immer viele Vorschriften gemacht, er habe sich nie richtig von ihnen abnabeln können (unzureichende Autonomieentwicklung) und habe eine defizitorientierte Sichtweise auf sich und sein Handeln entwickelt (Selbstwertproblematik). Die Mutter habe an einer Angsterkrankung gelitten (möglicherweise biologisch/genetisch bedingt erhöhte Ängstlichkeit) – die Ängste seien jedoch nie offen in der Familie thematisiert worden (psychische Probleme werden als Stigma empfunden). In der Schule sei Herr D. immer schlechter als seine zwei älteren Brüder gewesen. Während Klausuren sei er immer sehr nervös gewesen und habe Blackouts gehabt (schlechtes Fähigkeitsselbstkonzept). Seine Verhaltenspläne beinhalten primär Vermeidungsziele und sind darauf ausgerichtet, schwierige Entscheidungen zu meiden.
> *Auslösende Faktoren:* Herr D. hatte seine Frau geheiratet, nachdem diese von ihm schwanger geworden war. Schon früh hätten sich bei den beiden starke Eheprobleme eingestellt, bei denen sie ihn stark abgewertet und seine Männlichkeit in Frage gestellt habe (Reaktivierung der Selbstwerts- und Autonomieproblematik). Seit dieser Zeit habe sich Herr D. innerlich zerrissen gefühlt (Gefühl der Unvollständigkeit) – er sei sich nicht mehr sicher gewesen, ob er sich nicht plötzlich das Leben nehmen würde (Zwangssymptomatik). In der Folge habe er begonnen, hohe Gebäude und Brücken und schrittweise auch Menschenmengen und Autobahnen zu meiden.
> *Aufrechterhaltende Faktoren:* Herr D. zeigt ein ausgeprägtes Flucht- und Vermeidungsverhalten, das zu einem Spannungsabfall führt und die vermeintliche Katastrophe (Selbstmord) abwendet (negative Verstärkung). In der Folge kam es zu einer Generalisierung der Angst, sodass immer mehr konditionierte Stimuli einen Teufelskreis der Angst auslösen können (Entstehung einer komorbiden Agoraphobie). Seine Lageorientierung, sein geringes Selbstwertgefühl und sein Autonomiekonflikt verhindern eine Aufklärung der ehelichen Krise.
> *Bewältigungsressourcen:* Herr D. verfügt über einen durchschnittlichen bis überdurchschnittlichen Intellekt. Er ist intrinsisch motiviert, etwas an der gegenwärtigen

> Symptomatik und Problematik zu verändern. Er verfügt über gute Fähigkeiten zur Introspektion und (Selbst-)Reflexion. Bis zum Ausbruch der Symptomatik ging Herr D. diversen Freizeitaktivitäten nach (z. B. Tanzen), deren Reaktivierung sich förderlich für sein Fähigkeitsselbstkonzept auswirken könnte.

### Die Durchführung der Mikroanalyse

Für die Erläuterung der Komponenten der Mikroanalyse nutzen wir weiter das Fallbeispiel von Herrn D. (46 Jahre):

> In einer Therapiesitzung berichtet Herr D., er habe vor wenigen Tagen etwas sehr Belastendes erlebt. Sein Chef habe ihn dazu aufgefordert, mit ihm und den Arbeitskollegen in der Stadt etwas essen zu gehen. Zögerlich habe er zugestimmt und habe die Gruppe Richtung Innenstadt begleitet. Um in die Innenstadt zu gelangen, hätte die Gruppe eine Brücke überqueren müssen. Nach ein paar Schritten sei ihm ›ganz anders‹ geworden. Er habe den anderen deshalb gesagt, er hätte seinen Geldbeutel vergessen und sei umgedreht – die anderen wären kurz verdutzt stehen geblieben und dann jedoch weitergegangen. Herr D. berichtet, die ganze Sache sei ihm furchtbar peinlich gewesen.

*Die Stimulusvariable.* Die Stimulusvariable (S) erfasst die internen und externen Stimuli, die am Anfang der zu betrachtenden Situation vorhanden sind. Externe Stimuli umfassen dabei zum einen den situationalen Kontext und konkrete äußere Reize, d. h. diskriminative Hinweisreize bzw. (un-)konditionierte Stimuli. Die externen Stimuli werden dadurch erfasst, dass Betroffene darüber befragt werden, was eine außenstehende Person in der relevanten Situation wahrgenommen hätte. Interne Stimuli beschreiben konkrete innere Reize, die für die Situation bedeutsam sind und die zu ihrem Beginn bestehen (d. h. sie dürfen keine Konsequenz der externen Stimuli sein), z. B. physiologische Phänomene, Emotionen, Gedanken. Die internen Stimuli werden nach den externen Stimuli erfasst, indem erfragt wird, wie es der betroffenen Person in den Stunden und Minuten vor diesem Ereignis ging und was sie zuvor getan hat.

> T(herapeut:in): »Ich finde gut, dass Sie mir von der Situation erzählen. Ich glaube sie enthält viele für uns relevante Informationen. Deshalb schlage ich vor, dass wir sie uns noch mal im Detail betrachten. Können Sie mir daher bitte noch mal ganz genau erzählen, wie die Situation war? Können Sie sich die Situation noch mal vor Augen führen?«
> 
> D.: »Ja, ich denke schon. Wir waren auf dem Weg in die Innenstadt. Dann kam da die [Name]-Brücke und mir war eigentlich schon vorher klar, dass das nichts wird. Ich hatte solche Situationen ja schon öfter. Dann beginnt da das Herzrasen und dann…«
> 
> T: »Warten Sie einen Augenblick. Lassen Sie uns das Ganze in Zeitlupe durchgehen, damit uns nichts entgeht. Sie sagten Sie gingen in einer Gruppe Richtung Innenstadt. Wie viele Personen waren in der Gruppe?«
> 
> D: »Wir waren zu sechst. Mein Chef, ich und vier Kollegen.«
> 
> T: »Und auf der Brücke, wie viele Personen waren da?«

| | |
|---|---|
| D: | »Die Brücke war fast leer.« |
| T: | »Was können Sie mir noch von der Situation an sich berichten? Beschreiben Sie mir, wie ein Außenstehender sie wahrgenommen hätte. Das heißt ohne Emotionen oder Gedanken – nur das, was jemand anders gesehen hätte.« (Alternative: »Was wäre zu sehen gewesen, wenn jemand ein Foto von der Situation gemacht hätte?«) |
| [...] | |

So werden schrittweise relevante externe Stimuli-Variablen erfasst. Die Therapeut:in notiert dabei auf einem Flipchart/Whiteboard, Blatt Papier oder etwas ähnlichem die Variablen, die er/sie für relevant hält, d. h. es wird eine Selektion vorgenommen, es muss nicht alles beschrieben werden. Falls Therapeut:innen unsicher sind, ob etwas wichtig ist oder nicht, sollte dies mit den Patient:innen rückbesprochen werden.

Warum ist die Erhebung der externen Stimuli wichtig?

- Die für eine bestimmte Reaktion bedeutsamen Stimuli können für die Differenzialdiagnostik oder auch für ein individuelles Krankheitsmodell relevant sein – z. B. in der beschriebenen Situation war keine Menschenmenge auf der Brücke anwesend, was genau hat Herrn D. Angst gemacht?
- Für viele Behandlungsmethoden ist es wichtig zu wissen, welche Art von Stimuli eine bestimmte Reaktion triggert. Denn diese Informationen helfen, die relevanten Stimuli entweder gezielt aufzusuchen (z. B. im Rahmen einer Expositionstherapie) oder gezielt zu vermeiden (z. B. im Rahmen von Stimuluskontrolltechniken).

Nach der Erhebung der externen Stimuli werden die internen Stimuli erhoben. Mit den externen Stimuli zu beginnen ist sinnvoll, da die externen Stimuli den Beginn der analysierten Situation ›markieren‹. Somit gibt es einen Fixpunkt auf der Zeitachse, von dem aus ein ›vorher‹ (interne Stimuli) und ›nachher‹ (kognitive, emotionale, physiologische und motorische Reaktionen) differenziert werden

| | |
|---|---|
| T: | »Okay. Ich denke, ich kann mir die Situation jetzt gut vorstellen. Haben wir noch irgendetwas Relevantes vergessen?« |
| D: | »Nein, ich glaube nicht.« |
| T: | »In Ordnung – jetzt würde ich gerne noch etwas weiter zurückspulen. Was hatten Sie an dem Morgen bislang gemacht? Wie ging es Ihnen, bevor Sie zur Brücke kamen?« |
| P: | »Nicht so toll. Ich hatte die Nacht schlecht geschlafen – wieder auf der Couch...« |
| T: | »Oh, wie kam es dazu?« |
| P: | »Meine Frau und ich hatten am Tag davor wieder einen Streit.« |
| T: | »Das tut mir leid zu hören. Ich möchte gerne mit Ihnen über diesen Streit sprechen, glaube aber, dass die Betrachtung der aktuellen Situation auf der Brücke ebenfalls sehr wichtig ist – wäre es okay, wenn wir den Streit erst später thematisieren?« |
| D: | »Ja, das ist in Ordnung.« |
| T: | »Okay, sehr gut. Sie sagten, Sie haben schlecht geschlafen. Heißt das, dass Sie müde waren, als Sie mit Ihren Kollegen auf dem Weg in die Stadt waren?« |

> D:  »Ja, todmüde.«
> [...]

Auch hier werden wieder alle Informationen notiert, von denen angenommen wird, dass sie für die Reaktionen der Patient:innen bedeutsam sein könnten.

Warum ist die Erfassung der internen Stimuli relevant?

- In Abhängigkeit ihres aktuellen Zustands reagieren Menschen sehr verschieden auf die gleichen Stimuli – wenn man verstehen will, warum Patient:innen es an manchen Tagen schaffen, eine Brücke zu überqueren und an anderen nicht, ist die interne Stimulus-Variable daher maßgeblich.
- Um nachvollziehen zu können, welche Reaktionen eine Situation bei Patient:innen auslöst, ist es relevant zu wissen, welche Gedanken und Gefühle bereits vorher vorhanden waren – z. B. war Herr D. schon vor dem Betreten der Brücke ängstlich oder hat erst die Brücke bei ihm eine Angst ausgelöst?
- Vielfältige therapeutische Interventionen machen sich die interne Stimulus-Komponente zunutze – im vorliegenden Fall könnte z. B. an der Schlafhygiene von Herr D. gearbeitet werden oder es könnte die Eheproblematik als relevante Belastung identifiziert werden, die in der Folge paartherapeutisch behandelt werden könnte.

Nach der S-Variable kann mit der Erhebung der O- oder der R-Variable fortgefahren werden. Die Entscheidung hängt in erster Linie davon ab, wie weit die Therapie fortgeschritten ist.

Am Anfang der Therapie ist es häufig zielführend, den Patient:innen die Zusammenhänge zwischen der O- und R-Variable zunächst psychoedukativ zu vermitteln. In diesem Fall wird zunächst die R-Variable gemeinsam erarbeitet, bevor die Therapeut:innen die vermuteten Zusammenhänge mit der O-Variable erläutern.

> »Ich finde es sehr nachvollziehbar, dass Sie gerade in dieser Situation so stark reagiert haben. Sie sagten, Sie waren mit Ihrem Chef unterwegs. Aus Ihrer Familiengeschichte wissen wir, dass gerade die Konfrontation mit älteren, autoritären Männern eine starke Unsicherheit bei Ihnen auslösen kann. Das finde ich nachvollziehbar – in solchen Situationen fühlt man sich manchmal als wäre man wieder ein kleiner Junge. Kennen Sie dieses Gefühl?«.

Ist die Diagnostik bzw. die Therapie schon weiter fortgeschritten und wurden die relevanten Zusammenhänge bereits verstanden, kann die O-Variable hingegen direkt nach der S-Variable gemeinsam mit den Patient:innen erschlossen werden:

> »Okay, mir scheint es, als sei dies wieder eine ganz typische Situation. Welche überdauernden Einflussfaktoren könnten für Ihre Reaktion denn relevant gewesen sein?«.

*Die Organismusvariable.* Wie zuvor beschrieben ist die O-Variable die Schnittstelle zwischen der horizontalen (Mikroanalyse) und der vertikalen Verhaltensanalyse

(Makroanalyse, s. o.). Darum werden in der O-Variable alle überdauernden situationsübergreifenden Variablen gebündelt, die die spezifische Situation beeinflussen, die gerade in der Mikroanalyse betrachtet wird. Im Falle der von Herr D. geschilderten Situation wären dabei z. B. folgende Faktoren zu berücksichtigen:

- Hohe Angstsensitivität (biologisch/genetische Einflüsse)
- Unvollständigkeitsgefühl (Kernelement der Zwangsstörung)
- Teufelskreis der Angst (klassische Konditionierung)
- Vermeidungspläne (Vermeidung von Risiko, Eigenverantwortung, Unwohlsein)

Warum ist es wichtig die Organismus-Variable zu erfassen?

- Das Ziel der O-Variable ist es zu erklären, warum auf einen spezifischen Stimulus eine spezifische Reaktion folgt. Die in der O-Variable enthaltenen Informationen werden daher als ursächlich für das Reaktionsmuster einer Person angenommen. Entsprechend relevant sind sie für das gemeinsam mit Patient:innen zu erarbeitende Störungsverständnis.
- Während die S- und R-Variablen besonders relevant sind, wenn primär störungs- bzw. symptomorientiert behandelt werden soll (u. a. Expositionstherapie, Stimuluskontrolltechniken), ist die O-Variable für eine problemorientierte Behandlung (z. B. zur Reduktion dysfunktionaler Grundannahmen) entscheidend. Die O-Variable kann im Verständnis der kognitiven Verhaltenstherapie dabei nicht direkt beeinflusst werden – eine indirekte Beeinflussung ist jedoch durch das Anstoßen neuer Lernerfahrungen möglich.

*Die Reaktions-Variable.* Die R-Variable erfasst die kognitiven, emotionalen, physiologischen und motorischen Reaktionen einer Person. Kognitive Reaktionen umfassen dabei die automatischen, unbewussten, bewussten und interpretativen Gedanken einer Person. Emotionale Reaktionen umfassen die in der Situation auftretenden Emotionen. Die physiologischen Reaktionen umfassen alle körperlichen Reaktionen, die nicht zur Willkürmotorik gehören (z. B. Beschleunigung der Herzfrequenz). Willkürmotorische Reaktionen werden gesondert unter dem Schlagwort motorische Reaktionen erfasst. Die Erfassung der R-Variable erfolgt durch direkte Befragung der Patient:innen zu ihrem Erleben und Verhalten in der beschriebenen Situation. Wenn Patient:innen große Schwierigkeiten haben, sich in die Situation hineinzuversetzen, kann dem beispielsweise durch eine Imaginationsübung zur interessierenden Situation begegnet werden.

> T: »*Ich möchte Sie bitten, sich ganz in diese Situation hineinzuversetzen – schließen Sie dazu nach Möglichkeit die Augen und nehmen Sie eine bequeme Sitzhaltung ein. Beschreiben Sie mir bitte noch einmal, wie die Situation genau war, als Sie die Brücke betreten haben.*«
> D: »*Ich hatte das Gefühl, ich könnte die Kontrolle über meinen Körper verlieren. Irgendwie betäubt... doch dann kam plötzlich Panik.*«
> T: »*Sie waren auf der Brücke und dann kam diese Betäubung. Bevor die Panik kam, was haben Sie da gedacht?*«

D: »*Ich bin nicht sicher. Mein Herz hat angefangen zu rasen. Ich hatte Angst, dass es gleich zerspringt.... Vor allem hatte ich aber Angst, dass ich springen könnte.*«

[...]

Die Veränderung der R-Variable stellt das zentrale Element einer störungsorientierten Psychotherapie dar. Während der Leidensdruck der Patient:innen primär in den emotionalen (z. B. Angst, Traurigkeit) und physiologischen Reaktionen (z. B. Herzrasen, psychomotorische Erregung) begründet liegt, bestehen die primären Interventionswege der (klassischen) kognitiven Verhaltenstherapie in Veränderungen der kognitiven (z. B. die Bewertung einer Situation) und der motorischen Reaktion (z. B. Fluchtverhalten).

*Die Kontiguitäts-Kontingenz- und Konsequenzen-Variablen.* Die K-Variablen erfassen die Eigenschaften (Kontiguität – zeitlicher Abstand zwischen R und C, Kontingenz – Regelhaftigkeit mit der C auf R folgt) der auf die Reaktionen folgenden Konsequenzen (Verstärkung oder Bestrafung). Die K-Variablen und die C-Variable werden gemeinsam erfasst, indem die Patient:innen aufgefordert werden, zu beschreiben, wie es nach ihrer Reaktion kurzfristig (d. h. in der Regel innerhalb der nächsten Minuten) und langfristig (d. h. in der Regel innerhalb von Stunden, Tagen oder auch Monaten) weiterging bzw. weitergehen könnte.

T: »*Als Sie von der Brücke gegangen sind, was haben Sie da empfunden?*«
D: »*Im ersten Moment Erleichterung – ich habe richtig gemerkt, wie der Druck von mir abgefallen ist. Gleichzeitig war mir die Situation aber auch furchtbar peinlich. Ich meine, die Kollegen müssen das Gefühl gehabt haben, dass ich sie nicht mehr alle habe.*«
T: »*Wie war es denn für Sie, auf ein gemeinsames Mittagessen mit den Kollegen verzichtet zu haben?*«
D: »*Das war so ein gemischtes Gefühl. Einerseits war ich absolut nicht in der Stimmung – um ehrlich zu sein, hätte ich mich vorher schon davor drücken können, hätte ich es getan... insofern war ich froh. Aber ich glaube, dass es schon schlecht ist, bei so etwas nie dabei zu sein – ich glaube gerade dem Chef ist Teamzusammenhalt wichtig... da will ich natürlich auch nicht fehlen.*«

Warum ist es wichtig, die K/C-Variablen zu erfassen?

- Mit den K/C-Variablen schließt sich ein Kausalkreis, denn die Konsequenzen der R-Variable modifizieren nach und nach die O-Variable, indem sie entweder neue Lernerfahrungen schaffen oder alte Lernerfahrungen bekräftigen. Die K-C-Variablen sind daher entscheidend, um Patient:innen zu verdeutlichen, warum sie ein Verhaltensmuster aufrechterhalten, unter dem sie eigentlich leiden und inwiefern eine therapeutische Intervention dazu beitragen kann, in Zukunft andere Konsequenzen zu erzeugen.
- Die Therapeut:innen haben die Möglichkeit über die Beeinflussung der K/C-Variablen (z. B. durch verstärkende/unterstützende Kommentare oder durch

komplementäre Beziehungsgestaltung) neue Lernerfahrungen bzw. korrigierende Erfahrungen gezielt zu steuern, um so (indirekt) die O-Variable zu beeinflussen.

In Tabelle 2.1 ist das SORKC-Modell der Beispiel-Situation zusammengefasst (▶ Tab. 2.1). Die Angaben im Beispiel wurden um weitere Informationen ergänzt, um zu verdeutlichen, welche weiteren Aspekte für die Analyse der Situation relevant sein könnten.

**Tab. 2.1:** SORKC-Modell

| SORKC-Komponente | Relevante Informationen |
| --- | --- |
| S extern | Herr D. ist mit vier Kollegen und seinem Chef auf einer Brücke, ansonsten ist die Brücke relativ leer. Durch die nahe Autobahn ist es laut. |
| S intern | Herr D. ist müde, hungrig und gestresst. |
| O | Genetisch/biologisch besteht vermutlich eine erhöhte Angstsensitivität; Brücken sind ein konditionierter Stimulus für den Zwangsgedanken, sich möglicherweise das Leben nehmen zu wollen; Teufelskreis der Angst, Vermeidungspläne |
| R kognitiv | »Oh mein Gott… Was, wenn ich plötzlich springe? Will ich mich vielleicht umbringen?« |
| R emotional | Zunächst emotionale Taubheit, dann Angst und Panik |
| R physiologisch | Herzrasen, Schwitzen, körperliche Übererregung, beschleunigte Atmung |
| R motorisch | Entschuldigung bei Kollegen; Flucht von der Brücke |
| C negative Verstärkung | Wegfall der Anspannung (kurzfristig; immer bei Vermeidung); Vermeidung des Essens mit den Kollegen (kurzfristig; seltene Konsequenz) |
| C positive Verstärkung | - |
| C negative Bestrafung | Verlust an Selbstwert (langfristig; immer bei Vermeidung); Verlust an Kontrollerleben (langfristig; immer bei Vermeidung); Verschlechterung der Beziehungen zu Arbeitskollegen und Chef (langfristig; häufig – abhängig von den Umständen) |
| C positive Bestrafung | Schamerleben (kurzfristig – häufig – abhängig von den Umständen); Gefährdung des Arbeitsplatzes (langfristig; unsichere Konsequenz) |

## 2.2.3 Der Behandlungsplan

Bis zum Ende der Probatorik sollte ein vorläufiger Behandlungsplan erstellt worden sein, der mit den Patient:innen vor dem Hintergrund ihrer Therapieziele reflektiert werden sollte. Als Basis für die Priorisierung der therapeutischen Interventionen kann dabei folgende Orientierung verwendet werden (Bohus & Wolf-Arehult, 2013; Jacob & Arntz, 2015):

1. Maßnahmen zur Abwendung von Fremd- und Selbstgefährdung sowie zur Beseitigung sonstiger Therapiehemmnisse (z. B. fehlende Motivation);
2. Maßnahmen zur Vorbereitung therapeutischer Interventionen (z. B. Herleitung eines Störungsmodells, Stabilisierung, Skills, Herstellung von basaler Versorgung im Alltag usw.);
3. Maßnahmen zur Reduktion schwerer psychischer Symptome (Störungsorientierung);
4. Maßnahmen zur Lösung der zugrundeliegenden emotionalen und interaktionellen Problematik (Lösungs- und Problemorientierung);
5. Maßnahmen zur Vorbereitung des Abschlusses der Therapie und Rückfallprophylaxe.

Wie deutlich wird, gehen in den Behandlungsplan neben störungsübergreifenden (z. B. Abklärung von Suizidalität, emotionale Probleme) auch störungsspezifische Aspekte (z. B. zur Reduktion der Akutsymptomatik) ein. Entsprechend sollten die probatorischen Sitzungen neben einer störungsübergreifenden (Kapitel 3) auch eine störungsspezifische Diagnostik (Kapitel 4 und 5) berücksichtigen.

Die folgende Behandlungsplanung führt das Beispiel von Herr D. (46 Jahre) fort:

> 1. *Maßnahmen zur Abwendung von Fremd- und Selbstgefährdung: Es liegt weder eine Fremd- noch Selbstgefährdung vor (bei den vermeintlichen Suizidideen von Herrn D. handelt es sich um Zwangsgedanken). Es sind derzeit keine Maßnahmen zur Reduktion von Therapiehemmnissen erforderlich.*
> 2. *Maßnahmen zur Vorbereitung therapeutischer Interventionen: Auf Basis der kognitiven Modelle der Zwangsstörung und der Agoraphobie wird mit dem Patienten ein individuelles Krankheitsmodell erstellt. Im Sinne einer Psychoedukation werden dabei insbesondere die aufrechterhaltenden Funktionen von Vermeidungs- und Sicherheitsverhaltensweisen herausgearbeitet. Auf Basis des Störungsmodells sollen zudem das Behandlungsrational erläutert und die Motivation zur Umsetzung gesteigert werden.*
> 3. *Maßnahmen zur Reduktion psychischer Symptomatik: Nach Vermittlung des Behandlungsrationals wird mit dem Patienten eine Zwangs- und Angsthierarchie erstellt. Ausgehend davon wird mit dem Patienten eine Konfrontation mit Reaktionsmanagement zur Behandlung der Zwangsstörung geplant. Im Anschluss wird zur Behandlung der (beginnenden) Agoraphobie eine Exposition in vivo in agoraphobischen Situationen umgesetzt. Bei beiden Konfrontationseinheiten ist das Vorgehen graduell (d. h. stufenweise), beginnend mit einer Situation mittlerer Schwierigkeit.*
> 4. *Maßnahmen zur Behandlung der zugrundeliegenden emotionalen und interaktionellen Problematik: Nach dem Rückgang der akuten Symptomatik soll die*

*Therapie sich auf die Themen Autonomie (Beziehungsmotive: Autonomie und Territorialität) und Selbstwert (Beziehungsmotiv: Wichtigkeit) konzentrieren. Die Bearbeitung dieser Themen soll mit schematherapeutischen Methoden erfolgen. Zur Reduktion der Belastung in der Paarsituation wird eine Psychoedukation zu Paardynamiken, Beziehungsbedürfnissen und zur Kommunikation in Paarbeziehungen geplant. Die Partnerin des Patienten soll außerdem zu ausgewählten Terminen eingeladen werden, den Patienten zur Therapie zu begleiten. Die Gestaltung der Sitzungen zur Paarproblematik soll orientiert an einer emotionsfokussierten Paartherapie erfolgen.*
5. *Maßnahmen zur Vorbereitung des Abschlusses der Therapie und Rückfallprophylaxe: Zum Therapieende hin soll die Therapie langsam ausgeschlichen werden – die Sitzungsfrequenz wird dabei langsam von wöchentlich zu monatlichen Sitzungen reduziert. Es soll ein Stundenkontingent zur Rückfallprophylaxe vorbehalten werden. Aufgrund des global guten Funktionsniveaus wird eine Beendigung der Therapie vermutlich ohne weitere Maßnahmen unproblematisch möglich sein.*

## 2.3 Diagnostik in der Behandlungsphase

Zu Beginn der Behandlungsphase sollten mindestens die in den Kapiteln 2.1 und 2.2 beschriebenen diagnostischen Informationen erfasst worden sein. Damit ist jedoch die Phase, in der Informationen gewonnen werden müssen, nicht beendet – insbesondere behandlungsrelevante Informationen gilt es weiter zu erfassen (▶ Kapitel 4 und 5). Da im Zuge der Behandlung regelhaft weitere Problemfelder aufgedeckt werden (insbesondere emotionale und interaktionelle Probleme), können auch weitere problem- und lösungs- bzw. ressourcenorientierte diagnostische Methoden (▶ Kapitel 3) und die Adaptation der Therapieziele notwendig sein.

Darüber hinaus besteht eine der bedeutendsten diagnostischen Aufgaben der Behandlungsphase in der Durchführung der Verlaufsdiagnostik. Diese bezieht sich sowohl auf Veränderungen der Symptomatik und der zugrundeliegenden Problemfelder als auch auf den Aufbau von Ressourcen und das allgemeine Funktionsniveau. Ebenso sollte die Entwicklung einer potenziellen Fremd- und Selbstgefährdung weiterhin im diagnostischen Fokus stehen.

Ein besonderer Themenschwerpunkt der Diagnostik in der Behandlungsphase ist die gegebenenfalls notwendige Vorbereitung des Umwandlungsantrags von Kurzzeit- zu Langzeittherapie. Der Antrag an die Gutachter:innen sollte folgende Informationen umfassen (Brunner, 2019):

1. Relevante soziodemographische Daten: Informationen aus der biographischen und sozialen Anamnese zu Elternhaus und Lebensumständen.
2. Symptomatik und psychischer Befund: Informationen aus der freien und (halb-) strukturierten Erfassung der Eingangssymptomatik der Patient:innen sowie ein Kurzbericht zum psychopathologischen Befund (siehe nachfolgender Kasten).

3. Testdiagnostik: Ergebnisse aus Fragebogen- und Interviewdiagnostik (sowohl Eingangs- als auch Verlaufsdiagnostik).
4. Somatischer Befund: Relevante medizinische Krankheitsfaktoren, zumeist unter Verweis auf den Konsiliarbericht.
5. Behandlungsrelevante Angaben zur Lebensgeschichte, zur Krankheitsanamnese, zum funktionalen Bedingungsmodell: Darstellung der Makro- und Mikroanalyse inklusive der Aufstellung eines SORKC-Modells.
6. Diagnosen: F-Diagnose(n).
7. Behandlungsplan und Prognose: Skizzierung des Behandlungsplans und der zu erwartenden Symptomentwicklung.
8. Bisheriger Behandlungsverlauf: Bisherige Umsetzung des Behandlungsplans, Darstellung der Auswirkungen der Behandlung auf Symptomatik und Problemstellung sowie ggf. Darstellung erfolgter Anpassungen des Behandlungsplans.
9. Gründe für die Notwendigkeit eines Langzeitantrags: Darstellung der bisherigen Behandlungserfolge, die eine positive Prognose nahelegen, aber auch Erläuterung der verbleibenden behandlungswürdigen Symptomatik und Problematik (zur Rechtfertigung der weiteren Behandlung).

Es ist allerdings anzumerken, dass im Rahmen des Gesetzes zur Reform der Psychotherapieausbildung beschlossen wurde, ein neues Verfahren zur Qualitätssicherung für psychotherapeutische Behandlungen zu etablieren, das bis Ende 2022 in Kraft treten soll. Wie dieses Verfahren genau aussehen wird, ist bisher unklar. Es ist jedoch anzunehmen, dass Therapieberichte – ähnlich den bisherigen Berichten an die Gutachter:innen – besonders in Ausbildungskontexten relevant bleiben.

> **Psychopathologischer Befund**
>
> Die psychopathologische Befunderhebung gehört insbesondere im psychiatrischen Kontext zu den diagnostischen Standardinstrumenten. Das in Deutschland gebräuchlichste System zur psychopathologischen Befunderhebung ist das AMDP-System (Arbeitsgemeinschaft für Methodik und Dokumentation in der Psychiatrie, 2015).
> Der psychopathologische Befund selbst ist rein deskriptiv, d. h. er enthält keine Schlussfolgerungen oder Interpretationen (z. B. wird ein Merkmal auch als vorhanden markiert, obwohl es ›wahrscheinlich‹ auf die Einnahme eines Medikaments zurückgeführt werden kann). Die Interpretation des Befundes findet erst im Anschluss an die Deskription statt. Für die psychopathologische Befunderhebung werden sowohl objektive Daten (im Rahmen der körperlichen Untersuchung, des diagnostischen Gesprächs oder der Verhaltensbeobachtung gewonnen) und subjektive Daten (von Patient:innen berichtete Informationen) genutzt. Bei der psychopathologischen Befunderhebung handelt es sich um ein Fremdrating, d. h. die Daten werden zwar bei Patient:innen erhoben, aber den Diagnostiker:innen obliegt es, die Beschreibungen der Patient:innen in den psychopathologischen Befund zu übersetzen.
> Der psychopathologische Befund erfasst sowohl psychische als auch somatische Symptome. Der psychische Befund kodiert 100 Symptome aus 12 Kategorien

und der somatische Befund zusätzlich 40 Symptome aus 7 Kategorien. Die Items des psychopathologischen Befunds nach dem AMDP-System können zu Skalen zusammengefasst werden, die das Vorhandensein und den Schweregrad eines bestimmten Syndroms kodieren (z. B. Psychoorganisches Syndrom, Vegetatives Syndrom). Für jedes Symptom ist zu beurteilen, ob es ›nicht vorhanden‹, ›leicht vorhanden‹, ›mittel ausgeprägt‹ oder ›schwer ausgeprägt vorhanden‹ ist bzw. ob keine Aussage möglich ist (z. B. weil der Betroffene nicht befragt werden kann oder widersprüchliche Informationen vorliegen).

Bei Umwandlungs- und Fortführungsanträgen wird auf den psychischen Befund eingegangen, dessen Kategorien sowie entsprechende Beispielinhalte in Tabelle 2.2 dargestellt sind (▶ Tab. 2.2). Der psychopathologische Befund wird dabei in der Regel verkürzt zusammengefasst.

*Beispiel: Herr D. ist bewusstseinsklar und zu allen Qualitäten orientiert. Er zeigt leichte Konzentrationsschwächen und Gedächtnisstörungen. Vorliegen von Grübeln- und Zwangsgedanken, darüber hinaus keine Hinweise auf inhaltliche oder formale Denkstörungen. Keine Ich-Störung. Keine Halluzinationen oder Wahninhalte. Affekt zum ängstlichen Pol hin verschoben. Schwingungsfähigkeit erhalten. Er ist mittelgradig antriebsgehemmt und leicht motorisch unruhig. Er ist distanziert von akuter Suizidalität. Es gibt keine Hinweise auf Fremdgefährdung.*

Tab. 2.2: Kategorien des psychischen Befunds anhand des AMDP-Systems

| Kategorie | Beispielinhalte |
| --- | --- |
| Bewusstseinsstörung | Bewusstseinseinengung, Bewusstseinsverschiebung |
| Orientierungsstörung | Orientierung zu allen Qualitäten |
| Aufmerksamkeits- und Gedächtnisstörung | Konzentrationsstörungen, Konfabulationen, Gedächtnisstörungen |
| Formale Denkstörung | grübelnd, verlangsamt, ideenflüchtig |
| Befürchtungen und Zwänge | Misstrauen, Phobien, Zwangshandlungen |
| Wahn | Wahnwahrnehmungen, Wahnstimmung |
| Sinnestäuschungen | Stimmenhören, optische Halluzinationen |
| Ich-Störungen | Derealisation, Gedankenausbreitung, Gedankeneingebung |
| Störungen der Affektivität | affektarm, deprimiert, hoffnungslos, ängstlich |
| Antriebs- und psychomotorische Störungen | antriebsgehemmt, theatralisch, logorrhoisch, motorisch unruhig |
| Circadiane Besonderheiten | morgens schlechter, abends schlechter |
| Andere Störungen | sozialer Rückzug, Suizidalität, Aggressivität, Selbstbeschädigung |

# 3 Störungsübergreifende Diagnostik

**Zusammenfassung**

Der störungsübergreifenden Diagnostik steht ein breites Repertoire an Methoden zur Verfügung, die in Kombination eine fundierte Fallkonzeptualisierung und ein vertieftes Problemverständnis ermöglichen:

- *Abklärung von Suizidalität*: Psychotherapiepatient:innen sind eine Risikogruppe für Suizidversuche und vollendete Suizide. Die Abklärung von Suizidideen, -plänen und -versuchen gehört daher zum diagnostischen Basisvorgehen und darf in keinem Fall unterlassen werden.
- *Analyse von Lebenskrisen*: Das Gros der Patient:innen kommt im Zuge einer krisenhaften Zuspitzung bzw. im Anschluss an eine krisenhafte Zuspitzung ihrer Lebensbedingungen zu einer psychotherapeutischen Behandlung. Diagnostiker:innen sollten prüfen, welche biopsychosozialen Variablen zu dieser Zuspitzung der Lebenssituation beigetragen haben und welche Möglichkeiten zur (Re-)Aktivierung von Bewältigungsmöglichkeiten zur Verfügung stehen.
- *Lebenszielanalyse*: Die Befriedigung des Bedürfnisses nach Orientierung und Kontrolle wird als grundlegend für die psychische Gesundheit angenommen. Die Überprüfung und ggf. Förderung von (funktionalen) Lebenszielen stellt daher eine wichtige Weichenstellung im diagnostischen und therapeutischen Prozess dar.
- *Ressourcendiagnostik*: Ressourcen bilden das Gegengewicht zu Vulnerabilitäten und Stressoren und tragen maßgeblich zum Erhalt und Wiedererlangen psychischer Gesundheit bei. Die Erfassung, Vergegenwärtigung, (Re-)Aktivierung und Erweiterung (vormals) vorhandener Ressourcen leisten daher einen entscheidenden Beitrag zur Persönlichkeitsentwicklung, Krisenbewältigung und Rückfallprophylaxe.
- *Analyse von Beziehungen*: Die funktionale Gestaltung zwischenmenschlicher Beziehungen ist eine unverzichtbare Voraussetzung für die Befriedigung psychischer Grundbedürfnisse. Entsprechend kommt der Analyse gegenwärtiger und vormaliger (Paar-)Beziehungsdynamiken eine relevante Rolle zum Verständnis und zur (Auf-)Lösung von Problem- und Symptommustern zu.
- *Erstellung eines Modusmodells*: Modi repräsentieren mentale Zustände, die durch eine Wechselwirkung aus (dysfunktionalen) Schemata und externen sowie internen Stressoren aktiviert werden und in denen (automatisch ab-

laufende) Fühl-, Denk- und Verhaltensmuster gebahnt werden. Schematherapeutische Interventionen orientieren sich an der Intensität und Frequenz des Auftretens spezifischer Eltern-, Kind- und Bewältigungsmodi.
- *Plananalyse*: Menschliche Verhaltensmuster können als Teil einer Planstruktur aus Annäherungs- bzw. Vermeidungsmustern betrachtet werden, die sich auf Basis von (kindlichen) Erfahrungen ausbilden und eine Befriedigung von (Grund-)Bedürfnissen erreichen bzw. ihre Verletzung verhindern sollen. Aus der Analyse einzelner Verhaltensepisoden kann der Grad der Funktionalität und ggf. der Modifikationsbedarf der vorhandenen Planstruktur abgeleitet werden.
- *Visualisierende Methoden*: Diese primär aus der Systemischen Therapie und dem Psychodrama stammenden Therapietechniken erleichtern einen schnellen Überblick über komplexe Beziehungsmuster und bieten zugleich einen Zugang für vertiefte Analysen der dahinterliegenden Dynamiken.

Ziel dieses Kapitels ist es, einen breiten Methodenkatalog praxisnah zu vermitteln, um dadurch das Erstellen eines (individuellen) Störungsmodells und die Durchführung einer individuellen Behandlungsplanung sowie deren praktische Umsetzung zu unterstützen. Während in Kapitel 4 (▶ Kap. 4) und Kapitel 5 (▶ Kap. 5) störungsspezifische Inhalte besprochen werden, stehen an dieser Stelle störungsübergreifende Methoden im Vordergrund.

In diesem Kapitel werden störungsübergreifende diagnostische Methoden inklusive problemorientierter und lösungsorientierter Methoden beschrieben. Diese Methoden können teilweise bereits im Erstgespräch Anwendung finden (z. B. Abklärung von Suizidalität), doch ihr Haupteinsatzgebiet sind die probatorischen Sitzungen (im Kontext der vertikalen Verhaltensanalyse) und die Behandlungsphase (insbesondere im Kontext einer problem- oder lösungsorientierten Behandlung).

## 3.1 Abklärung von Suizidalität

Suizidalität sollte bei allen Patient:innen abgeklärt werden – zu Beginn der Therapie und im Verlauf. Hintergrund ist, dass Personen mit psychischen Störungen (also i. d. R. alle Psychotherapie-Patient:innen) ein gegenüber der Normalbevölkerung um das Zehnfache erhöhtes Risiko für Suizide aufweisen (Gili et al., 2019). Etwa 90 % der Suizide in Industrienationen entfallen auf Personen mit psychischen Störungen, wobei die Lebenszeitprävalenzen für Menschen mit Alkoholabhängigkeit (7 %), affektiver Störung (6 %) und Schizophrenie (4 %) besonders hoch sind (Inskip, Harris, & Barraclough, 1998). Die Abklärung von Suizidalität ist für jede Psychotherapie obligatorisch.

*Wie sieht die Rechtslage zu Suizidalität im Kontext der Psychotherapie aus?* Psychotherapeut:innen haben gegenüber Patient:innen eine sogenannte Garantenstellung. Das bedeutet, dass Psychotherapeut:innen bei vorliegender Suizidalität verpflichtet sind, zu intervenieren und bei fehlender Distanzierungs- und Absprachefähigkeit der Patient:innen (auch gegen deren Willen) Maßnahmen zu ihrer Weiterbehandlung in einem geschützten Setting einzuleiten (PsychKG; § 1906 BGB). Tun sie dies nicht, machen sie sich der unterlassenen Hilfeleistung schuldig (§ 323 StGB). Bei akuter Selbst- oder Fremdgefährdung sind Psychotherapeut:innen deswegen zum Brechen der Schweigepflicht berechtigt (§ 138 StGB; § 34 StGB) und verpflichtet (PsychKG; § 1906 BGB).

*Wie sollte über Suizidalität gesprochen werden?* Suizidalität sollte frühzeitig und direkt angesprochen werden – die Abklärung von Suizidalität ist kein Risikofaktor für das Auftreten von Suizidideen (Gould et al., 2005). Therapeut:innen sollten vermitteln, dass das Thema Suizidalität in der Therapie ›normal‹ ist und sie im Umgang mit Suizidalität kompetent sind. Die Kommunikation darüber sollte wertschätzend und empathisch sein. Therapeut:innen sollten zudem darüber aufklären, unter welchen Bedingungen (und unter welchen auch nicht) eine stationäre Behandlung von Patient:innen empfohlen wird bzw. eingeleitet werden muss. Hintergrund dieser Empfehlungen ist, dass 21,4 % der Patient:innen u. a. mit folgenden Begründungen angeben, das Thema Suizidgedanken in der Therapie zu vermeiden oder dahingehend zu lügen (Blanchard & Farber, 2020):

- 70 %, um negative Konsequenzen (z. B. Hospitalisierung) zu vermeiden;
- 45 %, um negative Affekte im Kontext der Therapie zu vermeiden (z. B. Schamerleben);
- 17 %, um Therapeut:innen abzustrafen, da sie das Gefühl haben, diese würden sich nicht genug für das Thema interessieren (z. B. weil sie nicht nachfragen).

Die Absichten, die hinter Suizidgedanken und -plänen stehen, sind häufig nachvollziehbar (z. B. Beendigung eines leidvollen Zustands bzw. des Gefühls, eine Last für andere zu sein). Als Therapeut:in ist man jedoch davon überzeugt, dass es funktionalere Wege gibt, mit den Problem der Patient:innen umzugehen. Therapeut:innen sollten dennoch nicht gegen Suizidgedanken ›mauern‹ oder auf Patient:innen einreden. Gerade das kann dazu führen, dass Patient:innen in die Position kommen, Partei für ihre Suizidgedanken ergreifen zu müssen oder diese zu verteidigen – etwas, das auf jeden Fall verhindert werden sollte. Daher beginnt die Exploration der Gründe für und gegen den Suizid mit der Exploration der Gründe, die für den Suizid sprechen (Britton, Patrick, Wenzel, & Williams, 2011). Erst danach werden die Gründe exploriert, die gegen den Suizid und für das (Weiter-)Leben sprechen. In einem dritten Schritt wird auf Basis dieser Informationen gemeinsam geprüft, welche Schritte notwendig wären, damit die Patient:innen ihr Leben wieder bzw. stärker als lebenswert erachten. Dabei gehen Therapeut:innen wertschätzend mit den Patient:innen um und verstärken deren Offenheit zur Kommunikation über das Thema:

> *»Ich habe großen Respekt davor, dass Sie so offen mit diesem Thema umgehen. Ich finde es vor dem Hintergrund Ihrer Lebensgeschichte (ein Beispiel kurz anreißen) und in Angesicht der aktuellen Situationen (sehr kurz skizzieren) nachvollziehbar, dass Ihnen Suizid*

als vermeintliche Lösung erscheinen kann. Wäre es in Ordnung, wenn wir uns heute gemeinsam mit den Gründen für die Suizidgedanken und den Gründen für das Weiterleben auseinandersetzen?«

*Welche Informationen müssen erfasst werden?* Die zu erfassenden Informationen sind vom Stadium der Suizidalität abhängig:

- *Keine Lebensüberdrüssigkeitsgedanken:* Es sollte das Angebot unterbreitet werden, ggf. zukünftig aufkommende Überdrüssigkeits- oder Suizidgedanken jederzeit anzusprechen.
- *Lebensüberdrüssigkeitsgedanken:* Es sollten die Häufigkeit, die Intensität, die Dauer und die Auslöser von Überdrüssigkeitsgedanken erfasst werden. Darüber hinaus sollte erfragt werden, was die Patient:innen davon abhält oder in der Vergangenheit abgehalten hat, sich etwas anzutun bzw. welche Ressourcen ihnen helfen bzw. geholfen haben, weiterzumachen. Es sollte die Absprache getroffen werden, dass der:die Therapeut:in ab und zu nachfragen wird, inwiefern Überdrüssigkeitsgedanken vorliegen. Den Patient:innen wird das Angebot gemacht, aufkommende Suizidgedanken jederzeit ansprechen zu können.
- *Suizidgedanken (noch keine Suizidpläne):* Es sollten die Häufigkeit, die Intensität, die Dauer und die Auslöser der Suizidgedanken erfasst werden. Darüber hinaus sollte erfragt werden, welche Hindernisse die Patient:innen davon abhalten, sich etwas anzutun bzw. welche Ressourcen ihnen helfen könnten, weiterzumachen. Zusätzlich sollten die potenziellen Suizidmethoden, über die nachgedacht wird, die Konkretheit der Gedanken, der Affekt, mit dem über Suizid nachgedacht wird (z. B. Angst, Entspannung) und die Distanzierungs- sowie Absprachefähigkeit exploriert werden. Es sollten Absprachen zum Umgang mit ggf. konkreter werdenden Gedanken oder eventuell aufkommenden Plänen getroffen werden. Bei konkreten Gedanken sollte ein Notfallplan entwickelt werden.
- *Suizidpläne ohne Vorbereitungen (noch absprachefähig):* Grundsätzlich wie bei ›Suizidgedanken‹ beschrieben. Zusätzlich sollten die Verfügbarkeit der Methoden, über die nachgedacht wird, die Konkretheit der Pläne (z. B. Wurde sich für eine Suizidmethode oder einen Suizidort entschieden?) und das Vorliegen bzw. Fehlen der Absicht, Vorbereitungen für den Suizid zu treffen (z. B. Medikamente zu sammeln) exploriert werden. Es sollte ein Notfallplan erstellt werden. Es sollte auch die Einleitung eines Klinikaufenthalts in Erwägung gezogen werden – insbesondere bei mangelnden Hindernissen, Hoffnungslosigkeit, hoher Impulsivität, starken Triggern für Suizidgedanken und -plänen, Suizidversuchen in der Anamnese oder fehlender sozialer Unterstützung.
- *Suizidpläne mit Vorbereitung (noch absprachefähig):* Grundsätzlich wie bei ›Suizidplänen ohne Vorbereitungen‹ beschrieben. Zusätzlich sollte abgeklärt werden, welche Vorbereitungen getroffen wurden, inwiefern Patient:innen bereit sind, von diesen Vorbereitungen abzulassen bzw. verfügbare Mittel abzugeben (z. B. gesammelte Tabletten an Verwandte abgeben). Ein stationärer Aufenthalt sollte geplant bzw. eingeleitet werden.
- *Konkrete Suizidabsicht (nicht distanzierungs- und absprachefähig):* Ist der:die Patient:in zu einem Klinikaufenthalt zu bewegen? Es sollte zunächst versucht werden, ein

Einvernehmen über einen nun notwendigen Klinikaufenthalt herzustellen. Auch wenn dies nicht gelingt, sind ggf. gegen den Willen des:der Patient:in entsprechende Maßnahmen durchzuführen (z. B. Benachrichtigung der Polizei).

Unabhängig vom gegenwärtigen Stadium der Suizidalität sollte abgeklärt werden, ob die Patient:innen jemals konkrete Suizidpläne oder einen Suizidversuch hatten, denn die Wahrscheinlichkeit sich im Anschluss an einen ›gescheiterten‹ Suizidversuch zu suizidieren ist im Vergleich zur Allgemeinbevölkerung um das 30–40fache erhöht (für Zeitintervalle zwischen fünf und 37 Jahren, Harris, & Barraclough, 1997). Die Abklärung der Suizidalität sollte unbedingt in der Patient:innen-Akte dokumentiert werden – was nicht dokumentiert wurde, hat aus juristischer Sicht auch nicht stattgefunden.

*Was nützen Antisuizidverträge und Notfallpläne?* Es gibt keinen empirischen Nachweis dafür, dass Antisuizidverträge (auch Lebensverträge genannt) die Wahrscheinlichkeit eines Suizids verringern (Sadek, 2018). Darüber hinaus hat die gemeinsame Verschriftlichung eines Antisuizidvertrages keinen juristischen Vorteil gegenüber einer alleinigen Dokumentation durch Therapeut:innen. Daher ist ein Dokument, das nichts enthält, außer die Zusicherung der Patient:innen, sich nicht das Leben zu nehmen, nicht weiter nützlich. Dies steht in starkem Kontrast dazu, dass 77,9 % der Behandler:innen angeben, dass es ihnen wichtig sei, einen unterschriebenen Antisuizidvertrag in den Akten der Patient:innen vorweisen zu können (Roush et al., 2017). Notfallpläne hingegen werden sowohl von Expert:innenseite als auch in ersten klinischen Studien als vielversprechend und hilfreich (da konkret handlungsleitend) im Umgang mit Suizidplänen eingeschätzt (Bryan et al., 2017; Rudd, Mandrusiak, & Joiner Jr, 2006). Insgesamt ist die empirische Absicherung dieser Methoden jedoch auch deswegen limitiert, da eine randomisiert-kontrollierte Kontrollstudie ethisch schwer zu rechtfertigen ist.

Folgende Empfehlungen können zur Erstellung des Notfallplans gegeben werden (Fartacek, Kralovec, Pichler, Fartacek, & Plöderl, 2014):

- Der Notfallplan beginnt vor dem Eintreten akuter Suizidalität, d. h. er beinhaltet auch den Umgang mit Situationen und Handlungen, die Suizidalität triggern könnten (im Sinne einer Stimuluskontroll- bzw. Reaktionsmanagementtechnik, z. B. Wie kann Einsamkeit vermieden werden bzw. wie kann mit Einsamkeit umgegangen werden, wenn allein sein unvermeidbar ist?).
- Damit der Plan effektiv ist, muss für jedes potenzielle Szenario eine Handlungsrichtlinie entwickelt werden (z. B. Wenn Einsamkeit auftritt, könnten Freund:innen angerufen werden. Falls keine:r der Freund:innen telefonisch erreichbar ist, könnte versucht werden die:den Therapeut:in anzurufen. Falls diese:r ebenfalls nicht erreichbar ist, soll die Anti-Suizidhotline angerufen werden. Falls diese nicht hilfreich ist, soll die Polizei benachrichtigt werden, um den:die Patient:in in eine psychiatrische Einrichtung zu bringen).
- Der Plan enthält verschiedene Arten von hilfreichen Aktivitäten, sodass bei Versagen der einen Methode andere Methoden greifen können (z. B. der Plan enthält Skills, telefonische Kontakte, das Aufsuchen von Situationen, die mit den Suizidabsichten inkompatibel sind, Karteikarten mit Ressourcen bzw. den Gründen, die gegen einen Suizid sprechen).

- Der Plan wird von den Patient:innen (unter Mithilfe der Therapeut:innen) erstellt. Die Patient:innen sollten mit jedem Schritt einverstanden sein bzw. sich vorstellen können, ihn in der dokumentierten Art und Weise ausführen zu können.
- Angehörige werden über ihre Rolle im Notfallplan der Patient:innen informiert (das Einverständnis der Patient:innen vorausgesetzt). Es wird mit ihnen besprochen, wie sie mit der Situation umgehen sollen, können und dürfen (z. B. dürfen sie die Polizei informieren, wenn sie sich nicht sicher sind, ob die:der Betroffene sich nichts antun wird?).
- Der Plan sollte auf Realitätsnähe geprüft werden (z. B. dass der Rettungsdienst oder die Polizei 24 Stunden an 7 Tagen in der Woche erreichbar sind, ist realistisch – dass das gleiche auf Therapeut:innen zutrifft, nicht).

Unserer Erfahrung nach hat ein solcher Plan mehrere Vorteile:

- Dadurch, dass der Plan einen funktionalen Umgang mit Situationen enthält, die (individuelle) Risikofaktoren für Suizidimpulse darstellen (z. B. Umgang mit einem Wochenende allein zuhause), kann die Zuspitzung suizidaler Krisen im Vorfeld vermieden werden.
- Durch eine detailreiche Planung, wie die Situation zu meistern ist, nehmen Patient:innen implizit eine sich der Suizidalität entgegenstellende Position ein.
- Durch die Verschriftlichung haben die Patient:innen eine konkrete Handlungsanleitung für Situationen, in denen sie häufig nur noch sehr automatisiert handeln.
- Durch das gemeinsame Erstellen des Plans fühlen sich die Patient:innen ernstgenommen und entwickeln ein Gefühl von Kontrolle.
- Der Einbezug von Angehörigen stärkt das Zugehörigkeitsgefühl der Patient:innen und zeigt Ihnen, dass es jemandem wichtig ist, dass sie weiterleben (der Einbezug von Angehörigen sollte nur angesprochen werden, wenn Therapeut:innen sich sicher sind, dass die Patient:innen geeignete Personen in ihrem sozialen Umfeld haben).

Bei den Onlinematerialien findet sich eine Vorlage für das Erstellen eines Notfallplans (M5).

## 3.2 Analyse von Lebenskrisen

Wie im Kontext von Vulnerabilitäts-Stress-Modellen beschrieben (▶ Kap. 1), sind Stressereignisse einer der bedeutendsten Prädiktoren psychopathologischer Probleme (Hassanzadeh et al., 2017). So liegt beispielsweise der Anteil der Personen bei denen kurz vor der Entstehung einer Angststörung ein belastendes Lebensereignis nachweisbar ist bei ca. 66 % (64 % bei Sozialer Phobie, 71 % bei Panikstörung, 49 %

bei Generalisierter Angststörung, Miloyan, Bienvenu, Brilot, & Eaton, 2018). Hierbei ist jedoch zu beachten, dass die Basisrate belastender Lebensereignisse in der Gesamtstichprobe der benannten Studie mit 57 % ebenfalls hoch war. Während Verlusterlebnisse primär mit dem Beginn depressiver Störungen assoziiert sind, erhöhen Bedrohungsereignisse (z. B. eine finanzielle Krise) sowohl die Wahrscheinlichkeit für das Entstehen depressiver Störungen als auch von Angststörungen (Asselmann et al., 2015).

Entsprechend wahrscheinlich ist es, dass Personen, die sich in psychotherapeutische Behandlung begeben, sich entweder in einer Lebenskrise befinden oder diese (aufgrund der oftmals sehr langen Wartezeiten für einen Therapieplatz) vor Kurzem durchlebt haben. Neben der Behandlung der psychischen Symptomatik im engeren Sinne kann daher im Kontext der Psychotherapie durchaus Unterstützung beim Umgang mit den veränderten Lebensbedingungen indiziert sein (Hoffmann & Hofmann, 2008). Diese Unterstützung kann von der gemeinsamen Strukturierung des Alltags (z. B. nach einem Arbeitsplatzverlust), über die Beendigung der ruminativen Fixierung auf das Ereignis bis hin zur Entwicklung einer Zukunftsperspektive (z. B. nach dem Verlust des:der Partner:in) reichen. Realismus bei gleichzeitiger kognitiver Flexibilität ist dabei das oberste Gebot – gehören doch die Erweiterung des Möglichkeitsraums und das Etablieren realitätsnaher (oder ggf. nützlicherer) Interpretationen zu den Hauptzielen der Kognitiven Therapie (Einsle & Hummel, 2015). Bei der Betrachtung von Lebenskrisen sollten sowohl akute/einmalige Ereignisse (z. B. Herzinfarkt, Überfall), wiederholte Ereignisse (z. B. wiederkehrender Prüfungsstress, wiederholte Umzüge) als auch chronische Stressoren (z. B. finanzielle Krisen, Eheprobleme) betrachtet werden. Sowohl chronische als auch akute Stressoren sind mit dem Auftreten psychischer Störungen assoziiert und chronische Stressoren scheinen die Auswirkungen akuter Stressoren zu modulieren (Hammen, Kim, Eberhart, & Brennan, 2009; Norris & Uhl, 1993). Ausgehend von der Basiswahrscheinlichkeit stressreicher Ereignisse in Deutschland, sollten insbesondere folgende Lebensereignisse berücksichtigt werden (Tibubos et al., 2020):

- Veränderung der Gesundheit eines Familienmitglieds (17,7 % im letzten Jahr)
- Schwierigkeiten mit dem Vorgesetzten (13,5 % im letzten Jahr)
- Veränderungen der finanziellen Situation (12,8 % im letzten Jahr)
- Tod eines Familienmitglieds (9,6 % im letzten Jahr)
- Tod eines nahen Freundes (8,8 % im letzten Jahr)
- Wohnortwechsel (4,0 % im letzten Jahr)
- Rechtsstreitigkeiten (3,5 % im letzten Jahr)
- Beginn des Ruhestands (3,3 % im letzten Jahr)
- Arbeitsplatzverlust (2,4 % im letzten Jahr)
- Scheidung (1,1 % im letzten Jahr)

Bezüglich der eingetretenen Ereignisse sollten folgende Aspekte exploriert werden:

- Welche Bedeutung messen die Betroffenen diesen Ereignissen bei und fühlen sie sich noch immer davon belastet?

- Beeinflussen die Ereignisse nachhaltig den Alltag oder die Lebensführung und falls ja, in welcher Art und Weise?
- Haben die psychischen Probleme nach diesen Ereignissen begonnen bzw. sich verschlechtert und sehen die Betroffenen einen Zusammenhang zwischen den Ereignissen und ihrer psychischen Problematik?
- Gibt es Umstände, die zum Leidensdruck der Patient:innen beitragen (chronische Stressoren, z. B. Ehekonflikte), bei denen sich die Patient:innen jedoch bislang noch nicht in der Lage gesehen haben oder nicht gewillt waren, Schritte zur Veränderung dieser Umstände zu ergreifen?
- Welche Mittel haben sich in der Vergangenheit dazu bewährt, ähnliche Situationen zu bewältigen bzw. welche Mittel haben Bekannten der Patient:innen geholfen, vergleichbare Situationen zu bewältigen?
- Welche Ressourcen zur Lösung der jeweiligen Probleme (▶ Kap. 3.4) sind vorhanden und welche können vielleicht aktiviert oder aufgebaut werden?
- Welche Barrieren behindern derzeit die Problemlösung und wie können sie möglicherweise entfernt bzw. umgangen werden?
- Bedürfen die Lebensziele der Patient:innen nach dieser Krise einer Anpassung (▶ Kap. 3.3)? Inwiefern kann der:die Betroffene eine neue Perspektive für sich entwickeln?

Zur Betrachtung repetitiver Lebenskrisen (oder auch Traumata) bewährt sich ebenso eine Adaption der Lebenslinie (Lifeline) aus der Narrativen Expositionstherapie (Schauer, Neuner, & Elbert, 2005). Hierbei werden sowohl bedeutsame negative als auch positive Ereignisse des bisherigen Lebensweges anhand einer horizontalen Zeitachse gereiht (meist ein Seil, das auf dem Boden ausgebreitet wird). Die positiven Ereignisse werden dabei typischerweise mit Blumen und die negativen Ereignisse mit Steinen illustriert. Ziel ist es, ein Narrativ des bisherigen Lebensweges zu erstellen und dadurch auf eine Integration sowohl der positiven als auch negativen Ereignisse der Biographie hinzuwirken. Außerhalb des Traumakontexts und im Rahmen der diagnostischen Abklärung von Lebenskrisen ist dieses Vorgehen insbesondere deshalb hilfreich, da dieser ›Zeitstrahl‹ eine anschauliche und dynamische Basis für die weitere Abklärung störungsübergreifender und störungsspezifischer Themen bietet (z. B. Wann haben Selbstverletzungen begonnen? Wann begann ein sozialer Rückzug? Wann haben sich das Selbstbild oder das Bild von anderen biographisch ›eingetrübt‹?). Ein Arbeitsblatt – entweder zur Erstellung der Lebenslinie zuhause oder zur Dokumentation der in der Sitzung erstellten Lebenslinie – findet sich bei den Onlinematerialien (M6).

## 3.3 Lebenszielanalyse

Die basale Triebfeder menschlichen Handelns ist die Befriedigung unserer Grundbedürfnisse – Lust-Gewinn/Unlust-Vermeidung, Bindung, Orientierung und Kontrolle sowie Steigerung bzw. Aufrechterhaltung des Selbstwerts (Grawe, 2004). Daher verfolgt jeder Mensch mit seinem Handeln stetig kurz- oder langfristige Ziele, von denen er sich implizit oder explizit die Befriedigung dieser Grundbedürfnisse verspricht. Dabei haben alle Phasen der Zielorientierung einen bedeutenden Einfluss auf unsere Zufriedenheit (Cooper, 2018):

- Die Bewusstheit von (Lebens-)Zielen schafft Sinn, Orientierung und Ordnung.
- Die Wahrnehmung der Erreichbarkeit der (Lebens-)Ziele evoziert Hoffnung, Optimismus, Erwartungseffekte.
- Der Weg zur Erreichung von (Lebens-)Zielen kann zu einem ›Flow-Erleben‹ führen, schafft Spannung und fördert die Selbstwirksamkeit.
- Das Erreichen von (Lebens-)Zielen ist erfüllend, ist befriedigend und schafft Freude.

Dysfunktionale Lebensziele hingegen führen daher zu einer Deprivation von Grundbedürfnissen, zu einem geringeren Wohlbefinden (Kelly, Mansell, & Wood, 2015) und können sowohl Ursache als auch Folge psychischer Erkrankungen sein. Folgende Lebenszielprobleme sollten geprüft werden (Mackrill, 2011; Michalak & Holtforth, 2006; Michalak et al., 2007):

- Lebensziele sind zu unkonkret, z. B. »Ich würde gerne eine zufriedene Ehe führen.«
- Lebensziele sind explizit widersprüchlich, z. B. »Ich würde gerne Pilot werden und viel Zeit mit der Familie verbringen.«
- Lebensziele stehen im Widerspruch zu impliziten Motiven, z. B. implizit hohes Machtmotiv, doch explizit Ziele, die auf Geselligkeit und Gemeinschaft ausgerichtet sind (z. B. aufgrund moralischer Normen).
- Lebensziele bestehen zu großen Teilen aus Vermeidungszielen, z. B. »Ich will das Risiko, körperlich krank zu werden, minimieren.«
- Lebensziele sind überwiegend extrinsisch, z. B. »Ich möchte in erster Linie möglichst viel Geld verdienen.«
- Lebensziele sind unerreichbar, z. B. »Ich will nicht sterben.«
- Es sind zu wenige bzw. es fehlen Lebensziele, z. B. »Alles ist sinnlos, ich will gar nichts.«

Aufgrund ihrer Bedeutung für das allgemeine Wohlbefinden ist eine Überprüfung des Vorliegens von Lebenszielproblemen bei praktisch allen Patient:innen indiziert – eine ausführliche Analyse und Readjustierung derselben hingegen nur, wenn diesen eine bedeutsame Rolle für den Krankheits- und Behandlungsverlauf beigemessen wird. Eine besondere Relevanz kann angenommen werden, wenn:

- Personen prokrastinieren bzw. sich lageorientiert verhalten – dies könnte ein Hinweis darauf sein, dass sie entweder zu wenige attraktive Lebensziele haben, in einem (doppelten) Annäherungs-Vermeidungskonflikt gefangen sind oder vor dem Hintergrund zu hoher Anforderungen kapitulieren.
- Personen sich überinvestieren bzw. Anzeichen eines Burnouts zeigen – dies könnte ein Hinweis darauf sein, dass sie zu stark auf die Erfüllung eines (über-

mäßigen) Wertmaßstabs fixiert sind oder die Kosten der Verfolgung der Handlungsziele zu hoch sind, ohne dass daraus die notwendigen Konsequenzen gezogen werden.
- Personen explizit über Orientierungslosigkeit oder Sinnverlust klagen.

Das Identifizieren oder gegebenenfalls auch Formulieren von Lebenszielen ist eine wertvolle therapeutische Intervention: Sie wirkt sinnstiftend (d. h. sie befriedigt das Bedürfnis nach Orientierung), sie wirkt motivierend (Steigerung von Frustrationstoleranz) und sie erlaubt die Identifikation und Verfolgung von Zwischenzielen (deren Erfüllung den Selbstwert steigert/stabilisiert).

### 3.3.1 Schritte der Lebenszielanalyse

Ein kognitiv verhaltenstherapeutischer Zugang zur Lebenszielanalyse wurde u. a. von Stavemann (2008b) detailliert beschrieben.

**Schritt 1: Randbedingungen und metaphysische Ziele eruieren**

Für das Verständnis der Ziele eines Menschen sind die Randbedingungen seiner Zielformulierungen relevant – das heißt seine Glaubenssätze (z. B. Glaube an eine höhere Macht, Glaube an das Recht des Stärkeren, Nihilismus) und seine Wertvorstellungen (z. B. ein guter Mensch tut dies und jenes, ein Sohn muss sich um seine Eltern kümmern). Diese Randbedingungen sind bedeutsam, da sie die Rolle eines Menschen in der Welt bzw. der Gesellschaft definieren (z. B. wir sind alle Sünder, wir sind ein evolutionärer Zufall, jeder Mensch ist wertvoll), die Grenzen des Ziel- und Handlungsspielraums setzen und somit vorgeben, was erlaubt ist (z. B. du sollst nicht lügen, du sollst nicht ehebrechen). Abbildung 3.1 stellt die Zusammenhänge zwischen metaphysischen Annahmen, Lebens- und Handlungszielen graphisch dar (▶ Abb. 3.1).

Die Fragestellungen zur Exploration der metaphysischen Annahmen, drehen sich vor allem um die Fragen, wer die Verantwortung für das eigene Leben trägt und wie man als Mensch sein sollte, um ›okay‹ zu sein.

*Wer hat die Verantwortung für mein Leben?* Mit dieser Fragestellung gehen häufig weitere Fragen einher, wie z. B. Gibt es eine höhere Macht? Gibt es einen freien Willen? Wem sind wir verpflichtet? Wer stellt Anforderungen an mich?

Auch wenn es weniger eine Frage der Diagnostik als der therapeutischen Intervention ist, sei hier betont, dass die Eigenverantwortlichkeit der Patient:innen für ihr Handeln ein zentrales Element des therapeutischen Erfolgs darstellt. Die Tatsache, dass Alltagsentscheidungen unvermeidlich sind, sollte – falls notwendig – mit den Patient:innen erarbeitet werden – z. B. ist es auch meine Entscheidung, alles dem Zufall zu überlassen; es ist genauso meine Entscheidung, eine Trennung auszusprechen oder eben auch nicht auszusprechen; es ist genauso meine Entscheidung, wo ich Rat suche – ob im Talmud, der Philosophie oder in meinem sozialen Umfeld.

# 3 Störungsübergreifende Diagnostik

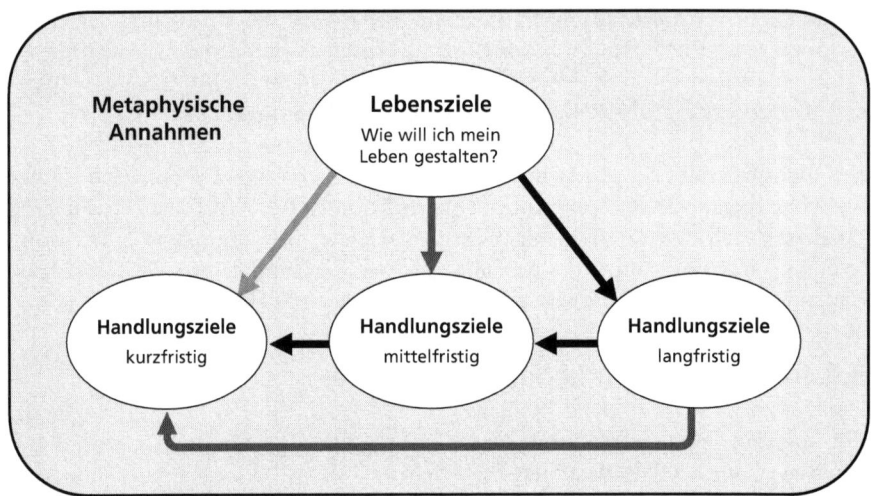

**Abb. 3.1:** Metaphysische Annahmen, Lebensziele und Handlungsziele. Die Schattierung drückt die angenommene Stärke des Zusammenhangs aus – je dunkler, desto stärker der angenommene Zusammenhang.

*Wie muss ich leben, um als Mensch ›okay‹ zu sein?* Zu dieser Frage gibt es ebenfalls Unterfragen, wie z. B. Was darf ich und was darf ich nicht? Wie will ich (auf keinen Fall) sein? Was passiert, wenn ich ›nicht okay‹ bin? Wer entscheidet, was ich darf und was nicht bzw. was okay ist und was nicht?

Die therapeutisch günstigste Antwort darauf wäre selbstverständlich, dass man dafür nichts tun muss – der Wert eines Menschen ist aus therapeutischer Sicht unabhängig von Randbedingungen oder Leistungen. Doch eine solche Einstellung ist bei Patient:innen (zumindest zu Beginn der Therapie) wenig wahrscheinlich und entspricht nur in den wenigsten Fällen ihrer Lebensphilosophie. Ein realistischer Zwischenschritt wird es sein, absolute Werte zu differenzieren (z. B. »Ich will produktiv und leistungsstark sein, jedoch soll das nicht auf Kosten meiner Familie und meiner körperlichen Gesundheit geschehen« anstatt »Ich muss perfekt sein.«) und Werte-Facetten hinzuzufügen (z. B. »Ich will nicht nur produktiv und leistungsstark, sondern auch eine lustige, lebensfrohe Person sein. Ich will für mein Umfeld verlässlich sein, ich will so wenig wie es geht neidisch auf andere sein«). Die sich so ergebenden Werte sollten widerspruchsfrei sein und die Patient:innen sollten bereit sein, die Kosten und Implikationen dieser Wertvorstellungen zu tragen.

Probleme bei der Erfassung der metaphysischen Annahmen ergeben sich in erster Linie, wenn zu ›abstrakt‹ über die jeweiligen Themen gesprochen wird, denn dadurch werden sowohl Missverständnisse wahrscheinlicher als auch die Übertragung des Besprochenen auf den Alltag der Patient:innen schwerer. Wie im folgenden Dialog dargestellt, sollte für jeden Wert bzw. jede Grundannahme die Relevanz für den Alltag der Patient:innen besprochen werden.

| T: | »Gerechtigkeit hat für viele Personen einen großen Wert. Können Sie mir beschreiben, was sie Ihnen bedeutet?« |
|---|---|
| P(atient:in): | »Es ist mir ganz wichtig, auch etwas zurückzugeben. Ich will nicht jemand sein, der nur nimmt. Ich werde schnell wütend, wenn ich das Gefühl habe, dass andere Personen jemanden nur ausnutzen.« |
| T: | »Ah okay, das heißt es geht darum, einen Ausgleich zu schaffen, Beziehungen in Balance zu halten. Verstehe ich das richtig?«. |
| P: | »Ja, ich denke, das kann man so sagen.« |
| T: | »Können Sie mir ein Beispiel aus Ihrem Alltag beschreiben, wo ein solcher Ausgleich noch nicht ausreichend gut gelingt, wo Sie also das Gefühl haben, man müsse etwas ändern.« |
| [...] | |

Die Werte und Glaubenssätze werden dabei hinsichtlich folgender Aspekte überprüft:

- Ist es den Patienten:innen (realistisch) möglich, ihre Anforderungen zu erfüllen?
- Sind sie (auch) auf Annäherungsziele ausgerichtet?
- Sind die Werte und Glaubenssätze widerspruchsfrei?
- Sind sie konkret genug, um Handlungsziele aus ihnen abzuleiten?
- Sind die Patient:innen bereit, die Konsequenzen ihrer Werte und Glaubenssätze zu tragen?

Zur Klärung dieser Fragen bzw. zum Hinterfragen und zum gemeinsamen ›Korrigieren‹ der Werte und Glaubenssätze kommen dabei u. a. Pro-Kontra-Listen, sokratische Dialoge, empathische Konfrontation und Stuhldialoge zum Einsatz.

### Schritt 2: Welche Ziele verfolgen die Patient:innen auf der Handlungsebene?

Um ihre Bedürfnisse zu befriedigen, muss eine Person Zwischenziele anstreben. Beispielsweise ist das Bedürfnis nach Orientierung und Kontrolle nicht unmittelbar zu befriedigen, stattdessen muss es zunächst in die konkrete Sprache des Alltags übersetzt, d. h. operationalisiert werden (z. B. Geld zur Seite legen; einem Kloster beitreten; heiraten oder sich scheiden lassen). In der Regel sollten mindestens Handlungsziele für folgende Alltagsbereiche erfragt werden:

- *Familie/Sozialkontakte:* Will der:die Patient:in eine:n Partner:in finden? Kinder bekommen? Einen engen Kontakt zu seiner:ihrer Herkunftsfamilie pflegen? Einen breiten Bekanntenkreis aufbauen? Wenige enge Freunde haben? Eine offene Beziehung führen?
- *Beruf/Karriere:* Will der:die Patient:in viel in die Karriere investieren? Viel Geld verdienen? Einen sicheren Beruf und/oder ein abwechslungsreiches berufliches Umfeld haben? Viel Einfluss haben? Wenig Verantwortung tragen? Sich fortbilden?
- *Hobbys/Freizeit*: Was bereitet dem:der Patient:in Freude? Will er:sie sich sozial engagieren? Hat sein:ihr Hobby einen Leistungsanspruch? Will er:sie vor allem entspannen? Probiert er:sie vieles aus oder geht er:sie in einer Sache völlig auf?

- *Selbstfindung/Spiritualität*: Will eine Person ihr Dasein nach bestimmten philosophischen/spirituellen Regeln gestalten? Inwiefern will eine Person Wissen (als Selbstzweck) erwerben? Inwiefern versucht sie etwas in sich oder in der Welt zu ergründen? (Hier verschwimmen die Grenzen zwischen metaphysischen Rahmenbedingungen und Handlungszielen, es ist jedoch relevant, sich bewusst zu machen, dass Spiritualität und ggf. Religion für viele Menschen eine hohe Alltagsrelevanz haben, die weit über bloße ›Rahmenbedingungen‹ hinausgeht.)

Selbstverständlich können diese Kategorien um weitere für die Patient:innen relevante Kategorien ergänzt werden (z. B. politisch-gesellschaftliches Engagement). Ebenso kann der jeweils verwendete Begriff an die Bedürfnisse der Patient:innen angepasst werden (z. B. anstatt ›Selbstfindung/Spiritualität‹ ›Religion‹ oder ›Philosophie‹).

Die Kenntnis der Ziele der Patient:innen in verschiedenen Lebensbereichen sowie deren Gewichtung ist bedeutsam, um die Funktionalität von Handlungszielen prüfen zu können:

- Sind sie normverträglich – d. h. sind sie im Einklang mit metaphysischen Prämissen?
- Sind sie rational – d. h. sind sie mit eigenem Krafteinsatz erreichbar?
- Sind sie widerspruchsfrei – d. h. blockieren sie einander nicht gegenseitig?
- Sind sie funktional – d. h. dienen Ziele auf niedrigerer Ebene übergeordneten Zielen?
- Sind sie zeit- und energieeffizient – d. h. sind einzelne Ziele und die Handlungsziele insgesamt vor dem Hintergrund eines sinnhaften Kosten-Nutzen-Verhältnisses mit den zur Verfügung stehenden Ressourcen vereinbar?
- Bilden sie (in großen Teilen) Zeitraum- anstatt Zeitpunkt-Ziele ab – d. h. sind sie darauf ausgerichtet, in einem bestimmten ›Zustand‹ zu leben (z. B. Lehrer:in sein) anstatt nur darauf ausgerichtet zu sein, einen bestimmten ›Zustand‹ zu erreichen (z. B. das Referendariat schaffen)?

Wenn die diagnostische Betrachtung der Handlungsziele diese als (in Teilen) dysfunktional identifiziert, besteht der dritte Schritt der Lebenszielanalyse in der schrittweisen Adaptation der Ziele und ihrer Reformulierung. Wenn Handlungsziele fehlen, können diese aus den eigenen Werten und Glaubenssätzen abgeleitet werden (z. B. indem geprüft wird, welche Ziele Personen mit vergleichbaren Werten im eigenen Umfeld, in Büchern, in Filmen usw. verfolgen). Falls sehr viele Ziele genannt werden, sollte evaluiert werden, ob die parallele Verfolgung dieser Ziele vor dem Hintergrund der vorhandenen (zeitlichen) Ressourcen möglich ist. Dafür sollten sowohl eine Priorisierung der Ziele als auch eine Schätzung des (Zeit-)Aufwands zur Erreichung der Ziele erfolgen. Eine Priorisierung von Zielen gelingt am schnellsten, indem zunächst eine Karteikarte mit einem beliebigen Ziel in die Mitte des Whiteboards/Flipcharts gepinnt wird. Im Anschluss wird ein beliebiges weiteres Ziel auf eine Karteikarte geschrieben und in Abhängigkeit seiner Wichtigkeit entweder über oder unter die erste Karte gepinnt. Dies wird so lange fortgesetzt, bis alle relevanten Ziele eingeordnet wurden.

## 3.3.2 Weitere Zugänge zur Lebenszielanalyse

Neben dem zuvor beschriebenen stark kognitiven Zugang zur Lebenszielanalyse gibt es weitere (eher erlebnisorientierte) Zugänge. Auch bei diesen ist eine anschließende Prüfung auf Widerspruchsfreiheit und Rationalität (wie zuvor beschrieben) ratsam, jedoch kann der thematische Einstieg manchen Patient:innen durch den Erlebnischarakter der Methoden leichter fallen.

*Imaginative Techniken:* Imaginative oder auch hypnotherapeutische Techniken können insbesondere dann hilfreich sein, wenn Ziele sehr unkonkret oder blockiert sind (Kossak, 2007) Ein Beispiel für eine entsprechende Technik wäre die Imagination einer zufriedenstellenden Zukunft. Hierfür werden die Patient:innen gebeten (nach Einleitung einer Entspannung oder Hypnose), sich in eine Zukunft zu versetzen, in der ihr aktuelles Problem bewältigt ist und sie in einen positiven Tag starten können. Wie immer bei Imaginationsübungen ist es zentral, verschiedene Sinnesmodalitäten anzusprechen und den Patient:innen dadurch zu helfen, vertieft in die Imagination einzutauchen. Ziel ist es, dass die Patient:innen erstrebenswerte Aspekte dieser Zukunft beschreiben: Was wollen sie beruflich tun? Wer soll bei ihnen sein? Wie werden sie ihre Zeit verbringen? Durch diese Ausgestaltung einer positiven Zukunft kann geklärt werden, was die Dinge sind, auf die die Patient:innen zusteuern möchten. Ausgehend davon kann wie zuvor beschrieben, geprüft werden, inwiefern gegenwärtige Handlungsmuster dazu passen und welche Ressourcen Patient:innen aufbauen müssen, um diese Ziele erreichen zu können.

T: »*Schließen Sie bitte nach Möglichkeit die Augen und suchen Sie eine Position, in der Sie für die nächsten Minuten möglichst bequem sitzen können. Bitte versuchen Sie in folgende Situation hineinzufinden: Sie wachen in ein paar Jahren nach einer erholsamen Nacht an einem schönen Ort auf...die Probleme, wegen der Sie zu mir in Therapie kamen, sind lange gelöst... Was würden Sie sehen, wenn Sie an diesem Morgen die Augen aufmachen?*«

P: »*Ich glaube ich würde vor allem nicht allein aufwachen. Ich hätte gerne, dass da jemand bei mir ist.*«

T: »*In Ordnung – jemand Bestimmtes? Jemand, den sie schon kennen?*«

P: »*Ja, ich würde mir schon wünschen, dass ich noch mit [Name der Partnerin] zusammen bin.*«

T: »*Sehr schön. Beschreiben Sie mir bitte das Zimmer, in dem Sie sind.*«

P: »*Einen Holzboden – so einen Dielenboden – fände ich super. Eine hohe Decke. Vielleicht ein Altbau.*«

T: »*Was hören Sie?*«

P: »*Den Verkehr, das Leben der Stadt.*«

T: »*Sie leben also in einer Stadtwohnung? In welcher Stadt sind Sie?*«

P: »*Weiterhin in [Name der Heimatstadt]. Ich glaube, ich würde am liebsten hierbleiben.*«

T.: »*Würde noch jemand bei Ihnen wohnen? Leben Sie in einer WG? Haben Sie Kinder?*

P: »*Gott nein, Kinder nicht (lacht). Wenn [Name der Partnerin] eingezogen wäre, wäre das schon super. Aber sonst niemand – ich glaube WGs hatte ich erst mal genug.*«

> T: »In Ordnung. Wie geht Ihr Tag weiter? Was machen Sie als Erstes?«
> [...]

*Methoden der Akzeptanz- und Commitmenttherapie:* Die Akzeptanz- und Commitmenttherapie (ACT; Walser & Westrup, 2007) legt ihren Fokus auf die Förderung der kognitiven Flexibilität und eines wert- und bedürfniskongruenten Lebens. Im Zuge dessen hat sie einen breiten Katalog an Methoden zur Auseinandersetzung mit Werten- und Zielen entwickelt, z. B. die Grabstein-Übung. Das Ziel der Grabstein-Übung liegt darin, die für die Patient:innen wesentlichen Lebensaspekte zu identifizieren (d. h. Wer ist mir wichtig? Was ist mir wichtig?). Die Übung kann den Patient:innen als Arbeitsblatt, als Imaginationsübung oder verbal vorgegeben werden. Die zentrale Frage ist stets, wie Personen aus verschiedenen Bereichen des Lebens der Patient:innen bei deren Beerdigung über sie sprechen würden, d. h. was würden diese Personen sagen, für welche Werte die:der Betroffene stand? Welches geistige oder soziale Erbe hinterlässt die:der Betroffene? Was wird man an ihm:ihr vermissen usw. Falls diese Version Therapeut:innen oder Patient:innen zu makaber erscheint, kann ebenso gut gefragt werden, was die entsprechenden Personen bei einer Rede zum 80. Geburtstag der Patient:innen sagen würden.

## 3.4 Ressourcendiagnostik

Als Ressource kann alles verstanden werden, was zur Befriedigung von Grundbedürfnissen beiträgt, und was von einer Person in spezifischen Situationen als wertvoll und hilfreich betrachtet wird. Die Aktivierung von Ressourcen gilt als ein wesentliches Wirkprinzip psychotherapeutischen Handelns (Grawe & Grawe-Gerber, 1999) und ist am ehesten den lösungsorientierten Therapietechniken zuzuordnen. Sowohl die Psychotherapieprozessforschung als auch die Therapie-Outcome-Forschung zeigen, dass sich erfolgreiche im Kontrast zu weniger erfolgreichen Psychotherapien durch eine stärkere Ressourcenorientierung auszeichnen (Flückiger, Caspar, Grosse Holtforth, & Willutzki, 2009; Gassmann & Grawe, 2006; Ulrike Willutzki, Teismann, & Schulte, 2012). Ressourcen können hierbei verschiedenen Kategorien zugeteilt werden:

- *Kontextfaktoren* (z. B. die soziale Unterstützung durch Freunde oder Familie; der soziökonomische Status; Selbsthilfegruppen): Kontextfaktoren zu identifizieren ist wichtig, da sie einen Möglichkeitsraum eröffnen (z. B. Welche Aktivitäten könnte eine Person in Angriff nehmen?) und ihre Aktivierung bereits kurzfristig zu Reduktion von Leidensdruck führen kann (z. B. wenn Großeltern in die Versorgung von Enkelkindern eingebunden werden können, um dringend benötigte individuelle Freiräume für Eltern zu schaffen).
- *Persönlichkeitseigenschaften und individuelle Performanz* (z. B. Kohärenzgefühl, Optimismus, Intelligenz): Entsprechende Eigenschaften zu erfassen, ist bedeutsam,

da sie den Ausgangspunkt einer potenziell anzustoßenden Persönlichkeitsentwicklung darstellen. Darüber hinaus kann der Fokus auf überdauernde positive Aspekte der eigenen Person eine zum negativen Pol verschobene Selbstwahrnehmung korrigieren.
- *Erlernbare Strategien und Kompetenzen* (z. B. Progressive Muskelentspannung, Meditation, Imaginationstechniken): Entsprechende Techniken sind inzwischen weit verbreitet und viele Patient:innen bringen solche Fertigkeiten bereits mit. Sollte dies nicht der Fall sein, sollte vor dem Hintergrund der akuten Symptomatik bzw. Problematik geprüft werden, ob ihre Vermittlung indiziert ist.
- *Individuelle Lebensbereiche* (z. B. Taekwondo, ein Wohlfühlort, ein Haustier): Neben den oben genannten Faktoren, die in unterschiedlichem Ausmaß für jede Person eine Ressource darstellen können, gibt es individuelle Ressourcen, die Personen vor dem Hintergrund ihrer Biographien entwickelt haben oder entwickeln können. Bei der Besprechung dieser Ressourcen ist es zielführend, zu betrachten, welche Bedürfnisse durch den Einsatz spezifischer Ressourcen befriedigt werden, wann diese eingesetzt werden können und welche Hindernisse hierfür gegebenenfalls überwunden werden müssen. Beispielsweise kann ein Haustier ein Bedürfnis nach Bindung befriedigen, jedoch müssen oftmals erst Rahmenbedingungen geschaffen werden, die eine Nutzung dieser Ressource erst möglich machen (z. B. flexible Betreuungsoptionen, vorbereitende Besorgungen, Absprachen mit Vorgesetzten).

## 3.4.1 Relevanz einer ressourcenorientierten Betrachtungsweise

Es besteht weitgehende Einigkeit darüber, dass jeder Mensch über Ressourcen verfügt und es zu den therapeutischen Aufgaben gehört, diese zu aktivieren, zu fördern und zu erweitern. Die Ressourcendiagnostik lebt vor allem von einem Perspektivwechsel, der die häufig in der psychotherapeutischen Diagnostik vorherrschende Defizitorientierung um einen Blick auf vorhandene oder potenzielle Hilfsmittel, Kompetenzen und Resilienzfaktoren ergänzt (Willutzki, 2008). Neben diesem in seiner Bedeutung nicht zu überschätzenden Perspektivwechsel ist die Fokussierung von Ressourcen aus weiteren Gründen relevant:

- Die ressourcenorientierte Betrachtung ist realitätsnah, denn das Erleben und Verhalten des Großteils der Patient:innen ist für einen bedeutsamen Anteil der Zeit in einer Vielzahl von Lebenssituationen nicht pathologisch, sondern funktional.
- Die bloße Reduktion von Symptomen ist zumeist unzureichend, um die (Grund-)Bedürfnisse der Patient:innen zu befriedigen.
- Die Therapie erfordert die aktive Mitarbeit der Patient:innen – es muss klar sein, welche Werkzeuge den Patient:innen für diese Mitarbeit zur Verfügung stehen.
- Dem Verständnis von Vulnerabilitäts-Stress-Modellen (Wittchen & Hoyer, 2011) folgend, ist eine Förderung von Ressourcen zielführend, um Rückfällen nach Symptomreduktion vorzubeugen.

## 3.4.2 Zugänge zur Ressourcendiagnostik

*Ressourcenorientierte Psychoedukation:* Wenn den Betroffenen der Zugang zum Thema Ressourcen schwerfällt, kann es sich anbieten, zunächst mit einer ressourcenorientierten Psychoedukation zu beginnen (Deppe-Schmitz & Deubner-Böhme, 2016). Hierbei kann z. B. damit begonnen werden, die Patient:innen sowohl über die Grundbedürfnisse (▶ Kap. 1) aufzuklären als auch darüber, wodurch diese Bedürfnisse (im Allgemeinen) befriedigt werden können. Im Anschluss wird mit den Patient:innen erarbeitet, in welchen Lebensbereichen es ihnen bereits gelingt, diese Bedürfnisse zu befriedigen und welche Fertigkeiten, Handlungen und Hilfsmittel dabei hilfreich sind. Im Anschluss kann geprüft werden, in welchen Lebensbereichen die Befriedigung der Bedürfnisse noch nicht gelingt und welche Fertigkeiten, Handlungen und Hilfsmittel, die in anderen Lebensbereichen erfolgreich erprobt wurden, auch hier von Nutzen seien könnten. Ein alternativer Zugang, an dessen Anfang eine Psychoedukation steht, kann über die Vermittlung von Vulnerabilitäts-Stress-Modellen erfolgen (▶ Kap. 1). Gemeinsam mit den Patient:innen kann dabei geprüft werden, mit welchen Stressoren sie bereits gut zurechtkommen und wie ihnen der Umgang mit diesen gelingt. Im Anschluss kann wiederum gemeinsam betrachtet werden, mit welchen Stressoren die Patient:innen aktuell noch Schwierigkeiten haben, um im Anschluss daran gemeinsam zu erarbeiten, welche (der bereits vorhandenen oder womöglich zu erarbeitenden) Fertigkeiten, Handlungen und Hilfsmittel zur Bewältigung dieser Stressoren hilfreich sein könnten.

*Marker im Gesprächsverlauf:* Die häufigste und natürlichste Technik ist das Markieren von Eigenschaften der Patient:innen im Gesprächsverlauf. Alle Patient:innen schildern in der Beschreibung ihres Alltags Situationen, in denen sie sich mutig, fürsorglich, hilfreich, lustig, besonnen oder auf irgendeine andere Art funktional verhalten haben. Diese Momente herauszugreifen und ihre Funktionalität einzuordnen, ist wertschätzend und eröffnet zudem Perspektiven, die die Patient:innen selbst möglicherweise gar nicht einnehmen könnten, da das als Ressource wahrgenommene Verhalten lediglich ein lange vertrauter Aspekt des eigenen Verhaltensrepertoires ist (während sie ihre Defizite womöglich sehr deutlich wahrnehmen). Diese Dysbalance kann durch gezieltes Markieren aufgelöst werden.

P: »Die Woche war nicht so toll… irgendwie bin ich kaum dazu gekommen, unsere Übungen zu machen. Irgendwie war zu viel los…«
T: »Was stand denn die Woche so an?«
P: »Ach, auf der Arbeit war viel los und meine Mutter brauchte einiges an Hilfe.«
T: »Super, dass Sie Ihre Mutter unterstützt haben. Bei was brauchte sie denn Hilfe?«
P: »Sie hat einen recht großen Garten, kann aber nicht mehr alles selbstständig machen. Ich habe ihr geholfen, ein Hochbeet zu bauen.«
T: »Ah, das klingt interessant. Ich kann mir vorstellen, dass es wertvoll für Ihre Mutter ist, solche Unterstützung zu erhalten. Arbeiten Sie denn gerne im Garten?«
P: »Ja, solange das Wetter mitspielt, ist das schon eine gute Sache. Ich habe erst kürzlich bei mir zuhause einiges im Garten neu gemacht.«
[…]

*Ressourcenfragebögen:* Es liegen mehrere Ressourcenfragebögen vor, die sich sowohl hinsichtlich ihrer psychometrischen Güte als auch ihrer praktischen Anwendung bewährt haben. Fragebögen wie z. B. das Berner Ressourceninventar (Trösken, 2004) oder der Fragebogen zur Erfassung von Ressourcen und Selbstmanagementfertigkeiten (Jack, 2007) greifen dabei die zuvor skizzierte Breite des Ressourcenbegriffs auf und erfassen sowohl kontextuelle Faktoren, Persönlichkeitseigenschaften, Coping-Strategien als auch individuelle Aktivitäten. Somit bieten sie einen schnellen Überblick der zur Verfügung stehenden, zu aktivierenden und zu fördernden Ressourcen.

*Teilearbeit:* Eigene Stärken zu betonen, ist in unserer Gesellschaft häufig schambesetzt und tabuisiert. Daher erleichtert die Arbeit mit Anteilen und deren Externalisierung (z. B. über bildliche Darstellungen, Tierfiguren, Stuhldialoge) vielen Patient:innen die Kommunikation über ihre Stärken und Schwächen. Zudem bahnt die Teilearbeit eine mehrdimensionale Betrachtung der eigenen Person und wirkt somit typischen kognitiven Verzerrungen (z. B. dichotomem Denken) entgegen. Ein Stuhldialog kann beispielsweise so aussehen:

P: »In dem Moment war ich einfach so wütend. Ich glaube, ich war auch einfach richtig unfair. Aber es hat mich so genervt, dass meine Mutter nicht aufhören konnte zu fragen, was jetzt mit meinem Freund ist. Aber ich hätte sie einfach nicht so anfahren sollen.«

T: »Ich finde das ganz spannend – es scheint hier mehrere Perspektiven auf die Situation zu geben: Einerseits empfinden Sie Ihre Reaktion als unangemessen, auf der anderen Seite haben Sie auch den Eindruck gewissermaßen im Recht zu sein.«

P: »Ja, irgendwie bescheuert, oder?«

T: »Ich finde das gar nicht bescheuert, denn ich kann beide Seiten gut nachvollziehen. [Therapeut:in holt zwei Stühle]
Bitte setzen Sie mir mal auf diesen Stuhl den Anteil, der sich richtig über Ihre Mutter geärgert hat. Können Sie den fühlen?«

P: »Das ist schwierig, aber ja... schon.«

T: »Sehr gut, was hat diesen Anteil denn geärgert?«

P: »Ich fand halt, dass die das nichts angeht. Wenn ich sage, ich will ihr was nicht erzählen, dann hat sie das zu respektieren.«

T: »Super, das heißt dieser Anteil hat Ihre Grenzen geschützt, hat klar gemacht, bis hier hin und nicht weiter.«

P: »Ja, schon. Aber gleichzeitig...«

T: »Warten Sie kurz... tut mir leid, dass ich Sie unterbreche, doch der ›Aber-Teil‹ darf gleich da drüben noch was sagen.
[Therapeut:in zeigt auf den anderen Stuhl]
Ich würde gerne erst noch kurz bei diesem Anteil bleiben. Was denkt dieser Anteil, hat es Vorteile seine Grenzen zu schützen?«

P: »Ja, schon. Ansonsten machen andere mit einem, was sie wollen... das ist ja auch nichts. Ich will mich ja nicht rumschubsen lassen.«

T: »Das kann ich gut verstehen. Das ist eine wertvolle Ressource – den Mut zu finden, für sich einzustehen. Das ist etwas, das vielen Menschen schwerfällt.«

P: »Ja, früher ist mir das extrem schwergefallen. Das war auch nichts... ich glaube es ist schon wichtig, diesen Mut zu finden.«

T: »Heißt das, dieser Anteil von Ihnen hat auch Vorteile?«
P: »Ja schon.«
T: »Sehr gut. Ich glaube, Sie haben da versucht ein vollkommen legitimes Bedürfnis zu verteidigen. Wir hatten vorhin auch noch eine andere Position im Raum stehen... Ich glaube, die ist auch wichtig. Können Sie mir die mal hier drüben auf den anderen Stuhl setzen?«
[...]

*Visuelle Darstellungen:* Eine der am häufigsten eingesetzten Visualisierungstechniken im Rahmen der Ressourcendiagnostik ist wiederum die bereits im Kontext der Analyse von Lebenskrisen angesprochene Lebenslinie. Bei der Arbeit mit Lebenslinien wird zunächst ein Koordinatensystem mit den Achsen Zeit (z. B. von der Kindheit bis zum aktuellen Lebensalter) und Valenz (positiv vs. negativ) aufgespannt. Orientiert an bedeutsamen Lebensereignissen (z. B. Schulabschluss, Umzüge, Hochzeit, Arbeitsplatzverlust), die als autobiografische Anker dienen, wird auf diesen Achsen zunächst abgetragen, wann die Patient:innen in ihrem Leben mehr oder weniger zufrieden waren, wann es zu Hochphasen und Krisen kam. Im Anschluss wird gemeinsam besprochen, welche Ressourcen dazu beigetragen haben, dass positive Phasen begonnen bzw. angedauert haben, und welche Ressourcen dazu beitragen konnten, dass negative Phasen wieder vorübergingen bzw. sich gebessert haben. Dabei wird ein Narrativ entwickelt, das die Patient:innen nicht etwa als passives ›Opfer‹ eines krisenbehafteten Lebenslaufs darstellt (eine Wahrnehmung und Bewertung, die bei vielen Patient:innen vorliegt), sondern als funktionale Protagonist:innen, die ihren Lebensweg trotz vorhandener Widrigkeiten gegangen sind. Im Anschluss wird mit den Patient:innen gemeinsam geprüft, inwiefern die in der Vergangenheit genutzten Ressourcen auch für die Bewältigung aktueller Probleme genutzt werden könnten und welche Voraussetzungen für die Reaktivierung dieser Ressourcen geschaffen werden müssten. Eine beispielhafte Darstellung einer Lebenslinie findet sich in Abbildung 3.2 (▶ Abb. 3.2).

Eine verwandte visualisierende Technik zur Erfassung von Ressourcen ist das Erstellen einer ›Landkarte relevanter Lebensbereiche‹ (Deppe-Schmitz & Deubner-Böhme, 2016). Hierzu werden zunächst die für Patient:innen relevanten Lebensbereiche identifiziert – entweder auf Basis der Thematik vorangegangener Sitzungen, durch explizites Erfragen oder eine zuvor durchgeführte Lebenszielanalyse. Oftmals relevante Lebensbereiche sind dabei Beruf und Karriere, Familie und Partnerschaft, Freundschaften, Freizeit und Hobbys, Spiritualität, Bildung und Kultur. Zunächst wird für jeden relevanten Lebensbereich auf einem Flipchart, einem Whiteboard oder einem Blatt Papier ein Kreis aufgemalt – je größer, desto wichtiger ist der Lebensbereich aktuell. Im Anschluss wird in jeden Kreis eingezeichnet, in welchem Ausmaß es aus subjektiver Sicht der Patient:innen im jeweiligen Lebensbereich ›positiv‹ bzw. ›negativ läuft‹. Falls Patient:innen in einem Lebensbereich nur negative Aspekte wahrnehmen, wird dies gemeinsam reflektiert. Durch Einnahme alternativer Perspektiven (z. B. »Was würde Ihr Freund Andreas antworten, wenn ich ihn nach positiven Aspekten Ihrer gemeinsamen Zeit fragen würde?«) oder die Betrachtung von Veränderungen im zeitlichen Verlauf (z. B. »Wenn wir uns vor Augen führen, wie Sie am Anfang mit diesen Problemen umgegangen sind, würden Sie sagen, dass

## 3.4 Ressourcendiagnostik

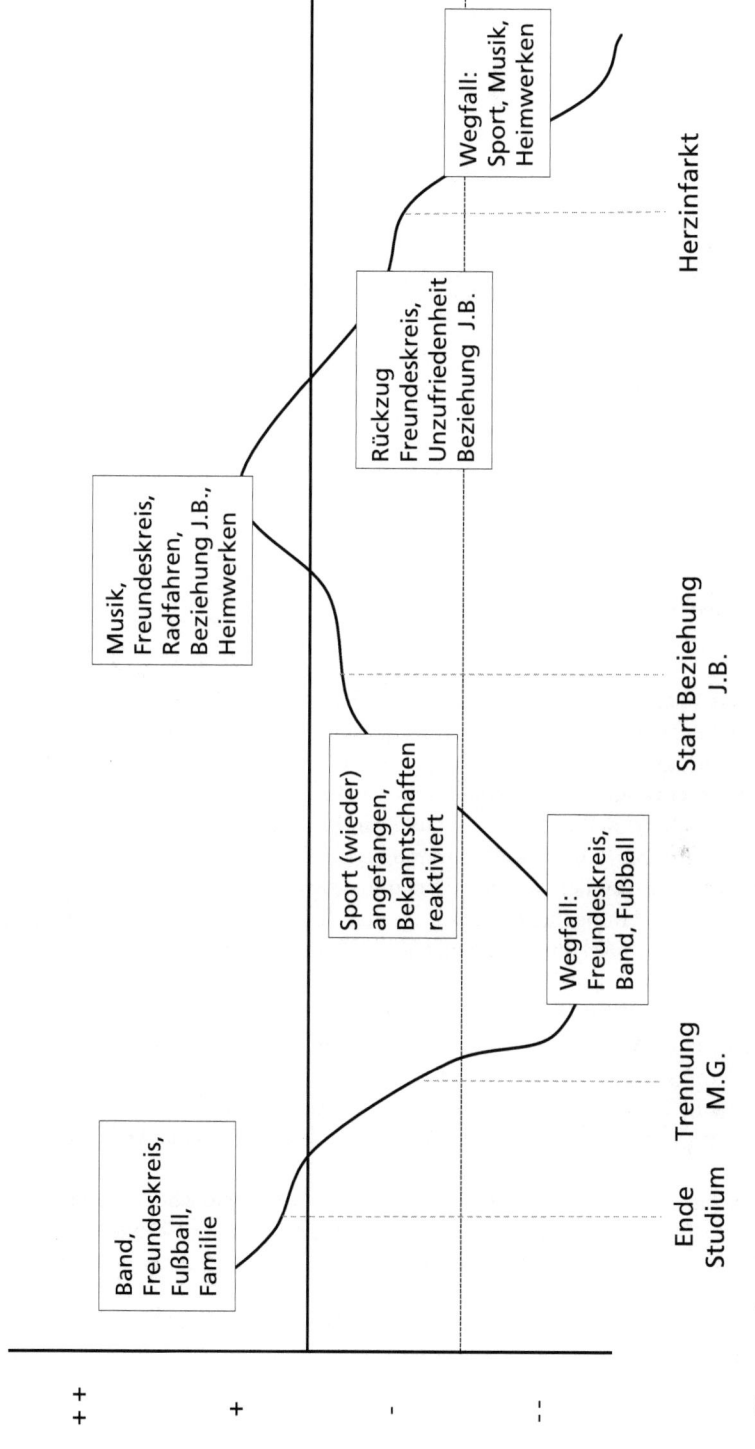

**Abb. 3.2:** Lebenslinie

Sie seitdem irgendetwas anders machen?«) können oftmals – müssen jedoch nicht – positive Aspekte gefunden werden. Im Zweifelsfall können die Therapeut:innen (das Einverständnis der Patient:innen vorausgesetzt) selbst positive Aspekte anmerken und (ggf. mit Fragezeichen versehen) in der Darstellung ergänzen (z. B. »Ich kann gut nachvollziehen, dass es Ihnen in der aktuellen Situation schwer fällt, auch positive Aspekte an Ihrem derzeitigen Familienleben zu sehen. Wäre es dennoch in Ordnung, wenn ich Ihnen meine Perspektive auf die Situation beschreibe? Wenn ich mir anschaue, wie Sie es in den vergangenen Wochen trotz aller Widrigkeiten geschafft haben, den Kontakt zu Ihrer Tochter nicht abreißen zu lassen, bin ich davon sehr beeindruckt. Dieses Band zwischen Ihnen und Ihrer Tochter scheint mir noch intakt zu sein und das ist etwas, das ich als etwas sehr Positives wahrnehme.«). Im Anschluss wird gemeinsam erarbeitet, welche Ressourcen dazu beitragen, dass zumindest einige Bereiche neben negativen auch positive Aspekte beinhalten. Im nächsten Schritt wird gemeinsam geprüft, inwiefern identifizierte Ressourcen auch auf andere Lebensbereiche übertragen werden könnten.

## 3.5 Analyse von Beziehungen

Wie bereits beschrieben, ist der Mensch ein soziales Wesen und Bindung ein menschliches Grundbedürfnis. In der Folge spielt die Dynamik zwischenmenschlicher Beziehungen für die psychotherapeutische Arbeit eine entscheidende Rolle. Da die Analyse entsprechender Dynamiken in der Verhaltenstherapie jedoch lange ›stiefmütterlich‹ behandelt wurde, werden im Folgenden Methoden anderer Therapieschulen bzw. der Dritten Welle dargestellt, die (in Teilen) für ihre Anwendung im verhaltenstherapeutischen Kontext von uns adaptiert wurden. Die Verfahren unterscheiden sich dahingehend, ob sie ihren Schwerpunkt auf wiederkehrende Interaktionszyklen innerhalb einer Beziehungskonstellation richten (Emotionsfokussierte Paartherapie, Greenberg & Goldman, 2010), oder ob sie die wiederkehrende Beziehungsdynamik im Leben eines Individuums fokussieren [Psychodynamische Psychotherapie (Arbeitskreis OPD, 2014), Analyse der Beziehungsmotive (Sachse, 2012)].

Unabhängig vom gesetzten Schwerpunkt stehen für die Analyse von Beziehungsdynamiken im Wesentlichen vier Informationsquellen zur Verfügung:

- Die Angaben der Patient:innen (im Fragebogen, Interview oder Gespräch)
- Die Angaben von Dritten (im Fragebogen, Interview oder Gespräch )
- Die Beobachtung des Interaktionsgeschehens (aufgezeichnet oder in der Sitzung)
- Das Erleben der Therapeut:innen (Selbstwahrnehmung und Wahrnehmung der Patient:innen)

## 3.5.1 Dynamik in Paarbeziehungen

Paarkonflikte sind normaler Bestandteil romantischer Beziehungen und nicht nur für die Paartherapie im engeren Sinne, sondern auch für die Behandlung psychischer Störungen bedeutsam. Hintergrund ist, dass sowohl psychische Störungen Paarbeziehungen und Partner:innen belasten können (Coyne, Thompson, & Palmer, 2002; Lambert, Engh, Hasbun, & Holzer, 2012) als auch konfliktreiche Paarbeziehungen einen Risikofaktor für psychische Störungen darstellen (Whisman & Baucom, 2012; Whisman & Uebelacker, 2009). Auch das Einbeziehen von Partner:innen in die Behandlung einer psychischen Störung ist empirisch fundiert und kann dabei hilfreich sein, die Unterstützung der Partner:innen für die Therapie zu mobilisieren, sie zu entlasten und partnerschaftliche Konflikte zu lösen (z. B. für die paarbasierte KVT; Fischer, Zietlow, Ditzen, Cohen, und Baucom, 2020). Etwa 70 % der Paare profitieren von einer Paartherapie (Lebow, Chambers, Christensen, & Johnson, 2012). Die folgende Darstellung der Diagnostik von Paarbeziehungen orientiert sich an der Emotionsfokussierten Therapie (Greenberg & Goldman, 2010), deren Effektivität metaanalytisch bestätigt ist (Beasley & Ager, 2019)

**Arten von Paarkonflikten**

Leichte bzw. akute Paarkonflikte basieren zumeist auf Missverständnissen und Fehlkommunikation. In der Regel ist der Emotionsausdruck in diesen Konflikten situationskongruent – sowohl bzgl. der Intensität als auch der Qualität (z. B. Partner:in A sagt ein Date aus beruflichen Gründen ab und Partner:in B reagiert mit moderater Traurigkeit). Kernkonflikte bzw. repetitive Konflikte hingegen basieren auf unbefriedigten Grundmotiven (z. B. Bindung, Identität, sexuelle Anziehung). Wird ein entsprechender Kernkonflikt getriggert, ist der Emotionsausdruck zumeist zur Situation (in Teilen) inkongruent – sowohl bzgl. der Intensität als auch der Qualität (z. B. Herr A. sagt ein Date aus beruflichen Gründen ab und Herr B. reagiert darauf mit unbändiger Wut). Zentral für die Diagnostik von Paarkonflikten ist daher zweierlei:

*Welche ist die Primäremotion?* Häufig spüren die Partner:innen der betroffenen Personen nur die Sekundäremotion. Sekundäremotionen sind der Primäremotion nachgeschaltet und stellen entweder eine Reaktion auf die Primäremotion (z. B. ich schäme mich für meine Angst) oder eine (häufig durch Bewältigungsmechanismen verzerrte) Reevaluation der Situation dar [z. B. »schade, ich habe mich so auf den Abend gefreut (moderate Traurigkeit). Wie kann er mir das antun, das ist unverschämt (Ärger)]. Jede Art von Primäremotion (z. B. Traurigkeit) kann zu (fast) jeder möglichen Sekundäremotion führen (z. B. Wut, Ekel, Traurigkeit, Angst). Das ist in vielen Fällen problematisch, denn der Ausdruck der Sekundäremotion erzeugt beim Gegenüber nur selten Reaktionen, die zu einer Befriedigung des eigentlichen Bedürfnisses führen würden (z. B. bei Ausdruck von Traurigkeit: Partner:in B bittet um Entschuldigung und versichert Partner:in A ihre Zuneigung. Bei Ausdruck von Ärger: Partner:in B reagiert entweder verletzt, geht auf Distanz oder geht in den Ge-

genangriff). Die Primäremotion ›findet‹ man, indem man dem Schmerz – dem vulnerablen Punkt – folgt.

T: »*Ich finde gut, dass Sie beide heute hier sind, um diese Problematik zu besprechen – ich kann mir vorstellen, dass das für beide von Ihnen nicht leicht ist. Herr A, ich kann absolut verstehen, dass es für Sie sehr belastend war, von ihrem Partner attackiert zu werden. Ihre Frustration darüber und Ihr Rückzug sind für mich nachvollziehbar. Gleichzeitig sehe ich, dass Sie, Herr B., in diesem Moment ebenfalls gelitten haben müssen. Worum ging es in diesem Moment für Sie?*«
Herr B: »*Ich war auf jeden Fall fuchsteufelswild…, wenn dem alles andere wichtiger ist als ich, kann er mir gestohlen bleiben.*«
T: »*Ah okay, Sie hatten das Gefühl, Sie seien Ihrem Partner nicht wichtig genug, um das Date wahrzunehmen?*«
Herr B: »*Ja, klar… ich… unsere Beziehung… soll der halt mit seiner Arbeit glücklich werden.*«
*[Herr A setzt an, um etwas dazu zu sagen.]*
T: »*Herr A, ich verstehe, dass Sie etwas dazu sagen wollen, ich würde Sie dennoch bitten, kurz zu warten – ich glaube, dieser Punkt ist gerade ungeheuer wichtig. Was würde es denn für Sie bedeuten, wenn Ihrem Partner die Arbeit wichtiger wäre als Ihre Beziehung?*«
Herr B: »*Ja, dass wir es halt auch gleich lassen können…*« *[den Tränen nah]*
T: »*Und das wollen Sie nicht?*«
Herr B: »*Nein, natürlich nicht.*« *[traurig/ärgerlich]*
T: »*Das kann ich gut verstehen. Jetzt verstehe ich, warum Sie so wütend geworden sind. Sie hatten das Gefühl, dass man Ihnen etwas wegnehmen will, dass Ihnen eigentlich sehr, sehr wichtig ist. Kann das sein? Wenn wir das Gefühl haben, wir verlieren so etwas, dann bereiten wir uns darauf vor, es zu beschützen, darum werden wir ärgerlich.*«
*[Herr B nickt]*
*[…]*

In welchem Interaktionszyklus befinden sich die Partner:innen? Häufig nimmt eine Person die Rolle des:der Verfolger:in/des:der Dominanten und eine Person die Rolle des:der Verfolgten/des:der Submissiven ein – eine Person fordert mehr von etwas (z. B. Nähe, Kontrolle, Sexualität) und die andere Person entzieht sich (z. B. durch Unternehmungen alleine, durch Ausstieg aus der Kommunikation, durch Vorschieben körperlicher Beschwerden). Solche Zyklen werden in der Emotionsfokussierten Paartherapie als komplementär bezeichnet (nicht zu verwechseln mit der komplementären Beziehungsgestaltung der Klärungsorientierten Therapie).

*Herr C. weiß ganz genau, wie die Wohnung eingerichtet sein soll, welches Auto gekauft werden soll, wie die Freizeit zu verbringen ist etc… Frau D. fühlt sich dadurch nicht ernstgenommen und wenig respektiert. In der Folge beteiligt sich Frau D. immer weniger an gemeinsamen Entscheidungsprozessen und überlässt es Herrn C. in Frage kommende Wohnungen zu besichtigen. Herr C. hat daraufhin das Gefühl, sich nicht auf Frau*

*D. verlassen zu können und intensiviert seine Dominanz, was den Rückzug von Frau D. verstärkt.*

In ihrer Endphase kippen komplementäre Interaktionszyklen häufig in reziproke Interaktionszyklen. In diesen führen entweder beide Partner:innen einen Machtkampf (d. h. die Fronten sind verhärtet; Kompromisse werden verweigert) oder beide Partner:innen ziehen sich stark zurück (d. h. der Beziehung fehlt das notwendige Miteinander, man lebt nebeneinander her).

*Fortführung des obigen Beispiels: Frau D. ist inzwischen in einer Lebenssituation angekommen, in der ihre Bedürfnisse nicht erfüllt werden und ihre Vorlieben nicht bedient werden können. Nachdem sie sich lange Zeit beschämt zurückgezogen hat, kocht mehr und mehr Ärger in ihr hoch. Zunächst verweigert sie sich allen weiteren Vorschlägen von Herrn C. und beharrt blindlings auf allem, was ihr wichtig ist. Jeder Vorschlag von Herrn C. wird unmittelbar abgeschmettert. Herr C. will sich das nicht gefallen lassen. Er hat den Eindruck, er habe sich jahrelang um alles kümmern müssen und plötzlich sei das alles nicht gut genug – dabei habe er sich so viel Mühe gegeben. Er ist seinerseits gekränkt und weicht keinen Millimeter zurück.*

Die Diagnostik des Interaktionszyklus setzt die Analyse mehrerer Paarkonflikte voraus. Hierbei wird nach typischen Mustern/Aussagen/Vorwürfen gesucht und das ›Thema‹ (d. h. Bindung, Identität, Sexualität) identifiziert. Ähnlich zur zuvor beschriebenen Verhaltensanalyse geht es darum, Triggerreize zu identifizieren (S-Variable), die Reaktionen der Partner:innen (R-Variable) vor dem Hintergrund ihrer Biographie und Biologie zu verstehen (O-Variable) und die Selbstregulation des Systems (KC-Variable) aufzudecken. Auf Ebene der Gesprächsführung ist dabei Folgendes zu beachten:

- Innerhalb der Episoden das Tempo reduzieren (z. B. »Um wirklich zu verstehen, was zwischen Ihnen vorgegangen ist, möchte ich mir die Situation mit Ihnen in Zeitlupe anschauen. Lassen Sie uns nochmal zurückspulen. Was war Ihr erster Gedanke als Herr C. zu Ihnen sagte, er habe eine tolle Wohnung in Aussicht?«).
- ›Ich‹-Aussagen fördern [in Anlehnung an die gewaltfreie Kommunikation (Rosenberg, 2016): »Was habe ich wahrgenommen, was hat das in mir ausgelöst, was würde ich mir wünschen?«]
- Spiegeln und Paraphrasieren der Kernaussagen (z. B. »Ah okay, habe ich das richtig verstanden? Sie wollen sich mit dem Thema gar nicht mehr auseinandersetzen, weil Sie das Gefühl haben, dass am Ende ohnehin über Ihren Kopf hinweg entschieden wird.«)
- Empathisches Vermuten (z. B. »Ich könnte mir vorstellen, dass das bei mir in erster Linie Scham auslösen würde – so ein Gefühl klein zu sein, nicht respektiert zu werden... fühlt sich das bei Ihnen so ähnlich an oder ganz anders?«)
- Zirkuläre Fragen (z. B. »Herr C., was denken Sie, wie würde Ihre Tochter beschreiben, wie sich Frau D. wohl fühlt, wenn Sie mit dieser Vorauswahl an Wohnungen nach Hause kommen?«)

## 3.5.2 Analyse der Beziehungsdynamik

Die zweite Achse der Operationalisierten Psychodynamischen Diagnostik operationalisiert die Analyse des Beziehungsmusters einer Person (Arbeitskreis OPD, 2014). Die Analyse des Beziehungsverhaltens der Patient:innen, das dadurch erkennbare Übertragungsgeschehen und die auf Therapeut:innenseite ausgelöste Gegenübertragung (Verhaltenstherapeut:innen würden wohl von affektiver Induktion sprechen) sind der Königsweg zur Diagnostik von Abwehrmechanismen, von Grundkonflikten und des Strukturniveaus. In verkürzter Form kann für die Wechselwirkungen dieser Variablen mit der Beziehungsdynamik angenommen werden, dass je unreifer die Abwehr, je ausgeprägter der Grundkonflikt, je niedriger das Strukturniveau, desto wahrscheinlicher werden neue Beziehungsepisoden erwartungskongruent verarbeitet (im Sinne des Grundkonfliktes) und desto wahrscheinlicher legt die eigene Verhaltensreaktion erwartungskongruente Reaktionen (im Sinne des Grundkonfliktes) auf Seiten des Interaktionspartners nahe. In der Folge werden Beziehungserfahrungen aktualisiert und reinszeniert. Das Beziehungsmuster ist dabei Ergebnis eines Adaptationsprozesses, mit welchem das Individuum seine interpersonellen Bedürfnisse vor dem Hintergrund seiner biographischen Erfahrungen, seiner Konfliktmuster und seiner Ressourcen mehr oder minder erfolgreich zu befriedigen sucht.

Für eine vollständige psychodynamische Analyse von Beziehungsmustern ist die Auseinandersetzung mit dem Gesamtmanual der OPD-2 empfohlen. Da eine entsprechende Darstellung das Ziel und den Umfang dieses Buches verfehlen würde, wird im Folgenden ein vereinfachtes Verfahren dargestellt. Das Vorgehen soll helfen, Beziehungsmuster hinter einzelnen Beziehungsepisoden erkennbar zu machen. Vier Variablen sind dabei für die Beziehungsdynamik entscheidend:

1. Welche Verhaltensweisen zeigen Patient:innen bzw. wie reagieren sie auf ihre Wahrnehmung des Verhaltens anderer Personen?
   *Ein Patient tritt dominant und bestimmend auf. In der Therapie macht er immer wieder Vorschläge zur Anpassung des Therapieprozesses und kritisiert die Abläufe.*
2. Wie erleben die anderen das Verhalten der Patient:innen?
   *Die anderen (auch der Therapeut) erleben den Patienten als übergriffig und wenig respektvoll. Andere fühlen sich abgewertet und belächelt.*
3. Wie reagieren die anderen auf diese Wahrnehmung?
   *Andere reagieren zunächst mit Ärger und Gegenwehr, später mit Rückzug. Kollegen und Freunde isolieren den Patienten von gemeinsamen Aktivitäten. Auch der Therapeut stellt fest, dass er sich freut, wenn der Patient einen Termin absagt, und er sich wenig auf die Termine mit dem Patienten vorbereitet.*
4. Wie erleben die Patient:innen das Verhalten der anderen?
   *Der Patient erlebt die anderen als unfähig und desinteressiert an seiner Person. Er fühlt sich ungerecht behandelt und in seiner Grandiosität nicht gesehen.*

Die Beantwortung der vierten Frage schließt wiederum den Kreis zur ersten Frage. Die auf Basis mehrerer Beziehungsepisoden gesammelten Informationen (individuelle Antworten der Patient:innen, Erleben der Therapeut:innen), können im Anschluss auf den Achsen ›Unabhängigkeit/Kontrolle – Abhängigkeit/Unterordnung‹ und ›Feindseligkeit/Distanz – Liebevolle Zuwendung/Nähe‹ verortet werden (vgl. auch mit dem Kieseler Kreis, Kapitel 4.2.1). In Fortführung des obigen Beispiels:

1. Der Patient sucht nach liebevoller Zuwendung (Anerkennung seiner Kompetenz) und nutzt zu deren Gewinnung (übermäßige) Kontrolle.
2. Dieses Verhalten wird von den anderen als feindselig/unterwerfend empfunden.
3. Die anderen reagieren daraufhin zunächst mit Kontrollbestrebungen und schließlich mit Distanzierung.
4. Der Patient nimmt diese Distanzierung wahr und sein Bedürfnis nach Anerkennung wird nicht befriedigt. Das empfindet er als ungerecht, weshalb er seine Kontrolle/Dominanz weiter intensiviert und zunehmend feindselig wird.

Ziel entsprechender Analysen ist es, das eigene therapeutische Verhalten zu reflektieren bzw. anzupassen (z. B. komplementäre Beziehungsgestaltung), gezielte Interventionsstrategien abzuleiten (z. B. Trainieren von Mentalisierungsfähigkeiten, soziales Kompetenztraining) und Bezüge zu vorangegangenen Erfahrungen herzustellen (d. h. welches zentrale Beziehungsmotiv sucht der:die Patient:in immer wieder zu erfüllen?). Ein Arbeitsblatt zur Analyse der Beziehungsdynamik finden Sie in den Onlinematerialien unter Punkt M7.

### 3.5.3 Analyse von Beziehungsmotiven

Die Klärungsorientierte Psychotherapie wurde zur Behandlung von Personen mit Persönlichkeitsstörungen bzw. -akzentuierungen entwickelt und stellt eine Weiterentwicklung der Kognitiven Verhaltenstherapie dar (▶ Kapitel 5 für einen Exkurs zur Klärungsorientierten Psychotherapie; Sachse, Fasbender, Breil, & Püschel, 2009). Wie in Kapitel 1 beschrieben unterscheidet die Klärungsorientierte Psychotherapie sechs Beziehungsmotive: Anerkennung, Wichtigkeit, Solidarität, Verlässlichkeit, Autonomie und Territorialität. Werden diese Beziehungsmotive (in der Kindheit und Jugend) nicht oder unzureichend befriedigt, führen sie die Bedürfnishierarchie immer weiter an. Das heißt, das Erleben und Verhalten einer Person wird (immer stärker) darauf konzentriert sein, zur Befriedigung dieses Beziehungsmotives beizutragen. Daher liefert die Kenntnis über den Grad der Befriedigung dieser Bedürfnisse (in der Kindheit) wertvolle Informationen zum Verständnis der Motivation von Beziehungsverhalten im Erwachsenenalter. Dies ist vor allem deswegen der Fall, da wir stets von vorherigen Beziehungserfahrungen auf zukünftige Erfahrungen schlussfolgern (d. h. Annahmen, die gestern gegolten haben, gelten vermutlich auch heute). Ziel des im Folgenden skizzierten Vorgehens ist es, kindliche Beziehungserfahrungen zu erfassen, die relevanten Beziehungsmotive zu identifizieren und abzuleiten, inwiefern diese im Erwachsenenalter (über)kompensiert werden bzw. inwiefern Patient:innen entsprechende Erfahrungen vermeiden oder sich ihnen unterwerfen.

## Schritt 1: Eröffnung der Thematik

Zunächst erfolgt eine kurze Psychoedukation zur Relevanz kindlicher Beziehungserfahrungen für das Interaktionsverhalten im Erwachsenenalter. Im Anschluss werden die Patient:innen gefragt, was sie annehmen, welche Beziehungserfahrungen ein Kind machen sollte, um zu einer gesunden und zufriedenen Person heranwachsen zu können. Zum einen liefert dies bereits wertvolle Hinweise, welche Beziehungserfahrungen eine Person gemacht bzw. nicht gemacht hat, und zum anderen erlaubt dieses Vorgehen, das Vokabular der Patient:innen für das weitere Gespräch zu übernehmen.

*Herr P. ist 52 Jahre alt und Geschäftsführer eines Handwerksunternehmens für Gas-Wasser-Installationen. Aus dem Erstgespräch und den bisherigen probatorischen Sitzungen ist u. a. bekannt, dass er zweimal verheiratet war und auch innerhalb dieser Ehen parallel wechselnde sexuelle Beziehungen geführt hat. Er kommt zur Therapie, da er sich zunehmend einsam fühlt und unter depressiven Symptomen leidet. Er spricht häufig abfällig über andere Personen, die seinen Standards nicht gerecht werden. Er tritt sehr gepflegt auf, trägt immer Markenkleidung und wartet stets augenscheinlich gut gelaunt im Wartezimmer – erst im Therapieraum beginnt er zu klagen und die gute Laune verschwindet.*

T: *»Ich möchte mit Ihnen gerne eine Übung machen, die für mich und viele meiner Patient:innen sehr aufschlussreich ist. Wäre das in Ordnung?«*
*[Patient nickt]*
T: *»Sehr gut. Hintergrund ist, dass unsere Kindheitserfahrungen einen sehr großen Einfluss darauf haben, wie wir uns im Erwachsenenalter in Beziehungen verhalten. Das liegt daran, dass wir Menschen lernfähig sind und versuchen von vorangegangenen Erfahrungen auf zukünftige Erfahrungen zu schließen. Da unsere Kindheitserfahrungen die ältesten sind, die wir haben, haben sie viele unserer späteren Erfahrungen beeinflusst. Ist das nachvollziehbar?«*
P: *»Ja.«*
T: *»Was denken Sie, welche Erfahrungen muss eine Person denn in ihrer Kindheit und Jugend gemacht haben, damit sie im Erwachsenenalter befriedigende Beziehungen führen kann?«*
P: *»Mmh... ich denke, ein Kind muss in erster Linie geliebt werden... ja, ich denke Liebe ist am wichtigsten... auch Unterstützung... also, dass es gefördert wird.«*
T: *»Ich glaube da haben Sie vollkommen Recht: Das Gefühl, geliebt zu werden und das Gefühl, Unterstützung zu erhalten sind ganz entscheidend für die Entwicklung eines Kindes.«*

## Schritt 2: Erläuterung der Beziehungsmotive und biographische Erfahrungen

Im zweiten Schritt werden die Beziehungsmotive nach und nach erläutert. Hierbei sollte stets ein illustrierendes Beispiel für entsprechende Beziehungserfahrungen gegeben werden. Diese sollen es den Patient:innen erleichtern, eigene Erfahrungen dazu in Beziehung zu setzen. Die biographischen Erfahrungen werden hierbei nach der Erläuterung eines Motivpaars (d. h. Anerkennung und Wichtigkeit; Solidarität und Verlässlichkeit; Autonomie und Territorialität) direkt erfragt. Gemeinsam mit den Patient:innen wird besprochen, inwiefern die Beziehungsmotive bei ihnen befriedigt wurden. Die Relevanz der Beziehungserfahrung wird über Bezüge zu den psychischen Grundbedürfnissen hergestellt. Für diesen Teil wird ein Whiteboard/Flipchart genutzt, auf das die jeweils besprochenen Beziehungsmotive geschrieben werden.

T: *Wie Sie gesagt haben, ist das Bedürfnis nach Liebe ganz zentral. Ein Kind sollte das Gefühl haben, bedingungslos geliebt und anerkannt zu werden. Ein weiteres Bedürfnis, das ganz eng mit diesem verwandt ist, ist Wichtigkeit. Ein Kind will seinen Bezugspersonen wichtig sein, das heißt es will deren Aufmerksamkeit. Es will, dass sich die Eltern für die Belange des Kindes interessieren. Ist es für Sie nachvollziehbar, dass ein Kind seinen Eltern wichtig sein will?«*

P: »*Ja, ja, auf jeden Fall…*«

T: »*Anerkennung und Wichtigkeit gehen häufig Hand in Hand, aber das muss nicht immer der Fall sein. Zum Beispiel kann es sein, dass ein Elternteil sein Kind sehr liebt, dass es aber so mit eigenen Problemen, der Arbeit oder anderen Geschwistern beschäftigt ist, dass es nicht die Ressourcen hat, dem Kind die Aufmerksamkeit zu geben, die es braucht, sodass das Kind im Alltag immer ›hinten anstehen muss oder runterfällt‹. Ein anderes Elternteil kann seinem Kind zwar vielleicht sehr viel Aufmerksamkeit geben – es kontrolliert die Schulaufgaben, es schaut, dass das Kind nicht die ›falschen‹ Freunde hat – aber beim Kind kommt dabei keine Liebe an.«*

[Patient nickt].

T: »*Wie war das bei Ihnen? Hatten Sie das Gefühl, dass Ihre Eltern Sie bedingungslos anerkennen, wie Sie sind und Sie ihre Aufmerksamkeit hatten?«*

P: »*Nun… also meine Mutter auf jeden Fall… die war eine wirklich liebe Frau… mein Vater hingegen… dem konnte man nie etwas recht machen…. Ich hatte immer das Gefühl, dass er mich gar nicht wollte…*«

T: »*Verstehe ich es richtig, dass Sie sich von ihrer Mutter geliebt gefühlt haben, aber Sie das Gefühl hatten, die Bedingungen für die Zuneigung Ihres Vaters unmöglich erfüllen zu können?«*

P: »*Ja, genau…*«

T: »*Wie war es denn mit der Aufmerksamkeit, der Wichtigkeit? Haben sich Ihre Eltern für Sie interessiert? Waren Sie in deren Alltag integriert?«*

P: »*Ich bin nicht sicher… da habe ich auch gerade schlucken müssen… meine Mutter war wirklich toll, liebevoll… aber ich habe mich eigentlich immer einsam gefühlt… hatte so das Gefühl, nicht wirklich dazuzugehören.*«

T: »*Wie hat denn der Alltag damals ausgesehen?«*

P: »*Nun mein Vater war auf der Arbeit… meine Mutter hat das Haus in Ordnung gehalten… ich war meistens draußen… oft mit anderen Kindern…. Aber irgendwie auch oft allein… Erst in der Jugend hat sich das dann so geändert.«*

T: »*Wodurch hat es sich geändert? Wie war das in Ihrer Jugend?«*

P: »*Da war ich dann in so Cliquen. Ich habe mich gut angezogen… hatte immer Frauen um mich… das klingt vielleicht blöd, aber man hat sich gewissermaßen um mich gerissen.«*

> T: »Das heißt, Sie waren gut darin, sich zu präsentieren, waren lässig, hatten was zu bieten.«
> P: »Ja, genau. Und vor allem… bei der Arbeit konnte ich richtig ranklotzen… wenn es zuhause was Handwerkliches zu tun gab, konnte ich das schnell besser als mein Vater. Der war inzwischen älter… übergewichtig. Meine Mutter hat oft gesagt, dass ich früh der Mann im Haus geworden bin.«
> T: »Okay, das ist interessant… Sie haben also die Erfahrung gemacht – wenn ich Leistung bringe, wenn ich mich präsentieren kann, dann kommt da Resonanz… dann bekomme ich Aufmerksamkeit und Anerkennung?«
> [Patient nickt.]
> T: »Das kann ich gut verstehen… Wichtigkeit und Anerkennung zu erfahren, ist sehr relevant – diese Gefühle sind nämlich ganz eng mit unserem Selbstwert verbunden… mit dem Gefühl, okay zu sein, wie wir sind.«

Selbstwert kann nun als Konsequenz von Anerkennung und Wichtigkeit an das Flipchart/Whiteboard geschrieben werden. In dieser Weise werden alle Beziehungsmotive besprochen. Wichtig ist es dabei, stets eine Verbindung zu den Grundbedürfnissen herzustellen (Selbstwert: Anerkennung und Wichtigkeit; Bindung: Solidarität und Verlässlichkeit; Kontrolle und Orientierung: Autonomie und Territorialität). Hierbei ist zu beachten, dass auch Beziehungserfahrungen, die Patient:innen zunächst positiv beschreiben, dysfunktional gewesen sein können. Wenn zum Beispiel eine Patientin beschreibt, sie sei von ihren Eltern sehr geliebt worden, wäre deren Augenstern gewesen und hätte nie allein Entscheidungen treffen müssen, dann kann das sehr positiv anmuten, spricht jedoch auch dafür, dass die Beziehungen von (zu) wenig Autonomie und (zu) durchlässigen Grenzen bestimmt waren. Eine Erläuterung des Zusammenhangs zwischen Beziehungsmotiven und spezifischen Persönlichkeitsakzentuierungen bzw. -störungen findet sich in Kapitel 5 (► Kap. 5).

### Schritt 3: Empathische Konfrontation

Hier vermischen sich Diagnostik und Intervention. Mithilfe der aus der Schematherapie bekannten empathischen Konfrontation kann zum einen die Interpretation der Therapeut:innen überprüft und zum anderen die Basis für die weitere Behandlung gelegt werden (Reiss & Vogel, 2014). Um einen ›therapeutischen Overkill‹ und Reaktanz auf Seiten der Patient:innen zu vermeiden, ist es wichtig, diese Konfrontation nicht zu früh und nicht zu direktiv vorzunehmen. Sie kann schrittweise erfolgen – es müssen also nicht alle Zusammenhänge zwischen früheren Erfahrungen und heutigem Problemverhalten auf einmal besprochen werden. Im Gegenteil, dies kann Patient:innen überfordern und die emotionale Verarbeitung blockieren. Während die Schritte 1 bis 3 daher ein wichtiger Bestandteil der probatorischen Sitzungen sein können, ist die Umsetzung der Schritte 4 bis 6 (aufgrund ihres Interventionscharakters) hier noch nicht zwangsläufig indiziert bzw. nur indiziert, wenn ein Problemverhalten so prominent auftritt, dass es therapiegefährdend ist. Die entsprechenden Inhalte zu erarbeiten, kann jedoch in jedem Fall (ob gegenüber den

Patient:innen expliziert oder nicht) eine wichtige Basis für die Fallkonzeption darstellen. Die empathische Konfrontation kann wie folgt durchgeführt werden:

1. Benennung des zentralen Bedürfnisses:
   »*Super, jetzt verstehe ich das viel besser. Ich habe den Eindruck, für Sie ist das Bedürfnis nach Wichtigkeit ganz zentral.*«
2. Benennung des Bewältigungsverhaltens:
   »*Sie haben mir ja berichtet, dass Sie häufig wechselnde Beziehungen führten und dass das Erobern einer Frau – das Gewinnen ihrer Aufmerksamkeit – für Sie das größte Glücksgefühl ist. Sie wollen wahrgenommen werden, positiv wahrgenommen werden.*«
3. Biographische Einordnung:
   »*Das kann ich jetzt gut verstehen. Sie haben in Ihrer Jugend häufig die Erfahrung gemacht, dass Sie zu wenig gesehen wurden, sich einsam fühlten. Sie hatten den Eindruck, Ihr Vater sieht Ihre Talente nicht und Ihre Mutter gibt Ihnen nur Aufmerksamkeit, wenn Sie besonders sind.*«
4. Würdigung des Bewältigungsverhaltens:
   »*Ich kann mir vorstellen, dass die Aufmerksamkeit von Frauen, die für Sie begehrenswert sind, und die Sie ebenfalls anziehend finden, sich deshalb sehr gut anfühlt. Durch Ihre Kleidung, Ihr Auftreten, Ihre Begleitung können Sie ein Bild erzeugen, das Ihnen die Aufmerksamkeit anderer sichert.*«
5. Ansprechen der dysfunktionalen Anteile:
   »*Ich glaube jedoch, dass diese Bewältigungsstrategie hohe Kosten hat und viel damit zu tun hat, warum Sie jetzt zu mir in Therapie gekommen sind. Das Erobern von Aufmerksamkeit ist kurzfristig sehr befriedigend – es gibt einen Kick. Allerdings ist es auch kräftezehrend und anstrengend – bis hin zur Erschöpfung. Sie haben mir ja schon öfter von Energielosigkeit und Müdigkeit berichtet. Dadurch wird es immer schwerer, diese Bewältigungsstrategie aufrechtzuerhalten. Die Einsamkeit, die Sie berichten, ist – denke ich – eine Folge davon, dass diese vielen wechselnden Beziehungen, trotz des kurzfristig guten Gefühls, Ihr eigentliches Bedürfnis nicht befriedigen.*«
6. Angebot zur Bearbeitung:
   »*Können Sie verstehen, was ich meine? Ist das nachvollziehbar? Sie können mir jederzeit gerne widersprechen. Falls Sie glauben, dass meine Schlussfolgerungen in die richtige Richtung gehen, würde ich sehr gerne mit Ihnen besprechen, wie wir daran arbeiten können, dass Ihr vollkommen nachvollziehbares Bedürfnis nach Wichtigkeit erfüllt wird, ohne dass so hohe Kosten entstehen.*

## 3.6 Erstellung des Modusmodells

Das Modusmodell entstammt der Schematherapie – einem Verfahren der Dritten Welle, das eine Weiterentwicklung der Kognitiven Verhaltenstherapie durch eine Integration psychodynamischer Inhalte und des Ego-State-Ansatzes darstellt (Young et al., 2003). Die Schematherapie hat sich u. a. zur Behandlung von Persönlichkeitsstörungen, depressiven Erkrankungen und Essstörungen empirisch bewährt (Taylor, Bee, & Haddock, 2017). Das Modusmodell ist eine innere Landkarte der Anteile einer Person, die auch jenseits der Umsetzung schematherapeutischer Methoden im engeren Sinne gut in ein kognitiv-verhaltenstherapeutisches Behandlungsrational integrierbar ist. Hierbei werden folgende Modustypen unterschieden:

*Der gesunde Erwachsene:* Im Modus des gesunden Erwachsenen ist das Denken reflektiert, der Affekt ist ausgeglichen bzw. situationsadäquat positiv oder negativ. Die Betroffenen sind in der Lage, ihr eigenes Handeln nach ihren Wünschen zu steuern, Situationen realistisch einzuschätzen und Kompromisse zu einzugehen.

*Die Kindmodi:* Die Kindmodi sind regressive Anteile, in denen sich die Person so hilflos, verletzlich, wütend, impulsiv, verlassen, traurig oder ängstlich wie ein Kind fühlt. In diesem Zustand stehen die emotionalen Grundbedürfnisse im Vordergrund. Das Verhalten ist (weitestgehend) automatisiert und folgt gewissermaßen einer kindlichen Logik, die nach Bedürfnisbefriedigung sucht. Folgende Kind-Modi werden im Regelfall unterschieden:

- Vulnerabel (traurig, einsam, ängstlich, Angst vor Verlassen werden, Angst vor Missbrauch)
- Wütend (kindlicher, unkontrollierter Ärger)
- Impulsiv/undiszipliniert (Streben nach kurzfristiger Bedürfnisbefriedigung; kein Belohnungsaufschub; kommt nicht seinen Pflichten nach)
- Glücklich (Flow erleben; zufrieden)

*Die Elternanteile:* Die Elternanteile stellen fordernde und strafende Introjekte von Beziehungserfahrungen dar. Die fordernden Anteile stellen (unerfüllbare) Regeln oder Forderungen in den Raum, die die kindlichen Anteile an der Befriedigung ihrer Bedürfnisse hindern. Die strafenden Anteile werten die Bedürfnisse des inneren Kindes stark ab, verspotten und/oder beschämen es.

*Die Bewältigungsmodi:* Die Bewältigungsmodi sind reaktive Anteile, in denen die Betroffenen (mehr oder minder erfolgreich) den vor ihrem persönlichen Hintergrund bestmöglichen Umgang mit den fordernden und/oder strafenden Elternteilen und den Bedürfnissen der Kindanteile suchen. Bewältigungsmodi werden unterteilt in:

- Unterwerfende Bewältigungsmodi: Diese Modi unterwerfen sich den Ansprüchen der fordernden Elternanteile und verhalten sich, als würden die Aussagen der strafenden Elternanteile zutreffen.
- Überkompensierende Bewältigungsmodi: Diese Modi versuchen die Anforderungen der fordernden Anteile zu übererfüllen bzw. verhalten sich, als wäre das Gegenteil der Aussagen der strafenden Elternanteile wahr. Typische überkompensatorische Modi sind:
  - Selbstüberhöhung
  - Zwanghafte Kontrolle
  - Misstrauische Kontrolle
  - Suche nach Aufmerksamkeit und Bestätigung
  - Schikanierender Angreifer

- Vermeidende Bewältigungsmodi: Versuchen die Auseinandersetzung mit bzw. die ›Aktivierung‹ von strafenden und/oder fordernden Elternanteilen (d. h. das Triggern der entsprechenden Schemata) zu vermeiden. Typische vermeidende Modi sind:
  - Selbstberuhiger
  - Distanzierer
  - Vermeider

Die jeweiligen Modi werden im Verlauf des Erarbeitungsprozesses von bzw. mit den Patient:innen individuell benannt (z. B. Schikanierender Angreifer = der Rächer = die Walküre = der Berserker). Ein Beispiel für ein Modusmodell ist in Abbildung 3.3 dargestellt (► Abb. 3.3).

Die Identifikation der jeweiligen Modi ist hilfreich, da jeder Modus mit bestimmten interpersonellen Mustern, Kognitionen, Affekten und Verhaltensweisen verbunden ist. Durch eine Identifikation des jeweils aktiven Modus können Therapeut:innen ihr therapeutisches Handeln so anpassen, dass es dem gegenwärtigen ›Mindset‹ der Patient:innen gerecht wird. Dabei gelten folgende Grundregeln (Zens & Jacob, 2020):

- Strafende Elternmodi werden bekämpft;
- Fordernde Elternmodi bekämpft oder stark beschränkt;
- Bewältigungsmodi werden zunächst gewürdigt, im Anschluss werden ihre dysfunktionalen Anteile reduziert;
- Verletzliche (d. h. traurige, verlassene, ängstliche usw.) Kindanteile werden getröstet;
- Ärgerlichen Kindanteilen gibt man die Möglichkeit zur Ventilation ihrer Wut;
- Impulsive/undisziplinierte Kindanteile werden begrenzt.

Zur Erstellung des Modusmodells werden folgende Informationen genutzt (Jacob & Arntz, 2015):

- *Probleme und Symptome, die Patient:innen berichten:* Manche Symptome lassen sich mehr oder minder eins zu eins in Bewältigungsmodi übersetzen. So dient Medikamentenmissbrauch in aller Regel der Vermeidung aversiven Erlebens und Verhaltens und entspricht daher einem vermeidenden Bewältigungsmodus in Form eines ›distanzierten Selbstberuhigers‹.
- *Biographische Informationen:* Mit welchen Regeln, Normen, Werten wurde eine betroffene Person in ihrer Kindheit konfrontiert? Haben die Patient:innen emotionale, körperliche oder sexuell missbräuchliche Handlungen erlebt? Durften sie Affekte, Bedürfnisse, Verhaltensweisen frei äußern und zeigen? Diese Informationen sind insbesondere zur Identifikation der Elternanteile und für das Verständnis der Art der Bewältigung relevant. Darüber hinaus kann identifiziert werden, welche Affekte in der Kindheit primär vorhanden waren (Angst, Trauer usw.). Das Vorgehen ist mit dem in Kapitel 3.5.3 beschriebenen Ablauf vergleichbar (► Kap. 3.5.3).
- *Interpersonelle Verhaltensweisen:* Alle Modi gehen mit einem spezifischen Erleben und Verhalten einher, das sich beispielsweise in einer bestimmten Körperhaltung, einem typischen Affekt, bestimmten Kognitionen und Images äußert. Daher sollte insbesondere die verbale und nonverbale Kommunikation der Betroffenen zur Identifikation von aktivierten Modi herangezogen werden.

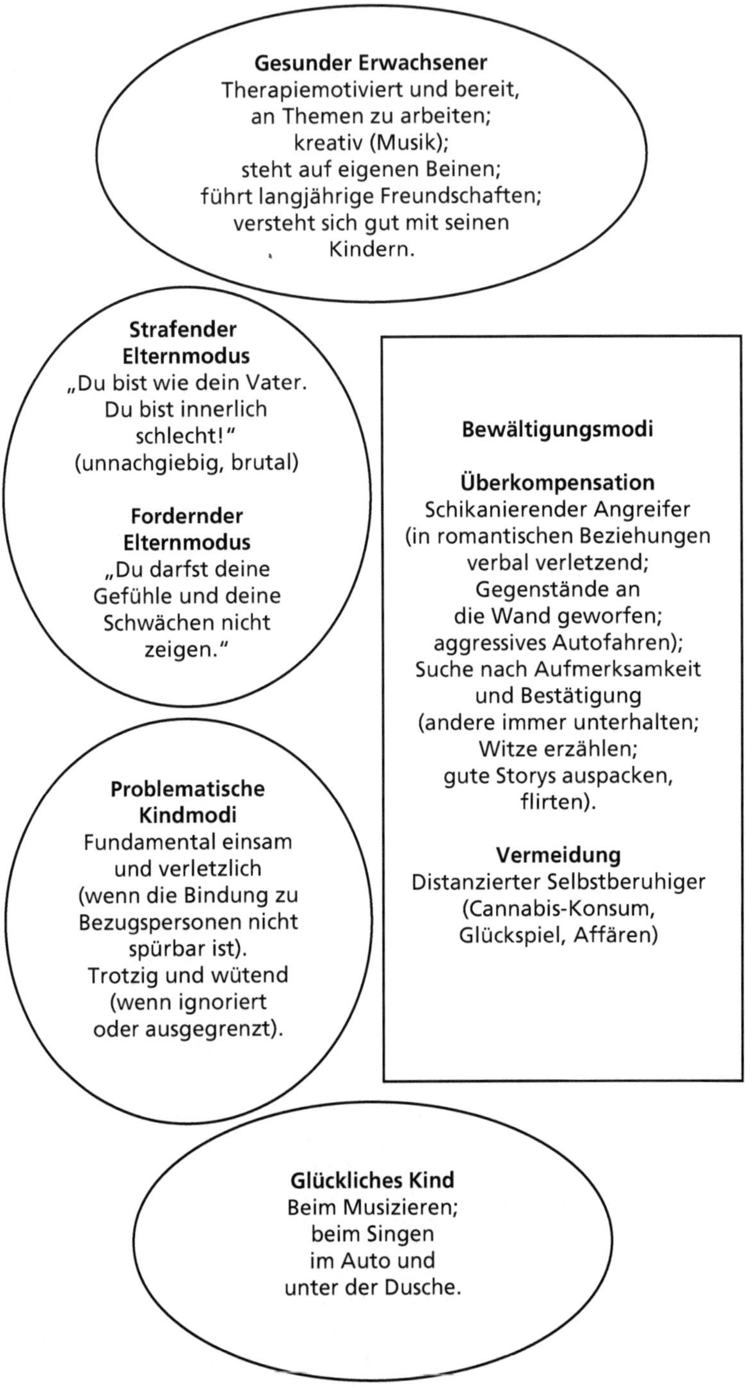

# 3 Störungsübergreifende Diagnostik

**Gesunder Erwachsener**
Therapiemotiviert und bereit,
an Themen zu arbeiten;
kreativ (Musik);
steht auf eigenen Beinen;
führt langjährige Freundschaften;
versteht sich gut mit seinen
Kindern.

**Strafender Elternmodus**
„Du bist wie dein Vater.
Du bist innerlich schlecht!"
(unnachgiebig, brutal)

**Fordernder Elternmodus**
„Du darfst deine Gefühle und deine Schwächen nicht zeigen."

**Bewältigungsmodi**

**Überkompensation**
Schikanierender Angreifer
(in romantischen Beziehungen
verbal verletzend;
Gegenstände an
die Wand geworfen;
aggressives Autofahren);
Suche nach Aufmerksamkeit
und Bestätigung
(andere immer unterhalten;
Witze erzählen;
gute Storys auspacken,
flirten).

**Vermeidung**
Distanzierter Selbstberuhiger
(Cannabis-Konsum,
Glückspiel, Affären)

**Problematische Kindmodi**
Fundamental einsam
und verletzlich
(wenn die Bindung zu
Bezugspersonen nicht
spürbar ist).
Trotzig und wütend
(wenn ignoriert
oder ausgegrenzt).

**Glückliches Kind**
Beim Musizieren;
beim Singen
im Auto und
unter der Dusche.

**Abb. 3.3:** Das Modusmodell der Schematherapie.

Zur Erhebung dieser Information können verschiedene Informationsquellen genutzt werden. Primärer Zugang ist die Beobachtung der Interaktion im direkten therapeutischen Kontakt. Ein ebenso wichtiger Zugang sind Berichte der Patient:innen über Beziehungserfahrungen mit Dritten. Darüber hinaus können Situationsanalysen genutzt werden, die darauf ausgerichtet sind, den vorhandenen Modus zu identifizieren und seine Funktion zu benennen – hierfür sucht man im Wochenverlauf nach Momenten, in denen es einen ›Modus-Shift‹ gab – also nach Situationen, in denen sich eine plötzliche Veränderung der Stimmung, der Kognitionen, der Verhaltensimpulse eingestellt hat. Ein Arbeitsblatt zur Durchführung einer Modus-Analyse ist als Onlinematerial (M8) verfügbar.

## 3.7 Plananalyse

Die Plananalyse wurde von Caspar entwickelt und umfassend beschrieben (Caspar, 2018). Jedes Verhalten ist im Kern darauf ausgerichtet, unsere Grundbedürfnisse zu befriedigen. Um eine Befriedigung dieser Grundbedürfnisse zu erlangen, ist eine Adaptation unseres Verhaltens an unsere Umwelt erforderlich. Um diese Adaptation möglichst gut zu bewerkstelligen, entwickeln wir auf Basis unserer Lernerfahrungen Grundannahmen über uns, die anderen und die Welt. Diese sollen dazu dienen, aus vorangegangenen Erfahrungen für zukünftige Erfahrungen zu lernen. Auf Basis dieser Grundannahmen entwickeln wir Ober- und Verhaltenspläne, die Strategien beinhalten, die uns unter spezifischen Umgebungsbedingungen ermöglichen sollen, schnell und effizient bedürfnisbefriedigende Verhaltensweisen zu zeigen. Ein Plan enthält dabei stets ein Ziel und die Methoden zur Zielerreichung.

### 3.7.1 Aufbau von Plänen

Pläne sind in einer hierarchischen Aststruktur angeordnet und miteinander verknüpft. Die dem eigenen Handeln zugrundeliegende Planstruktur ist dem Handelnden (im Moment des Handelns) oftmals nicht bewusst – wäre das nicht der Fall, könnte das Handeln nicht mehr ausreichend schnell und ressourceneffizient realisiert werden.

Wenn ein bestimmter Verhaltensplan aktiviert wird, beeinflusst dieser automatisch kognitive, physiologische, affektive und motorische Reaktionen (▶ Kapitel 2.2.2 zur Verhaltensanalyse). Nur unter Aufwand von Selbstregulation ist es möglich, diesen automatischen Prozess abzufangen und umzulenken. Eine solche Planstruktur bildet die Grundlage des Verhaltens aller Personen und ist per se nicht pathologisch – problematisch wird sie nur, wenn die Planstruktur bestimmte Eigenschaften aufweist, die dazu führen, dass Verhaltenspläne nur noch unzureichend zu einer Bedürfnisbefriedigung führen. Pläne können hingegen zielführend sein, wenn sie bestimmte Bedingungen erfüllen:

*Sie enthalten spezifische Bedingungen, wann ein Plan gilt und wann nicht:* Zur Befriedigung des gleichen Bedürfnisses (z. B. Solidarität) sind in verschiedenen Settings (z. B. am Arbeitsplatz, in der Familie, im Freundeskreis, im Sportverein) unterschiedliche Strategien effektiv. Deswegen sollte die (unbewusste) Wahl der Strategie von den Umgebungsbedingungen abhängig sein.

*Stabile Oberpläne/flexible Aststruktur:* Die Oberpläne müssen stabil genug sein, um eine langfristige Orientierung zu geben, während die feineren Glieder der Aststruktur flexibel genug sein sollten, um sich an wechselnde Bedingungen anzupassen.

*Beispielsweise hat eine Person das Ziel, eine Universitätsprofessur zu erlangen, da sie glaubt so ihre Unabhängigkeit (Kontrolle und Orientierung) selbstwertdienlich (Selbstwert) sichern zu können. Will sie dabei erfolgreich sein, muss dieser Oberplan über mehrere Jahre stabil verankert sein. Gleichzeitig müssen sich Verhaltenspläne niedrigerer Struktur jedoch flexibel anpassen können, um in unterschiedlichen Forschungsfeldern, an unterschiedlichen Universitäten, im Umgang mit verschiedenen Vorgesetzten zielführend zu sein.*

*Die Planstruktur sollte offen und entwicklungsfähig sein:* Unsere Umgebung und wir selbst sind einem ständigen Wandel unterworfen. Entsprechend lebendig muss auch die Planstruktur insgesamt sein – neue Ziele sollten ergänzt werden können, während alte vielleicht verworfen werden müssen. Teilweise reicht es nicht, Pläne nur anzupassen, stattdessen müssen gänzlich neue Pläne geschaffen werden.

Andere Bedingungen machen Pläne störanfällig:

*Zu viele Vermeidungsziele:* Vermeidungsziele können z. B. sein: »Ich will nicht wie mein Vater sein«; »Ich darf anderen auf keinen Fall Schaden zufügen« oder »Ich darf nicht auf der Straße landen«. Problematisch an Vermeidungszielen ist zum einen, dass sie den Möglichkeitsraum einengen und dadurch adaptive Anpassungen und das Erfüllen von Annäherungszielen verhindern können. Zum anderen tragen sie nicht effektiv zur Befriedigung von Grundbedürfnissen bei, sie verhindern stattdessen ›nur‹ deren Verletzung – dadurch führt ein Überhang an Vermeidungsplänen im besten Fall zu einem ›Null-Summen-Spiel‹. Am problematischsten ist jedoch, dass sie häufig nicht final erfüllt werden können, denn selbst wenn ich heute »niemandem Schaden zugefügt« habe, könnte mir das morgen passieren oder übermorgen oder in 20 Jahren noch immer. Vermeidungspläne werden aufrechterhalten, weil sie zumeist kurzfristig die ›weniger belastende‹ Alternative darstellen.

*Der Vater von Frau H., 23 Jahre, war laut ihrer Beschreibung eine cholerische Person. Darunter habe sie sehr gelitten, weshalb sie sich geschworen habe, nie wie er zu werden. In der Folge geht sie interpersonellen Konfrontationen meistens aus dem Weg, denn sich in Streitigkeiten durchzusetzen und dabei vielleicht ›laut zu werden‹ wäre bei ihr mit starken Schuldgefühlen verbunden.*

*Teile der Planstruktur sind veraltet:* Viele Verhaltensstrategien, die wir in früheren Lebensphasen effektiv anwenden können, sind in späteren Lebensphasen ineffektiv.

So kann ein trotziges, rebellisches Verhalten in der Pubertät effektiv sein, um sich von seinen Eltern abzugrenzen und Mitglied einer Peer Group zu werden oder zu bleiben. Die selbige Verhaltensstrategie führt bei einem Anfang Fünfzigjährigen jedoch weniger wahrscheinlich zu einem befriedigenden Ergebnis.

*Es ist kein Verhaltensrepertoire vorhanden, um die gesetzten Ziele umzusetzen:* Bewusst oder unbewusst gefasste, bedürfniskongruente Pläne können nur erfolgreich realisiert werden, wenn die betroffene Person die Ressourcen zu deren Umsetzung besitzt. So braucht es für die effektive Umsetzung vieler Pläne z. B. ausreichend gute soziale Kompetenzen, ein bestimmtes Fachwissen, Übung bzw. Lernerfahrung oder ähnliches.

*Die Ziele des Verhaltens werden nicht an aktuelle Umstände adaptiert:* Wenn Ziele nicht aktualisiert werden, kann das zu ›Sackgassen‹ bzw. einer Lageorientierung führen. Dies kann sowohl eintreten, wenn alle handlungsleitenden Ziele bereits erfüllt wurden, ohne dass neue Ziele entwickelt wurden, als auch wenn die Erreichung gefasster Ziele nicht (mehr) möglich ist/scheint.

### 3.7.2 Vorgehen bei der Plananalyse

Die Plananalyse nähert sich der Erfassung der Planstruktur in der Regel ›bottom-Up‹. Das heißt, sie beginnt auf der kleinteiligen Ebene konkreter Verhaltensweisen und versucht von diesen die Pläne höherer Hierarchieebenen abzuleiten. Dieses Vorgehen ist zielführend, da davon ausgegangen wird, dass die Planstruktur den Betroffenen (zumindest teilweise) nicht bewusst zugänglich ist bzw. die Betroffenen teilweise veraltete Verhaltenspläne anwenden, die nicht mehr zu ihren gegenwärtigen Zielen passen. Die Plananalyse fragt dabei immer nach dem »Wozu?« eines Verhaltensplans – z. B. »Wozu ist es hilfreich, bei allen Kollegen beliebt zu sein?« Dadurch gelangt man zu immer höheren Ebenen der Planhierarchie. Je reflektierter Patient:innen sind, umso eher kann dieses Vorgehen um ›Top-Down‹-Fragen ergänzt werden. Hierbei ist die zentrale Frage, »wie« ein Bedürfnis befriedigt werden soll – z. B. »Wie versuchen Sie im Alltag, diesen Wunsch nach Autonomie zu erfüllen?«. Ein vergleichbarer Top-down-Ansatz wurde in Kapitel 3.3 für die Lebenszielanalyse beschrieben (▶ Kap. 3.3).

In beiden Varianten ist es notwendig, mehrere Alltagssituationen zu analysieren. Es sollte nie von einer einzigen Episode auf eine komplette Planstruktur geschlossen werden. Die eigenen Schlussfolgerungen können dadurch validiert werden, dass immer wieder geprüft wird, ob die bislang angenommene Planstruktur das Verhalten in ›neuen‹ Situationen vorhersagen kann. Dabei vertritt die Plananalyse die Perspektive eines gemäßigten Konstruktivismus – die Bedeutung und die Vor- und Nachteile der einzelnen Planelemente und Ziele müssen aus der subjektiven Perspektive der Patient:innen heraus verstanden werden. Ein Arbeitsblatt als Grundlage für die gemeinsame Analyse der Funktion von Verhaltensweisen für übergeordnete Pläne steht als Onlinematerial (M9) zur Verfügung.

Ausgehend von der Plananalyse können:

- *Rückschlüsse für die Gestaltung der Therapiebeziehung gezogen werden:* Die Verhaltenspläne der Patient:innen gelten auch im Therapiesetting. Die Plananalyse kann dabei unterstützen, die Frage zu beantworten, wie sich die Therapeut:innen

verhalten sollten, um den Patient:innen eine korrigierende Erfahrung zu ermöglichen und gleichzeitig deren Bedürfnisse zu validieren.
- *Rückschlüsse für die Vereinbarung von Therapiezielen gezogen werden (top down):* Wo wollen sich die Patient:innen hin entwickeln (d. h. auf welche Oberpläne ist ihr Verhalten ausgerichtet)? Wie könnte die Therapie gestaltet werden, damit sie zur Erreichung dieser Ziele hilfreich sein kann?
- *Rückschlüsse für die Planung therapeutischer Interventionen gezogen werden.* Welche Kompetenzen müssen aufgebaut werden, um die vorhanden Annäherungsziele zu erfüllen? Welche dysfunktionalen Kognitionen müssen korrigiert werden, um Vermeidungspläne aufgeben zu können?

## 3.8 Visualisierende Methoden im diagnostischen Prozess

Die Systemische Therapie und Beratung verfügt über einen reichhaltigen Methodenfundus zur Identifikation und Visualisierung/Inszenierung von Interaktionsmustern und -problemen, von denen auch integrativ arbeitende Kognitive Verhaltenstherapeut:innen maßgeblich profitieren können. Ziel ist es dabei, Zusammenhänge leichter zugänglich zu machen und durch ihre Transformation in Bilder, Symbolsprache und Skulpturen ihre Komplexität zu reduzieren. Einige der im Folgenden besprochenen Techniken sind in weiteren Therapieschulen verankert, wie z. B. das Psychodrama, das sich ebenfalls Visualisierungs- und Inszenierungsmethoden bedient (Moreno, 2007).

### 3.8.1 Genogrammarbeit

Der Begriff Genogrammarbeit umfasst ein breites methodisches Feld, das von einem schnellen Überblick über Familienstrukturen bis hin zur Durchführung von Sequenzanalysen reicht (Hildenbrand, 2005). In jedem Fall beginnt die Arbeit mit der symbolischen Darstellung eines mehrgenerationalen Familiensystems. Eine Beispieldarstellung zeigt Abbildung 3.4 (▶ Abb. 3.4). Als Informationsgrundlage für das Genogramm dienen (eingangs) die spontanen Angaben der Patient:innen bzw. deren biographische und soziale Anamnese. Angepasst an die Ziele der individuellen Therapie, werden im Anschluss themenspezifische Informationen erfragt und ergänzt (z. B. zum Arbeitsfeld, zur Religionszugehörigkeit, zu Temperamentsfaktoren). Im Rahmen dessen kann das Genogramm auch zu einer Systemzeichnung erweitert werden, die nicht nur Verwandtschaftsbeziehungen darstellt, sondern auch Informationen über die Qualität der Beziehungen beinhaltet bzw. über Konflikte und Koalitionen (von Schlippe & Schweitzer, 2013). Falls notwendig können Patient:innen auch gebeten werden, zusätzliche Informationen zusammenzutragen – entweder durch die Befragung von Familienangehörigen oder durch das Sammeln von Daten und Fakten (z. B. über das Familienstammbuch).

## 3.8 Visualisierende Methoden im diagnostischen Prozess

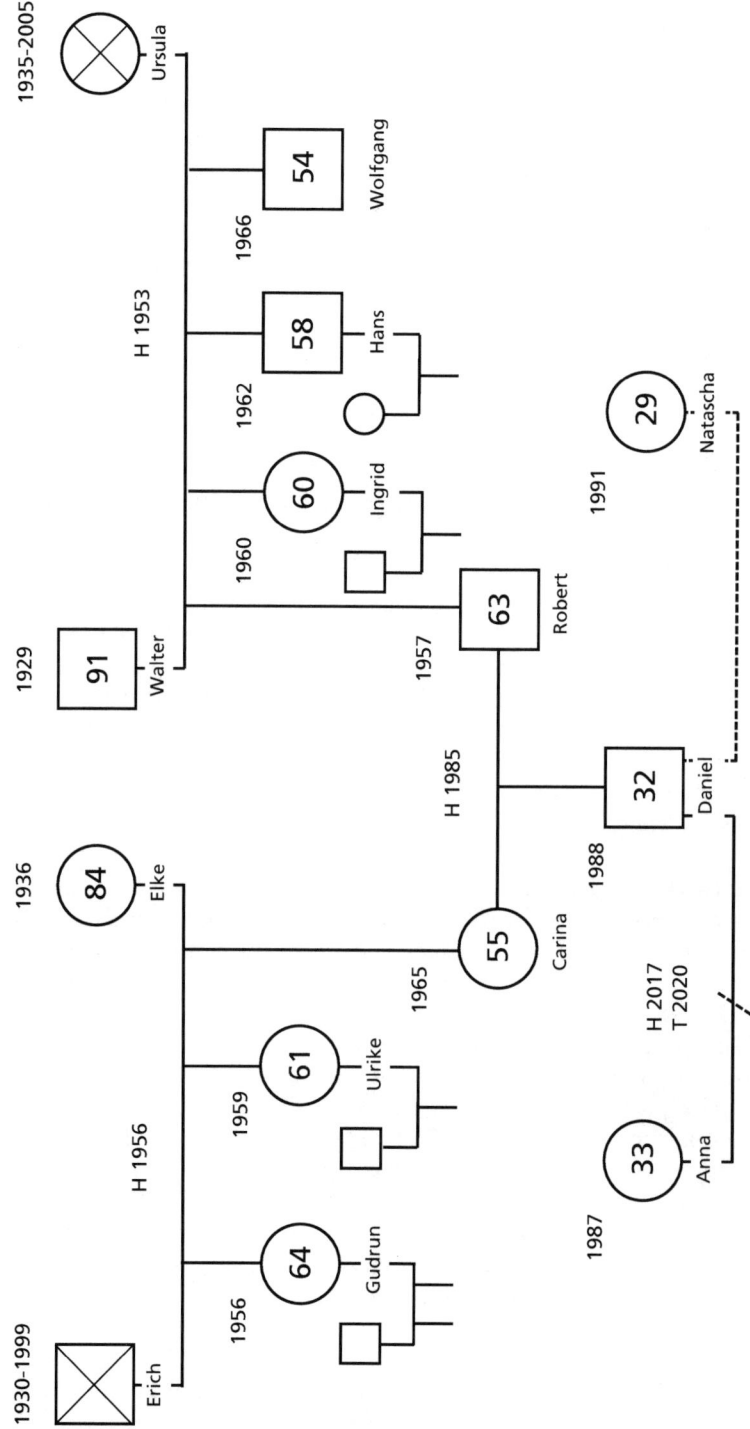

**Abb. 3.4:** Genogramm

Auch wenn ein Genogramm wie in Abbildung 3.4 zunächst unübersichtlich wirken mag, ist es gegenüber einer Versprachlichung bzw. Verschriftlichung des Familiensystems bedeutsam zeiteffizienter zu erstellen und auszuwerten. Im kognitiv-verhaltenstherapeutischen Setting dient die Genogrammerstellung sowohl als Orientierung bei einer näheren Exploration der Familienverhältnisse als auch zur Darstellung von Verstrickungen, Allianzen und Konflikten. Darüber hinaus kann es genutzt werden, um repetitive Muster oder auch Abweichungen von diesen Mustern (z. B. frühe Heirat, in kurzer Abfolge Kinder bekommen, Aufrechterhaltung der Ehe vs. späte Heirat, keine Kinder, Scheidung der Ehe) sowie Fluktuationen über soziale Schichten, Bildungsschichten oder auch Kulturräume hinweg zu analysieren (z. B. Wer führt den Familienbetrieb fort? Wer steigt sozial auf oder ab? Wer wechselte den Kulturraum bzw. brachte neue kulturelle Einflüsse in das Familienleben?). Die entsprechenden Informationen können wiederum zur Analyse von Beziehungsdynamiken, transgenerationalen Aufträgen und sozialen Rollen genutzt werden.

### 3.8.2 Symbolische Darstellungen: Grafiken und Figuren

Die Arbeit mit Skulpturen (die Aufstellung von Menschengruppen in bestimmter Form und Funktion) ist ein informationsreiches erlebnisorientiertes Instrument, das leider im (zumeist vorliegenden) Einzelsetting der ambulanten kognitiven Verhaltenstherapie nur bedingt nutzbar ist. Um dennoch die wichtigen Funktionen der symbolischen Darstellung nutzen zu können (z. B. Teilearbeit, Externalisierung, Affekt-Aktivierung), können bildliche Darstellungen (z. B. Gemälde, schematische Darstellungen) und Figuren (z. B. Tierfiguren) genutzt werden. Die gewählte Methode der symbolischen Darstellung hängt dabei primär von den Zielsetzungen und den Charakteristika der Patient:innen ab (Stadler & Kress, 2020):

- *Neutrale Objekte vs. Objekte mit Symbolcharakter.* Neutrale Objekte können hilfreich sein, wenn eine zu starke (affektive) Aktivierung der Patient:innen verhindert werden soll (z. B. bei Traumatisierungen oder bei niedrigem Strukturniveau). Besteht hingegen eine ausreichende Stabilität und Reflexionsfähigkeit sind in der Regel Objekte mit Symbolcharakter zu bevorzugen, da diese einen höheren Informationsgehalt besitzen und die Patient:innen (im positiven Sinne) zu einer spielerischeren und kreativeren Auseinandersetzung mit dem Material motivieren.
- *Aufstellung auf dem Tisch vs. Aufstellung im Raum.* Ähnlich wie die Nutzung neutraler Objekte ist die Aufstellung auf einem Tisch bzw. auf einem Brett vor allem bei Patient:innen geeignet, bei denen eine zu starke affektive Aktivierung bzw. eine zu starke Reaktivierung von Konfliktthemen vermieden werden soll. Wird für die Aufstellung der ganze Raum genutzt, können Patient:innen (ähnlich wie bei Skulpturen im engeren Sinne) hingegen sehr viel stärker in die Aufstellung eingebunden werden und gegebenenfalls verschiedene Positionen und Perspektiven einnehmen.

Mit der Verwendung symbolischer Darstellungen geht eine Vielzahl von Vorteilen einher. Die wichtigsten sind (Bleckwedel, 2008):

- *Symbolische Darstellungen sind dynamisch.* Im Gegensatz zu alternativen Techniken (z. B. Arbeitsblättern oder ›normalen‹ Rollenspielen) kann sich bei Darstellungen mit (symbolischen) Gegenständen oder Figuren das eingangs gewählte Bild schnell und dynamisch in die Darstellung verschiedener Zeitpunkte, von Lösungswegen, Worst-Case-Szenarien und ähnlichem verwandeln lassen.
- *Symbolische Darstellungen erweitern den Möglichkeitsraum.* Durch ihren kreativen/verspielten Anteil vergrößern symbolische Darstellungen den potenziellen Verhaltensspielraum der beteiligten Personen. So kann eine ›eigentlich‹ ruhige Person ein Setting schaffen, in dem sie laut und extrovertiert auftreten kann. Das ermöglicht das spielerische Experimentieren mit dieser Rolle.
- *Symbolische Darstellungen haben einen hohen Informationsgehalt.* Mittels kleiner (und der Sprache möglicherweise zu Beginn nicht zugänglicher) Aspekte kann eine Problemsituation mit minimalem Aufwand reduziert und gleichzeitig aussagekräftig dargestellt werden (z. B. eine Figur steht erhöht und von allen anderen Personen abgewandt).
- *Symbolische Darstellungen dienen der Teilearbeit.* Viele Patient:innen nehmen sich global beispielsweise als schlecht, faul, dumm, großartig oder außergewöhnlich naiv wahr. Wie auch durch die Modusarbeit der Schematherapie angestrebt, hat es jedoch große Vorteile dieser Globalbetrachtung und -beurteilung im Kontext der Teilearbeit ein facettenreiches Bild verschiedener Persönlichkeitsanteile entgegenzustellen. Dies ermöglicht es, beispielsweise Bewältigungsmodi zu identifizieren, dysfunktionale von funktionalen Anteilen zu trennen und/oder Anteile zu benennen, die man stärken oder schwächen will. In der symbolischen Darstellung fällt es den Patient:innen unserer Erfahrung nach deutlich leichter, sowohl positive als auch negative Anteile von sich zu benennen und zu interpretieren.

In jedem Fall sollte die Darstellung vor- und nachbesprochen werden, um deren Bedeutungsgehalt zu erschließen. Man sollte sich bewusst machen, dass die Bedeutung von Symbolen sehr stark von individuellem Vorwissen geprägt ist und damit sehr unterschiedlich sein kann.

> *Ein Patient stellte seine Mutter im Kontext einer Aufstellung mittels Tierfiguren als Känguru dar. Der Therapeut war zunächst überrascht, hatte er die Mutter des Patienten in dessen Erzählungen doch bislang als wenig fürsorglich erlebt. Eine Exploration der Bedeutung der Symbolik schaffte dabei Klarheit, denn der Patient gab an, er habe in einer Dokumentation gehört, dass Kängurus ihre Jungtiere bei zu hohen Belastungen (z. B. Nahrungsmangel) aussetzen und zum Sterben zurücklassen würden.*

Eine symbolische Darstellung kann den Therapieprozess schrittweise begleiten. Perspektiven können sich verändern oder es kann geprüft werden, inwiefern sich geplante Anpassungsprozesse bereits auf das Familiensystem ausgewirkt haben. Dadurch eignen sich symbolische Darstellungen auch sehr gut zur Verlaufsdiagnostik. Entsprechend nützlich kann es sein, Aufstellungen durch Fotos, Videos oder in Form von Skizzen für die spätere Rückschau und Analyse festzuhalten.

# 4 Störungsspezifische Diagnostik

> **Zusammenfassung**
>
> Störungsspezifische Diagnostik dient zum einen der (differenzialdiagnostischen) Absicherung einer (kategorialen) Diagnose und zum anderen der Erfassung behandlungsrelevanter Störungsvariablen. In Bezug auf die Differenzialdiagnostik zeigen sich (halb-)strukturierte Interviews unstrukturierten Interviews im Hinblick auf Reliabilität und Validität deutlich überlegen. Sollte die Durchführung einer (halb-)strukturierten Interviewdiagnostik (aufgrund kontextueller Gegebenheiten oder des Fehlens geeigneter Instrumente) nicht möglich sein, sollte folgendes bei der freien Symptomabklärung beachtet werden:
>
> - Die Fragenfolge sollte der Logik differenzialdiagnostischer Entscheidungsbäume folgen.
> - Es sollte für jedes Symptom geprüft werden, ob es mit ausreichender Intensität und Frequenz bzw. Dauer vorliegt.
> - Es sollte sichergestellt werden, dass Diagnostiker:in und Patient:in sich auf den gleichen Zeitraum beziehen und die verwendeten Begrifflichkeiten (z. B. Panikattacke) mit vergleichbarem Bedeutungsgehalt gebrauchen.
> - Es sollte weder ein selektives Hypothesentesten noch ein ›automatisches Vervollständigen‹ erfolgen.
>
> Psychische Störungen müssen nicht nur untereinander, sondern auch gegenüber anderen Symptomursachen abgegrenzt werden:
>
> - ›Normales‹ Erleben und Verhalten: Für jedes Symptom sollte geprüft werden, ob es mit einer Intensität und Frequenz bzw. Dauer auftritt, die unter den gegebenen Umständen klinisch bedeutsam von einem ›normalen‹ Erleben und Verhalten abweichen.
> - Körperliche Erkrankungen: Unter anderem neurologische, endokrinologische, pulmonale und kardiovaskuläre Erkrankungen können in Symptomen resultieren, die denen einer psychischen Störung sehr ähnlich sind. Je nach Störungsbild und Auffälligkeiten im Symptombild, sollte eine differenzialdiagnostische Abklärung zumindest eine endokrinologische Abklärung und ein Blutbild sowie ggf. eine neurologische Abklärung umfassen.

- Substanzinduzierte Symptome: Im Zuge des Ausschlusses einer substanzinduzierten Symptomatik sollten primär die Folgen eines Alkohol- oder Drogenabusus sowie Nebenwirkungen einer Medikamenteneinnahme in Betracht gezogen werden. Seltener können auch Giftstoffe (u. a. am Arbeitsplatz oder im Wohnbereich) für eine Symptomatik verantwortlich sein.
- Simulation und artifizielle Störungen: Während es sich bei artifiziellen Störungen um eine psychische Störung handelt, im Zuge derer Symptome mit dem Ziel der Einnahme einer Krankenrolle vorgetäuscht werden, bezeichnet Simulation die Vortäuschung einer Erkrankung mit der Absicht des Erreichens externer Ziele (z. B. finanzielle Vorteile). Sowohl Simulation als auch artifizielle Störungen treten in der ambulanten Psychotherapie sehr selten auf, da die ambulante Psychotherapie vor dem Hintergrund der jeweiligen Motive wenig Anreize bietet.

Wurde eine (Verdachts-)Diagnose gestellt, gilt es, die für die Behandlung der jeweiligen Symptomatik relevanten Informationen zu sammeln, auszuwerten und zu interpretieren. Zum Standardrepertoire der kognitiven Verhaltenstherapie gehören dabei u. a. die Verwendung von Fragebögen, Tagebüchern und Situationsanalysen. Diese Methoden werden in Abhängigkeit der zugrundeliegenden Störung durch weitere Verfahren ergänzt, z. B.

- Analyse des interpersonellen Verhaltens mit Hilfe des Kiesler-Kreises bei depressiven Erkrankungen
- Erarbeitung einer Angsthierarchie, die die Basis für die Durchführung einer Expositionstherapie bildet, bei Angststörungen
- Erfassung der mit den Zwangshandlungen und Zwangsgedanken zusammenhängenden Metakognitionen bei Zwangsstörungen
- Identifikation von *Stuck Points*, die eine funktionale Verarbeitung der Geschehnisse verhindern, bei PTBS
- Erfassung des Körperbildes und Identifikation ›schwieriger‹ Körperregionen bei Essstörungen

## 4.1 Differenzialdiagnostik psychischer Störungen

Wie in Kapitel 2 beschrieben, stellt die differenzialdiagnostische Abklärung der in den Sprechstunden gestellten Verdachtsdiagnose(n) eine der Hauptaufgaben der probatorischen Sitzungen dar. Gerade in der (störungsorientierten) Verhaltenstherapie bildet das Ergebnis dieses diagnostischen Prozesses eine wichtige Basis für die weitere Behandlungsplanung. Entsprechend bedeutsam ist es, die Differenzialdiagnostik am methodischen Goldstandard auszurichten.

## 4.1.1 Die Güte (halb-)strukturierter und unstrukturierter Interviewdiagnostik

Die Vergabe von Diagnosen erfolgt in der psychotherapeutischen Praxis in der Regel über eine der folgenden Methoden:

- unstrukturierte Interviewdiagnostik (z. B. im Rahmen eines Erstgesprächs)
- (halb-)strukturierte Interviewdiagnostik (d. h. durch manualisierte Interviewleitfäden)

Selbstbericht-Fragebögen stellen hingegen zumeist nur Screening-Verfahren oder Verfahren zur dimensionalen Diagnostik dar, d. h. sie quantifizieren den subjektiven Schweregrad einer Symptomatik. Eine Diagnose sollte in der Praxis jedoch i. d. R. nicht allein auf Basis eines (Selbstbericht-)Fragebogens gestellt werden.

*Maße der Beurteiler-Übereinstimmung.* Die Güte eines diagnostischen Verfahrens bemisst sich maßgeblich an dessen Objektivität (die i. d. R. nicht quantitativ erfasst wird), Reliabilität und Validität. Während die Testkennwerte für Reliabilität und Validität in der dimensionalen Diagnostik zumeist mit Cronbachs Alpha oder Pearson-Korrelationen ausgedrückt werden, kann zur Quantifizierung der Beurteiler-Übereinstimmung in der kategorialen Diagnostik Cohens Kappa ($K$) verwendet werden. Cohens Kappa relativiert die tatsächliche Übereinstimmung zwischen zwei Beurteiler:innen, an der auf Basis des Zufalls erwartbaren Übereinstimmung zwischen diesen Beurteiler:innen. Zur Bewertung von Kappa liegen unterschiedliche Konventionen vor. Eine der am weitesten verbreiteten Richtlinien zur Interpretation von Kappa-Werten stammt von Landis & Koch (1977) und sieht folgende Kategorien vor:

- $K \leq 0$ = schlechte Übereinstimmung
- $K = 0\text{–}0{,}20$ = etwas Übereinstimmung
- $K = 0{,}21\text{–}0{,}40$ = ausreichende Übereinstimmung
- $K = 0{,}41\text{–}0{,}60$ = mittelmäßige Übereinstimmung
- $K = 0{,}61\text{–}0{,}80$ = substanzielle Übereinstimmung
- $K = 0{,}81\text{–}1{,}00$ = (fast) perfekte Übereinstimmung

*Der LEAD-Standard.* Die empirische Beurteilung der Validität eines Tests steht vor dem Problem, dass es kein unumstößliches Kriterium für das Vorliegen einer bestimmten psychischen Störung gibt. Daher kann die Validität eines ›zu überprüfenden Tests‹ immer nur mit dem Ergebnis eines ›Referenztests‹ verglichen werden, der wiederum mit Messfehlern behaftet sein kann. Daraus ergibt sich das Problem, dass bei der Interpretation der Abweichungen der beiden Verfahren unklar bleibt, ob diese zu Lasten des ›zu überprüfenden Tests‹ oder des ›Referenztests‹ gehen. Statistisch lässt sich nicht prüfen, welcher der beiden Tests sich ›geirrt‹ hat. Daher müssen Referenztests von Anfang an so gewählt werden, dass man ihnen eine höhere (inhaltliche) Güte als den ›zu überprüfenden Tests‹ unterstellen kann. Das Musterbeispiel für eine solche Referenz ist der LEAD-Standard (Spitzer, 1983). Bei Anwendung des LEAD-Standards basiert die Diagnose auf mehrfacher längsschnittlicher diagnostischer Begutachtung (L = Längsschnitt), der Einschätzung mehrerer Experten (E = Experte) und der Nutzung aller vorhandener Daten (AD = Alle Daten; z. B. Verhaltensbeobachtung, Arztbriefe, Selbstberichtsverfahren). Durch die Kombination dieser Methoden soll der Messfehler minimiert werden, sodass sich das Ergebnis einem (hypothetischen) ›wahren‹ Ergebnis annähert. Dieser Standard ist – aufgrund seines Aufwands – in der klinischen Praxis nur bedingt realisierbar, was Instrumente, die zu vergleichbaren Ergebnissen führen, umso wertvoller macht.

*Gütekriterien unstrukturierter Interviewdiagnostik.* Die Interrater-Reliabilität für verschiedene Störungskategorien beträgt für unstrukturierte Interviews $K = 0{,}24$ (ausreichende Übereinstimmung; Miller, Dasher, Collins, Griffiths & Brown, 2001). In diesem Fall bedeutet das, dass die Übereinstimmungsquote zwischen den Beurteilern 45,5 % beträgt. Die Übereinstimmung zwischen unstrukturierten Interviews und einer Diagnose basierend auf dem LEAD-Standard beträgt auf Ebene von Störungskategorien $K = 0{,}43$ (mittelmäßige Übereinstimmung). Das heißt die unstrukturierte Interviewdiagnostik stimmt in diesem Fall in 53,8 % der Fälle hinsichtlich der Störungskategorie mit dem LEAD-Standard überein. Dabei ist zu beachten, dass Störungskategorie bedeutet, dass nur zwischen Störungsgruppen (z. B. Angststörungen, affektive Störungen) jedoch nicht zwischen einzelnen psychischen Störungen innerhalb einer Gruppe (z. B. Generalisierte Angststörung, Panikstörung) unterschieden wird – die diagnostische Güte auf der Ebene einzelner Störungen ist geringer.

*Gütekriterien (halb-)strukturierter Interviews.* (Halb-)Strukturierte Interviews erzielen auf der Ebene von Störungskategorien bedeutsam bessere Reliabilitäts- und Validitäts-Koeffizienten als unstrukturierte Interviews. So zeigt z. B. das »Strukturierte Klinische Interview für DSM« (SKID; Osorio et al., 2019) sowohl bzgl. der Feststellung einer Affektiven Störung als auch einer Angststörung ›substanzielle‹ bis ›(fast) perfekte‹ Interrater-Reliabilität ($K = 0{,}81$ bzw. 0,71) und substanzielle Übereinstimmungen mit dem LEAD-Standard ($K = 0{,}76$ bzw. 0,73; Osorio et al., 2019). Hierbei ist zu beachten, dass sich diese Werte auf die Feststellung der Störungskategorie, nicht der Einzeldiagnosen beziehen. Auch (halb-)strukturierte Interviews zeigen auf der Ebene von Einzelstörungen (teilweise) erhebliche Schwächen. So zeigen sich für das SKID für DSM-5 zwar ›(fast) perfekte‹ Interrater-Reliabilitäten ($K = 0{,}84$–0,96) und Übereinstimmungen mit dem LEAD-Standard ($K = 0{,}80 - 0{,}88$) für Bipolare Störungen, Zwangsstörungen und PTBS, doch die Interrater-Reliabilität ($K = 0{,}28 - 0{,}68$) und die Übereinstimmung mit dem LEAD-Standard ($K = 0{,}35$–0,73) für die Abgrenzung einzelner Angststörungen ist in Teilen nur ›ausreichend‹. Dies liegt an der hohen Symptomüberlappung zwischen den einzelnen Angststörungen (d. h. alle zeigen körperliche Angstsymptome, alle zeigen Vermeidungsverhalten usw.), während Einzelstörungen die ›einzigartige‹ Kernmerkmale haben (z. B. Bipolare Störungen; Zwangsstörungen) deutlich leichter abgrenzbar sind. Aufgrund seiner insgesamt hohen Reliabilität und Validität stellt das SKID international den Goldstandard der (halb-)strukturierten Interviewdiagnostik dar.

Es sei darauf hingewiesen, dass (halb-)strukturierte Interviews offenbar nur dann einen Mehrwert haben, wenn sie von Fachpersonen durchgeführt werden (Nordgaard, Revsbech, Saebye, & Parnas, 2012). Geschulte Laien erzielen hingegen nur unzureichende Übereinstimmungen mit einem (dem LEAD-Standard ähnlichen) multimethodalen Assessment ($K = 0{,}18$). Zudem ist es wichtig zu betonen, dass ›voll‹ strukturierte Interviews (bei denen ›nur‹ die vorgegebenen Fragen in einem geschlossenen Format gestellt werden und weitere Angaben der Patient:innen sowie der ›subjektive‹ Eindruck der Interviewer:innen unberücksichtigt bleiben) im klinischen Kontext ebenfalls nicht angemessen sind (Nordgaard, Sass, & Parnas, 2013), da sie zum Verlust bedeutsamer Informationen führen, deren Interpretation für eine valide Diagnosestellung entscheidend ist (z. B. die Klärung ob Patient:innen die Frage im Sinne des Interviewleitfadens verstanden haben).

*Schlussfolgerungen für die Differenzialdiagnostik.* Aus den zuvor beschriebenen empirischen Daten und praktischer Erfahrung lassen sich folgende Empfehlungen für die Durchführung kategorialer Diagnostik ableiten:

- Es sollte eine Kombination an Erhebungsmethoden angewendet werden [d. h. Fragebögen, freie Exploration, (halb-)strukturierte Interviewdiagnostik].
- Falls (halb-)strukturierte Interviews nicht möglich sind (aus Zeitgründen oder weil kein geeignetes Interview verfügbar ist), sollte die Symptomabfrage dennoch systematisch erfolgen (siehe nachfolgender Kasten).
- Es sollten alle (mit vertretbarem Aufwand) verfügbaren Informationsquellen herangezogen werden (z. B. Konsiliarbericht, Entlassungsberichte, Telefonate mit ärztlichen Kolleg:innen, Befragung von Angehörigen der Patient:innen).
- Die Fallkonzeption sollte mit Kolleg:innen in Inter- oder Supervision reflektiert werden (d. h. Kolleg:innen sollten sich gegenseitig ihre Fallkonzeption vorstellen und gemeinsam kritische Punkte diskutieren).
- Die Diagnose sollte mit den Patient:innen besprochen werden. Es sollte geprüft werden, mit welchen Aspekten der diagnostischen Kategorie Patient:innen sich identifizieren können und mit welchen gegebenenfalls nicht. Da die Diagnose (zumeist) einen starken Einfluss auf das Behandlungsrational hat, ist es wichtig, hier eine gemeinsame Basis für das weitere Vorgehen zu schaffen.
- Die Diagnose – und der Prozess ihrer Abklärung – müssen dokumentiert werden, um den Anforderungen des Krankenkassensystems und der Dokumentationspflicht nachzukommen (Stellpflug, & Berns, 2008). Darüber hinaus stellt die Dokumentation bei auftretenden Problemen (z. B. Ausbleiben eines Therapiefortschritts) einen guten Ausgangspunkt für Selbstreflexion und kollegialen Austausch dar.

> **Praxis-Tipps für die »freie« differenzialdiagnostische Abklärung**
>
> (Halb-)Strukturierte Interviews sind der Königsweg der kategorialen Diagnostik. Dennoch gibt es Settings, in denen die zeitlichen Ressourcen oft keine (halb-)strukturierte Interviewdiagnostik zulassen und Störungsbilder, die nicht zum Repertoire der etablierten Breitbandverfahren gehören (z. B. sexuelle Funktionsstörungen). In solchen Fällen muss die differenzialdiagnostische Abklärung »frei« erfolgen:
>
> - An Entscheidungsbäumen (ein Beispiel findet sich in Abbildung 4.1) entlanghangeln – zunächst Fragen stellen, die dazu geeignet sind, Störungen auszuschließen, anschließend erst die einzelnen Symptome einer Störung abfragen:

»*Besteht bei Ihnen Untergewicht?*« (ggf. Gewicht und Körpergröße erfragen. Falls nein, keine Anorexia nervosa).
Falls nein: »*Haben Sie sich im letzten Monat regelmäßig nach dem Essen übergeben oder haben Sie Abführmittel benutzt oder exzessiv Sport getrieben, um abzunehmen bzw. eine Gewichtszunahme zu verhindern?*« (Falls ja, keine Binge-Eating-Störung.)
Falls ja: »*Wie zufrieden sind Sie mit Ihrem Körper?*« (Unzufriedenheit mit dem eigenen Körper ist ein wichtiges Symptom der Bulimia nervosa, hilft aber nicht bei der Abgrenzung zu anderen Essstörungen.)
- Symptome explizit ansprechen – keine Umschreibungen, kein geleitetes Entdecken
  Beispiel Posttraumatische Belastungsstörung:
  Richtig: »*Haben Sie jemals ein für Sie lebensbedrohliches Ereignis erlebt? Haben Sie jemals körperliche Gewalt erlebt? Haben Sie jemals sexuelle Gewalt erlebt? Waren Sie jemals Zeuge davon, dass eine Person in Lebensgefahr war oder körperliche bzw. sexuelle Gewalt erlebt hat?*«
  Falsch: »*Gab es belastende Ereignisse in Ihrem Leben?*« (Das ist im Allgemeinen eine berechtigte und sinnvolle Frage, aber nicht, wenn man gerade eine posttraumatische Belastungsstörung abklären möchte.)
  Das explizite Ansprechen von Symptomen ist insbesondere bei schambehafteten Themen wie z. B. Zwängen, Essstörungen oder sexuellen Funktionsstörungen bedeutsam. Hier ist es wichtig, den Patient:innen durch eine direkte, unverkrampfte und offene Ansprache der jeweiligen Themen zu signalisieren, dass es ganz normal ist, solche Themen in der Psychotherapie zu besprechen. Falls Patient:innen das Vorliegen der Symptome verneinen, sollte das Angebot gemacht werden bei Bedarf auch später auf diese Themen zurückkommen zu können.
  »*Ich würde Ihnen nun gerne einige Fragen zu Ihrem Sexualleben stellen. Ist das in Ordnung für Sie? Hatten Sie in den vergangenen Wochen ein vermindertes sexuelles Interesse? Litten Sie in den vergangenen Wochen unter Erektionsproblemen, also darunter, dass Ihr Glied bei der Masturbation oder beim sexuellen Kontakt nicht steif wurde oder früher als gewollt erschlaffte? Hatten Sie in den vergangenen Wochen bei sexuellen Kontakten Schmerzen? Hatten Sie Schwierigkeiten, den Orgasmus zu erreichen oder haben Sie ihren Orgasmus früher bekommen als Sie wollten? Sind Sie aus anderen Gründen mit Ihrem Sexualleben derzeit nicht zufrieden?*«
  Falls alle Fragen verneint werden: »*In Ordnung. Falls solche Probleme in Zukunft relevant sein sollten, können Sie sie gerne jederzeit ansprechen.*«
- Für jedes Symptom sollte geprüft werden, ob es in ausreichender Intensität vorliegt.
  Beispiel Konzentrationsprobleme:
  Intensität nicht ausreichend: »*Ja, in der Prüfungsphase, wenn ich den ganzen Tag gelernt habe, fällt es mir gegen Abend schon zunehmend schwer, mich zu konzentrieren.*«
  Intensität ausreichend: »*Ja, ich lese eine Seite in einem Buch oder schaue einen Film und weiß kurz darauf nicht mehr, was ich gelesen oder gesehen habe.*« (gegebenenfalls andere Ursachen ausschließen).

- Es sollte für jedes Symptom geprüft werden (mit wenigen Ausnahmen wie z. B. Persönlichkeitsstörungen oder hyperkinetische Störung), ob die beschriebene Symptomatik eine Abweichung vom Normalzustand der betroffenen Person darstellt.
  Beispiel Schlafdauer:
  Nicht relevant: »*Ich schlafe ca. fünf/sechs Stunden pro Nacht. Das ist aber für mich normal – ich liege auch nicht lange wach oder so, ich gehe nur spät zu Bett.*« (gegebenenfalls Gründe für Spätes-zu-Bett-Gehen explorieren)
  Relevant: »*Ich schlafe ca. fünf/sechs Stunden pro Nacht. Das ist viel weniger als ich brauche. Bevor das begonnen hat, habe ich immer so acht Stunden geschlafen.*« (Andere Ursachen gegebenenfalls ausschließen).
- Für jedes Symptom sollte geprüft werden, ob Leidensdruck vorliegt.
  Beispiel Vermeidung von Menschenmengen:
  Nicht relevant: »*Auf Weihnachtsmärkte gehe ich nie. Da ist es mir zu laut, zu billig und die Leute sind mir zu häufig besoffen.*« (gegebenenfalls noch andere Situationen ansprechen, die mit Menschenmengen oder erschwerter Flucht assoziiert sind)
  Relevant: »*Auf Weihnachtsmärkte gehe ich nie. Da ist so ein großes Gedränge, man kommt nicht vor nicht zurück. Da fühle ich mich eingeschlossen.*«
  Ausnahme sind ich-syntone Störungen, hier sollte gegebenenfalls geprüft werden, ob sekundär zu den eigentlichen Symptomen (z. B. unangemessenes Misstrauen im Falle einer paranoiden Persönlichkeitsstörung) Leidensdruck besteht (z. B. soziale Isolation) oder ob andere Personen darunter leiden (z. B. in Folge aggressiver Reaktionen). Details hierzu finden sich in Kapitel 5 des Buchs (▶ Kap. 5).
- Für jedes Symptom sollte geprüft werden, ob es in ausreichender Frequenz und/oder ausreichender Dauer vorliegt.
  Beispiel Albträume:
  Nicht ausreichend: »*Ich habe manchmal noch schreckliche Albträume von dem Überfall. Alle vier, fünf Monate kommt das ganz plötzlich – keine Ahnung wieso.*« (gegebenenfalls noch explorieren, wie es im vergangenen Monat war)
  Ausreichend: »*Ich habe manchmal schreckliche Albträume von dem Überfall. Alle vier, fünf Tage kommt das ganz plötzlich.*«
- Es ist darauf zu achten, dass sich Diagnostiker:innen und Patient:innen auf den gleichen Zeitraum beziehen.
  »*Die Schlafprobleme, die Sie letztes Jahr hatten, waren diese in den gleichen vier Monaten vorhanden wie die Niedergeschlagenheit und der Energieverlust, über den wir gerade gesprochen haben?*«
- Unklare Begriffe sollten spezifiziert, Fachjargon vermieden werden.
  »*Hatten Sie schon einmal eine Angstattacke? Das heißt einen Moment, in dem Sie aus dem Nichts heraus plötzlich in panischen Schrecken verfallen sind?*«
- Symptome sollten nicht automatisch vervollständigt, sondern komplett abfragt werden.
  Beispiel: Nicht davon ausgehen, dass Appetitverlust vorliegt, nur weil eine Person niedergeschlagen ist, über Antriebslosigkeit berichtet und Konzentrationsprobleme hat.

## 4.1 Differenzialdiagnostik psychischer Störungen

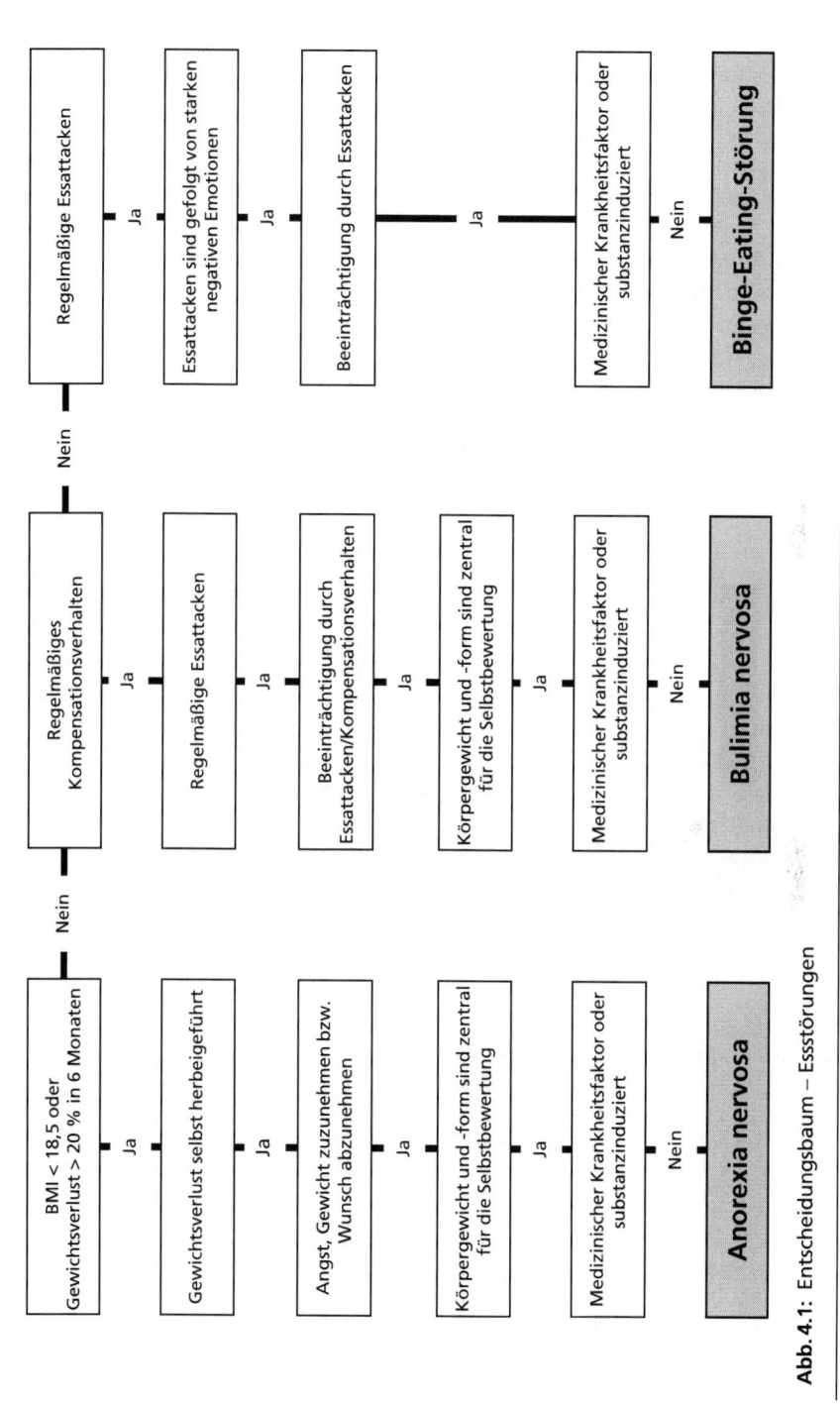

**Abb. 4.1:** Entscheidungsbaum – Essstörungen

- Hypothesen sollten nicht selektiv getestet werden, d. h. alle potenziell vorliegenden Symptome sollten angesprochen und allen Patient:innen sollte alles ›zugetraut‹ werden.
Beispiel: Auch wenn eine Depression und eine Agoraphobie vorliegen, sollten dennoch auch Zwangsstörungen, Essstörungen, eine posttraumatische Belastungsstörung usw. abgefragt werden. Auch bei Mitte 50-jährigen Patient:innen sollte selbstverletzendes Verhalten abfragt werden

*Anmerkung zu Abb. 4.1:* Die Störung mit Vermeidung oder Einschränkung der Nahrungsaufnahme wird aus Gründen der Übersichtlichkeit und ihrer untergeordneten Relevanz im Erwachsenenalter, nicht dargestellt. Es wird die ICD-11 an Stelle der ICD-10 Klassifikation dargestellt, um die in der Praxis bedeutsame Binge-Eating-Störung mit abbilden zu können.

### 4.1.2 Differenzialdiagnostik verschiedener psychischer Störungen

Wie zuvor beschrieben, scheint für eine valide Diagnosestellung eine Kombination aus (halb-)strukturierten klinischen Interviews und psychotherapeutischer Expertise notwendig zu sein. Daher widmet sich dieses Kapitel der Vermittlung von Fachwissen zur wechselseitigen Abgrenzung verschiedener psychischer Störungen. Da eine Gesamtschau der Differenzialdiagnostik aller psychischen Störungsbilder den Rahmen dieses Buches sprengen oder die Praxisnähe der Darstellung erheblich beeinträchtigen würde, beschränkt sich das Kapitel auf für die ambulante Psychotherapie besonders relevante psychische Erkrankungen: unipolare depressive Störungen, Angststörungen, Zwangsstörungen, Posttraumatische Belastungsstörung und Essstörungen. Der Aufbau des Kapitels orientiert sich an der Gliederung der Störungsklassifikation nach ICD-10 (World Health Organization, 1993). Ergänzend werden alle klinisch relevanten Unterschiede der Klassifikationen von ICD-10 und ICD-11 sowie DSM-5 thematisiert. Ein Screening-Bogen zum Vorselektieren der näher zu explorierenden Symptomatik findet sich bei den Onlinematerialien (M10).

#### Differenzialdiagnostik depressiver Störungen

*Frau F. (61 Jahre, Sekretärin): Frau F. wird nach einem Aufenthalt in einer psychiatrischen Klinik in der psychotherapeutischen Ambulanz vorstellig. Seit ihre Mutter vor ca. zwei Jahren gestorben und bei ihrem Mann kurz darauf Krebs diagnostiziert worden sei (aktuell in Remission) gehe es ihr zunehmend schlechter. Zunächst sei ihr die Hausarbeit immer schwerer gefallen, schließlich hätten auch im beruflichen Kontext die Flüchtigkeitsfehler erheblich zugenommen. Ihr Selbstwert habe sich stark verschlechtert und sie sei fortwährend niedergeschlagen und traurig gewesen. Im vergangenen Januar habe sie dann einen »Zusammenbruch« erlitten – alles sei zu viel für sie gewesen. Vor dem Klinikaufenthalt sei sie ständig in größter Angst gewesen, dass sie und ihr Mann verarmen könnten. Zudem habe sie unter aufdrängenden Suizidgedanken gelitten.*

Depressive Störungen (d. h. unipolar-affektive Störungen) tangieren differenzialdiagnostisch fast alle anderen Störungen. Das liegt daran, dass es im Rahmen einer affektiven Störung sowohl zu wahnhaftem Erleben (Psychose), Panikattacken (Panikstörung), Sorgenketten (Generalisierte Angststörung), sozialem Rückzug (Soziale Phobie), psychosomatischen Beschwerden (Somatisierungsstörung bzw. Somatische Belastungsstörung) als auch hypochondrischen Ängsten (Hypochondrie bzw. Krankheitsangststörung) kommen kann – weshalb die assoziierten Störungen nicht vergeben werden, wenn deren Symptomatik ausschließlich während depressiver Episoden auftritt. Tritt die Symptomatik sowohl außer- als auch innerhalb depressiver Phasen auf, kann die jeweilige Diagnose komorbid vergeben werden. Im ICD-11 besteht in diesem Kontext die Möglichkeit im Rahmen einer affektiven Störung die Kodierung ›mit bedeutsamer Angstsymptomatik‹ (6A80.0) und ›mit Panikattacken‹ (6A80.1) vorzunehmen. Umgekehrt ist die Kernsymptomatik einer unipolar-affektiven Störung durch keine andere psychische Störungsklasse hinreichend erklärbar – mit Ausnahme von anderen unipolar-affektiven Störungen, bipolaren Störungen und psychotischen Erkrankungen.

*Abgrenzung unipolar-affektiver Störungen voneinander.* Man unterscheidet bei unipolar-affektiven Störungen zwischen depressiven Episoden (F32.X; in der ICD-11: ›einzelne depressive Episode‹, 6A70), rezidivierenden-depressiven Störungen (F33.X; in der ICD-11: 6A71) und der Dysthymia (F34.1; in der ICD-11: 6A72). Die F32.X wird nur bei erstmaligem Auftreten einer depressiven Episode vergeben – treten zwei oder mehr depressive Episoden auf, wird eine rezidivierende-depressive Störung vergeben. Hierbei gibt es strenggenommen kein ›Verfallsdatum‹ – auch wenn eine Person z. B. zunächst mit Anfang 20 und dann erst wieder mit Ende 40 eine depressive Episode erlebt, würde eine rezidivierende-depressive Störung vergeben werden. Eine Dysthymia wird in der ICD-10/11 vergeben, wenn eine Person seit mindestens zwei Jahren und ohne Unterbrechungen von mehr als zwei Monaten an der Mehrzahl der Tage depressive Symptome erlebte, die jedoch nicht die Kriterien einer depressiven Episode erfüllen. Dauert die Symptomatik einer depressiven Episode für mindestens zwei Jahre an, kann in der ICD-11 die Zusatzkodierung ›persistierende gegenwärtige depressive Episode‹ (6A80.2) gewählt werden.

*Abgrenzung zwischen unipolaren und bipolaren affektiven Störungen.* Die Abgrenzung unipolar- und bipolar-affektiver Störungen (F30.X; F31.X; F34.0 in der ICD-11: 6A60; 6A61; 6A62) wird dadurch erschwert, dass bei beiden Störungsbildern depressive Phasen auftreten. Abgrenzungsmerkmal ist daher, ob neben depressiven Episoden auch (hypo-)manische Episoden (z. B. situationsinadäquate euphorische Stimmung, verringertes Schlafbedürfnis, Distanzlosigkeit im sozialen Kontakt, Rededrang) auftreten:

- Tritt eine depressive Episode erstmalig auf oder traten im bisherigen Verlauf ausschließlich depressive Episoden auf, wird eine unipolar-affektive Störung diagnostiziert.
- Tritt eine depressive Episode auf oder traten im bisherigen Verlauf auch (hypo-)manische Episoden auf, wird eine bipolar-affektive Störung diagnostiziert.

# 4 Störungsspezifische Diagnostik

- Tritt eine (hypo-)manische Episode auf und traten im vorherigen Verlauf bereits (hypo-)manische oder depressive Episoden auf, wird eine bipolar-affektive Störung diagnostiziert.

Hierbei ist zu beachten, dass sich eine vormals als unipolar-affektive Störung diagnostizierte Erkrankung im weiteren Verlauf zu einer bipolar-affektive Störung entwickeln kann:

- bei ca. 22,5 % der Personen, die initial eine depressive Episode erlebten, entwickelt sich im weiteren Verlauf eine bipolare Störung (Ratheesh et al, 2017).
- bei ca. 50 % der Personen mit bipolarer Störung trat initial eine depressive Episode auf (Goodwin & Jamison, 2007).

*Abgrenzung zwischen unipolar-affektiven Störungen und psychotischen Störungen.* Bei beiden Störungsbildern kann es zu wahnhaftem Erleben und/oder Halluzinationen kommen (bei Psychosen immer, bei unipolar-affektiven Störungen manchmal). Darüber hinaus können bei beiden Störungen depressive Symptome auftreten (z. B. Niedergeschlagenheit, Antriebsverlust, bei unipolar-affektiven Störungen immer, bei psychotischen Erkrankungen manchmal). Entscheidend für die Abgrenzung ist die Reihenfolge des Eintretens affektiver und psychotischer Symptome.

- Wenn im Verlauf schwerer depressiver Störungen psychotische Symptome hinzukommen, ist in der ICD-10 eine schwere depressive Episode mit psychotischen Merkmalen zu kodieren (F32/33.3). In der ICD-11 können sowohl mittlere (6A70.2 bzw. 6A71.2) als auch schwere (6A70.4 bzw. 6A71.4) depressive Episoden mit psychotischer Symptomatik kodiert werden.
- Tritt im Rahmen des Verlaufs einer schizophrenen Erkrankung eine depressive Symptomatik auf, kann in der ICD-11 ›depressive Stimmungssymptome in primär psychotischen Störungen‹ kodiert werden.
- Bestehen psychotische Symptome und eine unipolar-affektive Symptomatik ausschließlich gemeinsam (bzw. nur durch wenige Tage getrennt) sollte eine schizoaffektive Störung kodiert werden (F25; in der ICD-11: 6A21).
- Gibt es sowohl Phasen, in denen eine Person depressiv ist, als auch Phasen, in denen sie psychotisch ist, ohne dass ein zeitlicher Zusammenhang der Symptomatik hergestellt werden kann, sollten die Störungsbilder komorbid vergeben werden.
- Kommt es nach Phasen von Positivsymptomatik zu einer postschizophrenen Depression, kann dies in der ICD-10 (nicht jedoch in der ICD-11) entsprechend kodiert werden (F20.4).

Alle genannten Diagnosen mit Ausnahme der postschizophrenen Depression können bei entsprechender Anpassung der Kodierung auch im Kontext manischer Symptomatik bzw. bipolar-affektiver Verläufe gestellt werden. Ein Exkurs zu psychotischen Erkrankungen findet sich im folgenden Kasten.

## Exkurs: Psychotische Erkrankungen

Psychotische Erkrankungen sind im Kern ›Stoffwechselerkrankungen‹, für deren Auftreten Dysfunktionen im Dopamin- und Glutamat-System verantwortlich gemacht werden (Falkai, 2008). Nichtsdestotrotz sind biologische Faktoren nicht hinreichend, um die Entstehung psychotischer Erkrankungen zu erklären, stattdessen zeigt sich auch hier – wie bei allen psychischen Erkrankungen – eine Interaktion zwischen genetischen, biologischen und sozio-emotionalen Faktoren. Die bedeutendste psychotische Erkrankung ist die Schizophrenie, die gekennzeichnet ist durch Verzerrungen des Denkens und der Wahrnehmung (inhaltliche Denkstörungen, z. B. Wahnideen, Halluzinationen und formale Denkstörungen, z. B. Gedankensprünge, Denkverlangsamungen, Perseveration) sowie einen verflachten Affekt (World Health Organization, 1993). Die Symptomatik der Schizophrenie wird in Positiv- und Negativsymptomatik unterteilt. Positivsymptomatik umfasst alle Symptome, bei denen etwas zum ›normalen‹ menschlichen Erleben hinzukommt, z. B. Halluzinationen, Wahnideen oder katatone Symptome. Negativsymptomatik umfasst alle Symptome, bei denen etwas vom ›normalen‹ menschlichen Erleben und Verhalten wegfällt, z. B. Affektverflachung, Apathie, Beeinträchtigungen der Aufmerksamkeit. Halluzinationen sind meist akustisch (75 %), können aber auch jede andere Wahrnehmungsmodalität betreffen (Goghari & Harrow, 2016). Zu den häufigsten Wahnideen zählen Verfolgungswahn (74,3 %), Beziehungswahn (67,4 %); Gedankenlesen (44,9 %) und religiöser Wahn (35,6 %; Paolini, Moretti, & Compton, 2016).

### Differenzialdiagnostik von Angststörungen

Die ICD-10 sieht eine Unterteilung der Angststörungen in ›phobische Störungen‹ (F40) und ›andere Angststörungen‹ (F41) vor, die in der ICD-11 entfällt. Bei allen Angststörungen (wie auch bei anderen psychischen Störungen) kommt es zu körperlichem Angsterleben und Vermeidungsverhalten. Entsprechend ungeeignet ist das bloße Vorliegen dieser Symptome für eine differenzialdiagnostische Abklärung verschiedener Angststörungen. Die entscheidenden Variablen sind der Auslöser der Angst (bzw. das Fehlen spezifischer Auslöser) sowie Dauer und Intensität der Symptomatik (vor allem bei den ›anderen Angststörungen‹). Kernmerkmal der Gruppe der ›phobischen Störungen‹ ist dabei die Kopplung der Angst an einen spezifischen Kontext bzw. ein spezifisches Objekt. Charakteristisch für ›andere Angststörungen‹ ist das Fehlen einer solchen Kopplung – die Angst tritt entweder unerwartet auf oder ist frei flottierend (›schwebend‹, d. h. ein anhaltendes Gefühl diffuser Angst).

### Differenzialdiagnostik der Agoraphobie

*Herr T. (53 Jahre, Ingenieur): Das Unternehmen, in dem Herr T. als Ingenieur tätig ist, hat in Folge wirtschaftlicher Probleme in den vergangenen Jahren wiederholt Teile der Belegschaft gekündigt bzw. deren Arbeitsverträge nicht verlängert. Dadurch sei die Ar-*

*beitsbelastung stark gestiegen, was für Herrn T. in immensem Stress resultiert sei. Vor drei Jahren habe er auf seinem Arbeitsweg die erste Panikattacke erlebt. Seitdem habe er versucht, diesen Abschnitt der Fahrtstrecke zu vermeiden und weiche deshalb auf Landstraßen aus. Diese Vermeidung habe sich zunehmend »ausgebreitet«, sodass er inzwischen keine Strecken mehr mit Brücken, Tunneln oder Funklöchern befahre. Auf Nachfrage gibt er an, dass er auch seit zwei Jahren nicht mehr in der Innenstadt gewesen sei und Einkäufe nur zu ruhigen Ladenzeiten erledige.*

Kernmerkmal der Agoraphobie (ICD-10: F40.0; in der ICD-11: 6B02) ist die Vermeidung von Situationen, in denen eine Flucht oder eine Inanspruchnahme von Hilfe nur eingeschränkt möglich wäre und in denen die Patient:innen spezifische negative Konsequenzen befürchten. Die befürchtete negative Konsequenz besteht in der Regel entweder aus einer Panikattacke (d. h. die Betroffenen haben Angst vor der Angst), aus einer medizinischen Komplikation (z. B. die Betroffenen haben Angst, sie könnten einen Herzinfarkt erleiden) oder in einer Blamage (z. B. die Betroffenen haben Angst, plötzlich zur Toilette zu müssen und anderen Personen dadurch Umstände zu machen). Typische agoraphobische Situationen sind Menschenmengen, öffentliche Transportmittel, das Anstehen in Kassenschlangen und Autobahnen.

*Abgrenzung zwischen Agoraphobie und unipolar-affektiven Störungen.* Im Rahmen einer Agoraphobie kommt es häufig zu depressiven Symptomen und im Rahmen einer depressiven Störung häufig zu agoraphobisch anmutenden Symptomen, ohne dass die Kriterien der jeweils anderen Störung erfüllt wären. Für die differenzialdiagnostische Abgrenzung sind Informationen über die Ursachen und Trigger der Symptomatik und die Reihenfolge des Auftretens der Symptome essenziell.

- Bei mittelgradigen bis schweren depressiven Episoden kann ein starkes Rückzugsverhalten und ein Vermeiden von Menschenmengen und Einkaufszentren auftreten, wodurch die Symptomatik an eine Agoraphobie erinnern kann. Bei unipolar-affektiven Störungen ist der soziale Rückzug jedoch eine Folge des Antriebs- und Interessensverlusts und die Vermeidung von Menschenmengen eine Konsequenz starker innerer Unruhe (subjektives Gefühl der Überreizung durch Stimuli). Angst vor der Angst oder die Sorge, einen ›sicheren Hafen‹ nicht erreichen zu können, spielen hingegen nur eine untergeordnete Rolle. Darum sollte im Rahmen von Verhaltensanalysen abgeklärt werden, was an den ›agoraphobischen Situationen‹ für die Betroffenen unangenehm ist (z. B. Reizüberflutung vs. das Gefühl, eingesperrt zu sein).
- Die Einschränkungen im Rahmen einer Agoraphobie können zum Aufkommen von Niedergeschlagenheit und zu einer Verschlechterung des Selbstwertgefühls beitragen, wie man sie auch von depressiven Erkrankungen kennt. Da die depressiven Symptome in diesen Fällen sekundär auftreten, ist es zielführend, abzuklären, in welcher Reihenfolge die Symptome aufgetreten sind. Darüber hinaus sollte geklärt werden, was die betroffene Person emotional niederschlägt und an ihrem Wert zweifeln lässt (z. B. Hoffnungslosigkeit und generelle Unzufriedenheit mit der eigenen Person vs. Unzufriedenheit mit den Folgen des Vermeidungsverhaltens und über die eigene Unfähigkeit, diese Situationen zu meistern).

*Abgrenzung zwischen Agoraphobie und sozialer Phobie.* Durch die scheinbar distinkten Befürchtungen (d. h. nicht entkommen können/keine Hilfe erhalten können vs. ausgelacht/beschämt werden) sind die Agoraphobie und die Soziale Phobie (F40.1, in der ICD-11:6B04) im Regelfall gut voneinander abzugrenzen. Schwierigkeiten bzw. Verwechslungen können jedoch auftreten, wenn im Rahmen einer sozialen Phobie vor allem von Angst in Menschengruppen oder in Einkaufszentren berichtet wird (typisch agoraphobische Situationen) oder wenn im Rahmen der Agoraphobie neben Angsterleben auch Schamerleben auftritt (eine typisch sozialphobische Reaktion).

(Mittel-)Große Gruppen können auch für Personen mit sozialer Phobie im besonderen Maße schwierig sein, da es mehrere Beobachter gibt, die Möglichkeit besteht, ins Zentrum der Aufmerksamkeit zu geraten, die ›Kommunikationsregeln‹ unklar sein können (Wer spricht wann wie viel mit wem?) usw. Einkaufszentren sind für Personen mit sozialer Phobie manchmal angstbesetzt, da die Betroffenen Situationen scheuen, in denen sie Mitarbeiter:innen um Hilfe bitten oder eine Beratung in Anspruch nehmen müssten oder in denen andere Personen sie bei ›ungeschicktem‹ Einkaufsverhalten beobachten könnten. Für eine Abgrenzung ist es in solchen Fällen daher wichtig, zu eruieren, welche katastrophalen Befürchtungen in der jeweiligen Situation bestehen. Um die Befürchtungen zu identifizieren, kann es zielführend sein, zu erfragen, wie die Betroffenen die Konfrontation mit der angstbesetzten Situation vorbereiten und welche Gedanken nach den kritischen Situationen auftreten.

> *Beispiel Agoraphobie:* »Wenn ich es nicht vermeiden könnte, in ein fremdes Einkaufszentrum zu gehen? Ich würde vermutlich zunächst im Internet nach den Stoßzeiten und einer Fahrroute, die über Land führt, suchen. Vor Ort würde ich erstmal schauen, wie viel auf dem Parkplatz los ist – wenn der schon gerammelt voll ist, würde ich wieder nach Hause fahren und ein andermal zurückkommen. In einem Geschäft würde ich zuerst schauen, wo die Ausgänge und die Toiletten sind. Um möglichst schnell alles Notwendige beisammen zu haben, gehe ich generell nur mit einem Einkaufszettel einkaufen.«

> *Beispiel Soziale Phobie:* »Ob ich mich irgendwie auf Gespräche mit Angestellten vorbereite? Ich würde erstmal versuchen, es zu vermeiden, die Angestellten unnötig anzusprechen. Das heißt, ich würde mehrfach kontrollieren, ob das Produkt auch wirklich nicht da ist. Dann würde ich mir zurechtlegen, was ich sagen könnte und wie ich reagieren könnte, falls die Person meine Bitte ablehnt. In jedem Fall würde ich nur Angestellte behelligen, bei denen ich sehe, dass sie momentan nicht zu viel zu tun haben. Nach dem Gespräch würde ich mir darüber Gedanken machen, ob ich alles richtig gemacht oder ob ich mich blöd verhalten habe. Das kann schon eine Weile in Anspruch nehmen – manchmal verfolgt es mich noch Tage danach.«

Wie im Rahmen einer Sozialen Phobie kann bei einer Agoraphobie in den phobischen Situationen auch starkes Schamerleben auftreten. Betroffene beider Störungen befürchten dabei unter anderem Beschämung durch sichtbare körperliche Folgen der Angst (z. B. in Ohnmacht fallen, hyperventilieren, erröten) – diese Befürchtungen sind daher nur begrenzt für die differenzialdiagnostische Abklärung geeignet.

Falls starkes Schamerleben vorherrscht, sollte daher exploriert werden, was ansonsten (also neben den körperlichen Folgen der Angst) an der Situation beschämend sein könnte. Personen mit Sozialer Phobie berichten hierbei in der Regel von ›ungeschicktem‹ Sozialverhalten (z. B. sie könnten stottern, verklemmt wirken, etwas Dummes sagen). Personen mit Agoraphobie befürchten hingegen in der Regel das der Angst nachfolgende Fluchtverhalten könnte beschämend sein (z. B. die Ware auf dem Kassenband liegen lassen und hinaus gehen).

Ist die Abgrenzung beider Störungen schwierig, sollte zudem explizit nach Angst bzw. Vermeidung in Situationen gefragt werden, die ›rein‹ sozialphobisch (z. B. allein mit einer fremden Person auf der Straße sprechen) bzw. ›rein‹ agoraphobisch (z. B. allein im Wald wandern gehen) sind. Die klinisch-diagnostischen Leitlinien der ICD-10 sehen zudem vor, dass im Zweifelsfall die Diagnose der Agoraphobie der Diagnose einer sozialen Phobie vorzuziehen sei (Dilling, 2015).

*Abgrenzung von Agoraphobie und Klaustrophobie.* Viele agoraphobische Situationen werden auch von Personen mit Klaustrophobie (Spezifische Phobie, ICD-10: F40.2; in der ICD-11: 6B03) als beängstigend erlebt (z. B. dicht gedrängt in einer Menschenmenge stehen). Umgekehrt sind auch viele Situationen, die mit räumlicher Enge verbunden sind, für Personen mit Agoraphobie angstbesetzt, da diese häufig mit einer reduzierten Möglichkeit zur Flucht und einer verringerten Verfügbarkeit externer Hilfe einhergehen (z. B. einen Aufzug benutzen). Zum Ausschluss einer Klaustrophobie eignet sich die Abfrage spezifischer Situationen, die für Personen mit Klaustrophobie schwierig, jedoch für Personen mit Agoraphobie oftmals unproblematisch sind, z. B. allein in einem kleinen Raum mit Tür sein, Enge im Kopfbereich tolerieren (z. B. etwas aus einer engen Dachkammer holen). Zum Ausschluss einer Agoraphobie eignet sich im Umkehrschluss die Abfrage von spezifischen Situationen, die für Personen mit Agoraphobie schwierig, aber für Personen mit Klaustrophobie in der Regel unproblematisch sind, z. B. in einem leeren Zug fahren, auf einem offenen Platz allein sein, im Ausland sein (Achtung: Nicht der Flug oder der Reiseweg dorthin, die durchaus mit räumlicher Enge assoziiert sein können), allein auf einer Brücke stehen, allein im Wald sein.

*Abgrenzung der Agoraphobie von der Posttraumatischen Belastungsstörung.* In vielen Fällen sind die Posttraumatische Belastungsstörung (PTBS, F43.1, in der ICD-11: 6B40) und die Agoraphobie leicht voneinander abgrenzbar. Schwierigkeiten bzw. Fehlschlüsse können jedoch entstehen, wenn Traumatisierungen im Kontext agoraphobischer Situationen stattfanden (z. B. in Menschenmengen, auf Zugfahrten) und deswegen zur Vermeidung ebendieser Situationen führen. Eine weitere Quelle von Unsicherheiten kann entstehen, wenn die beginnende agoraphobische Symptomatik auf ein potenziell traumatisches Ereignis zurückzuführen ist (z. B. ein Herzinfarkt, die folgende Operation und der anschließende Aufenthalt auf der Intensivstation). Die Abgrenzung gelingt dabei am besten durch die PTBS-spezifische Symptomatik und die enge Assoziation der PTBS-Symptomatik mit dem Traumakontext:

- Nur bei der PTBS tritt dissoziatives Wiedererleben auf (z. B. in Form von Flashbacks bezogen auf das traumatische Ereignis) – das Vorhandensein dissozia-

tiven Wiedererlebens ist daher ein starker Hinweis auf das Vorliegen einer PTBS, ihr Fehlen spricht hingegen klar gegen die Diagnose (vor allem in der ICD-11).
- Das Vermeidungsverhalten im Kontext der PTBS ist klar an den Traumakontext und den ›Inhalt‹ des Traumas gebunden (z. B. Angst in einer Menschenmenge, einen Anschlag zu erleben oder vergewaltigt zu werden), bei der Agoraphobie werden hingegen auch Situationen ohne Traumabezug vermieden und die Befürchtungen beinhalten in der Regel keine Aggression bzw. Bedrohung durch fremde Personen.
- Bei der Agoraphobie (insbesondere bei komorbider Panikstörung) wird das Vermeidungsverhalten häufig mit der Angst vor einem (erneuten) medizinischen Zwischenfall begründet. Liegt eine Agoraphobie vor, werden hierbei jedoch ausschließlich Situationen mit einem (vermeintlich) höheren Risiko für einen erneuten medizinischen Zwischenfall gemieden – nicht die medizinische Versorgung (d. h. Krankenhäuser, Personen in Arztkitteln) selbst. Letzteres wäre im Rahmen einer PTBS in Folge eines Traumas im medizinischen Setting zu erwarten.

*Weitere Stolperfallen bei der Abklärung einer Agoraphobie.* Personen mit Agoraphobie (insbesondere Patient:innen mit langer Erkrankungsgeschichte) suchen teilweise die gefürchteten Situationen auf, ohne Panikattacken zu erleiden. In solchen Fällen spielt sich das Vermeidungsverhalten in der Regel verdeckt ab, z. B. die Betroffenen:

- kontrollieren, wo Notausgänge sind;
- versuchen, ihre Einkäufe schnellstmöglich zu erledigen;
- gehen nur mit Einkaufszettel einkaufen, um Aufenthalte möglichst kurz zu halten;
- gehen nur mit Sicherheitsankern in agoraphobische Situationen (z. B. mit Medikamenten);
- suchen nach einem Fixationspunkt und versuchen die Situation auszublenden;
- bleiben immer am Rand des mit Menschen gefüllten Raums.

Bei Verdacht auf Agoraphobie sollte daher auch abgefragt werden, wie sich Patient:innen in Situationen verhalten, die oftmals nicht dauerhaft vermieden werden können (z. B. beim Einkauf). Die Erfassung verdeckter Vermeidung ist insbesondere für die Durchführung der Expositionstherapien essenziell (da unbemerktes verdecktes Vermeidungsverhalten die Effektivität der Therapie bedeutsam einschränken kann).

*Wichtige Unterschiede zwischen den Klassifikationssystemen:* In der ICD-10 kann die Agoraphobie mit und ohne Panikstörung vergeben werden. In der ICD-11 kann die Kodierung der Agoraphobie um den Zusatz ›mit Panikattacken‹ ergänzt werden. Im DSM-5 stellen Panikstörung und Agoraphobie ›normale‹ komorbide Erkrankungen dar – es gibt keine eigene Kodierung für ihr gemeinsames Auftreten.

## Differenzialdiagnostik der Sozialen Phobie

*Herr M. (21 Jahre alt, Student): Herr M. berichtet, er sei schon zu Schulzeiten eher introvertiert gewesen und habe sich selten am Unterricht beteiligt. Obwohl er ein guter Schüler gewesen sei, seien seine Mitarbeitsnoten stets hinter den Erwartungen zurück-*

> *geblieben. Das Psychologiestudium bereite ihm nun große Probleme, da Referate ein häufiger Bestandteil von Seminaren seien – da er diese Situationen vermieden habe, habe er teilweise Seminare nicht abschließen können. Ihm sei es zudem noch nicht gelungen, Anschluss bei seinen Kommilitonen zu finden – es falle ihm sehr schwer, auf fremde Personen zuzugehen und sich an Gruppengesprächen zu beteiligen. Er habe dann Angst, etwas Falsches zu sagen, sich lächerlich zu machen oder sonst irgendwie Spott auf sich zu ziehen. In die Mensa hätte er sich ebenfalls noch nicht getraut, da er nicht wisse, wie die Essensausgabe ablaufe und er Sorge habe, er könne sich ungeschickt verhalten oder sich »komplett verkleckern«.*

Die Soziale Phobie (ICD-10: F40.1; in der ICD-11: 6B04) ist durch Vermeidungsverhalten sowie Angst und Scham in sozialen Situationen gekennzeichnet. Scham ist – wie Angst auch – eine grundsätzlich nützliche Emotion, die Verhalten, das zum Ausschluss aus sozialen Gruppen führen könnte, reduzieren soll. Bei der Sozialen Phobie ist diese Schutzfunktion jedoch ad absurdum geführt, da sie die Betroffenen aus Angst und Scham heraus selbst isolieren.

*Abgrenzung der Sozialen Phobie von unipolar-affektiven Störungen.* Die Abgrenzung zwischen unipolar-affektiven Störungen und Sozialer Phobie wird dadurch erschwert, dass sozialer Rückzug und Schamerleben eine häufige Begleiterscheinung depressiver Erkrankungen sind. Umgekehrt treten Niedergeschlagenheit und geringes Selbstwertgefühl auch bei sozialen Phobien gehäuft auf. Hinweise zur Differenzierung geben der zeitliche Verlauf der Symptome, die Ursache für den sozialen Rückzug und die Assoziation der Symptomatik mit sozialphobischen Kontexten:

- Soziale Phobien haben in der Regel einen zeitlich stabilen Verlauf. Episodenhafte Schwankungen der Symptomatik (z. B. für mehrere Monate werden soziale Situationen gemieden und im Anschluss für mehrere Monate wieder problemlos aufgesucht) sprechen daher gegen das Vorliegen einer Sozialen Phobie.
- Sozialer Rückzug tritt bei depressiven Störungen als Konsequenz von Niedergeschlagenheit, Antriebsverlust und Interessenlosigkeit auf. Bei Sozialen Phobien ist hingegen zuerst die Vermeidung sozialer Situationen und eine im Anschluss eintretende Verschlechterung der Stimmung zu beobachten. Die Reihenfolge des Auftretens der Symptomatik sollte daher exploriert werden.
- Personen mit depressiven Erkrankungen schämen sich i. d. R. nicht per se für ihr Sozialverhalten, sondern für die nach außen sichtbaren Folgen der depressiven Störung, z. B. Konzentrationsprobleme, ungepflegtes Äußeres, reduzierte Leistungsfähigkeit.

*Abgrenzung der Sozialen Phobie von Essstörungen.* Obwohl die Symptomatik von Personen mit Essstörungen und Sozialer Phobie zunächst sehr unterschiedlich scheint, können im Rahmen beider Störungsbilder Merkmale vorliegen, die eine Differenzierung erschweren.

- Sowohl im Rahmen von Essstörungen als auch bei Vorliegen einer Sozialen Phobie fällt es den Betroffenen oft schwer, vor anderen Personen zu essen. Bei Personen mit

Essstörungen bestehen dabei Sorgen, sie könnten auf rigides Essverhalten (z. B. Aussortieren von Nüssen aus einem Salat) oder zu große/zu kleine Essensportionen angesprochen werden bzw. die Beteiligten könnten sie drängen mehr/weniger oder anders zu essen. Im Gegensatz dazu befürchten Personen mit Sozialer Phobie, ihnen könnte beim Essen ein Missgeschick passieren (z. B. sie könnten sich verkleckern oder sie könnten nicht ›richtig‹ mit Messer und Gabel essen).
- Ebenso treten bei beiden Störungsbildern Sorgen über die Wahrnehmung durch andere auf. Bei Personen mit Essstörung drehen sich diese Sorgen primär um ihr Gewicht, ihre Körperproportionen oder (vermeintliche) Makel ihres Körpers. Angst aufgrund des Aussehens abgewertet oder beschämt zu werden kann zwar ebenfalls bei Personen mit Sozialer Phobie auftreten. Darüber hinaus schämen sich Personen mit Sozialer Phobie jedoch vor allem für die eigenen Bewegungsabläufe, körperlich sichtbare Angstsymptome oder dafür, die (vermeintlich) falsche Kleidung zu tragen.

*Weitere Hinweise zur Diagnostik einer Sozialen Phobie.* Neben der Abfrage der reinen Symptomkriterien ist es hilfreich, ›weiche‹ Kriterien der Sozialen Phobie abzufragen:

- *Verhalten im Vorfeld von sozialen Situationen:* Personen mit Sozialer Phobie legen sich häufig vor sozialen Situationen bestimmte Sätze zurecht oder machen sich Sorgen, welches Verhalten in der anstehenden Situation ›richtig‹ sein könnte. Teilweise suchen sie dabei auch im Internet nach Ratgebern oder informieren sich vorab über Themen, die in einer sozialen Gruppe relevant sein könnten.
- *Verhalten in sozialen Situationen:* Personen mit Sozialer Phobie sind in sozialen Situationen mit ihrer Aufmerksamkeit ganz bei sich und können sich nur schwer auf die stattfindenden Gespräche oder andere Personen konzentrieren. Dies trägt erheblich dazu bei, dass die Betroffenen sich in den sozialen Situationen teilweise tatsächlich ›seltsam‹ verhalten (d. h. Blickkontakt vermeiden, sich nicht spontan äußern, sich nicht zu einer Gruppe dazugesellen), was ihre Angst vor Ausgrenzung weiter erhöht.
- *Verhalten nach sozialen Situationen:* Im Anschluss an soziale Situationen grübeln die Betroffenen häufig darüber nach, ob sie alles richtig gemacht haben oder machen sich Vorwürfe über ihr (vermeintlich) falsches Verhalten.

*Weitere Differenzialdiagnosen der Sozialen Phobie.* Die Abgrenzung der Sozialen Phobie von der Agoraphobie wurde bereits dargestellt. Die Abgrenzung der Sozialen Phobie von der Vermeidend-selbstunsicheren Persönlichkeitsstörung findet sich in Kapitel 5 des Buchs (▶ Kap. 5).

*Wichtige Unterschiede zwischen ICD-10 und DSM-5.* In der ICD-10/-11 ist Prüfungsangst den Spezifischen Phobien zugeordnet, im DSM-5 der Sozialen Phobie.

### Differenzialdiagnostik der Spezifischen Phobie

*Frau R. (27 Jahre, Sozialarbeiterin): Frau R. habe sich vor kurzem verlobt – die Hochzeitsvorbereitungen seien in vollem Gange. Die Hochzeitsreise würde sie voraus-*

*sichtlich nach Südostasien führen – eine Reise, für die mehrere Impfungen notwendig würden, was Frau R. vor eine große Herausforderung stelle. Sie leide, seit sie sich erinnern könne an einer ausgeprägten Blut- und Spritzenphobie. Schon kleinere Missgeschicke, wie ein Schnitt in den Finger bei der Essenszubereitung, riefen bei ihr eine starke körperliche Angstreaktion hervor – ihr Blutdruck sacke ab, sie sehe nur noch Punkte und ihr werde schwindelig. Die gleiche Symptomatik habe sie im Kindes- und Jugendalter wiederholt beim Kontakt mit Nadeln und Spritzen erlebt, z. B. beim Zahnarzt.*

Bei Spezifischen Phobien (ICD-10: F40.2; in der ICD-11: 6B03) leiden die Betroffenen unter einer übermäßigen Angst bzw. einem übermäßigen Vermeidungsverhalten gegenüber spezifischen Objekten bzw. Situationen (z. B. Tieren, Höhe, Blut, Spritzen). Gegenwärtig wird eine Interaktion aus Lernerfahrungen (d. h. klassischer Konditionierung und Modelllernen) und genetischer Disposition als Ursache für Spezifische Phobien angenommen (Van Houtem, Laine, Ligthart, Van Wijk & De Jongh, 2013).

*Abgrenzung der Spezifischen Phobie von der Posttraumatischen Belastungsstörung.* Wie bei Spezifischen Phobien können auch im Kontext einer PTBS objektiv ungefährliche Stimuli starke Angstreaktionen auslösen. Besteht bei einer Person mit einer (vermeintlichen) Spezifischen Phobie eine Traumatisierung, sollte geprüft werden, ob ein inhaltlicher Zusammenhang zwischen dem phobischen Objekt und Inhalten des Traumas besteht. Falls ja, ist zu prüfen, ob das phobische Objekt schon vor Eintreten der Traumatisierung angstbesetzt war oder nicht. Eine Subsumierung der Angst unter eine mögliche PTBS setzt voraus, dass die Angst nach der Traumatisierung begann.

*Abgrenzung der Spezifischen Phobie von der Zwangsstörung.* Bei beiden Störungen können Angst, Flucht und Vermeidungsverhalten gegenüber objektiv ungefährlichen Objekten/Situationen auftreten – bei Spezifischen Phobien ist das immer so, bei Zwangsstörungen ist es abhängig vom spezifischen Zwangsgedanken. Während es bei Spezifischen Phobien jedoch eher typisch ist, dass die Betroffenen nicht genau benennen können, weshalb sie die Objekte/Situationen fürchten bzw. vermeiden (z. B. »Wenn ich auf einer Aussichtsplattform bin oder eine Gittertreppe benutze (durch die man durchschauen kann), wird mir ganz anders. Mir ist vollkommen klar, dass die Dinger stabil sind, aber das kommt ganz von selbst«), haben Zwangspatient:innen in der Regel sehr konkrete Befürchtungen bezüglich der möglichen Konsequenzen einer Konfrontation mit dem Objekt/der Situationen (z. B. »ich habe in solchen Höhen Angst, dass ich plötzlich springen könnte.« (▶ das Fallbeispiel von Herrn D. in Kapitel 2).

*Weitere Differenzialdiagnosen der Spezifischen Phobie.* Die Abgrenzung der Klaustrophobie (Spezifische Phobie) von der Agoraphobie ist bereits zuvor beschrieben worden.

## Differenzialdiagnostik der Panikstörung

*Frau K. (34 Jahre, Hausfrau): Frau K. berichtet, sie habe sich im vergangenen Jahr mit dem Gedanken getragen, sich von ihrem Ehemann scheiden zu lassen. Diese Überle-*

*gungen hätten für sie etwas sehr Befreiendes und gleichzeitig Beängstigendes gehabt. In dieser Phase hätte es begonnen, dass sie wie aus dem Nichts heraus Atemprobleme entwickelt habe – sie habe das Gefühl gehabt, es ›passe nicht genug Luft‹ in ihre Lunge. Nur sehr selten sei es ihr gelungen, ihren Atem wieder zu beruhigen, in den meisten Fällen habe stattdessen ihr Herz angefangen zu rasen. Ihr sei dann auch ganz heiß geworden und sie habe begonnen, zu zittern. Anfangs war sie sich ganz sicher, sie würde einen Herzinfarkt bekommen – zweimal habe sie den Notarzt gerufen.*

Panikstörungen (ICD-10: F41.0; in der ICD-11: 6B01) sind durch anfallsartige Angstattacken gekennzeichnet, die für die Betroffenen unerwartet auftreten. Dabei unterscheidet sich die Panikstörung von den anderen Angststörungen dahingehend, dass kein spezifisches Objekt und auch keine spezifische Situation benannt werden können, die die Angst auslösen.

*Abgrenzung der Panikstörung von unipolar-affektiven Störungen.* Obwohl die Panikstörung und depressive Erkrankungen zunächst eine sehr unterschiedliche Symptomatik aufweisen, ist ihre genauere Abgrenzung häufig notwendig. Das liegt zum einen daran, dass Panikattacken eine häufige Begleiterscheinung depressiver Erkrankungen darstellen – ein Umstand der in der ICD-11 spezifisch kodiert werden kann. Zum anderen sind Niedergeschlagenheit, sozialer Rückzug und Grübeln häufige Begleiterscheinungen der Panikstörung – ohne, dass die Kriterien einer depressiven Episode erfüllt sein müssen. Für eine Abgrenzung sollten deswegen folgende Aspekte berücksichtigt werden:

- Panikattacken im Rahmen depressiver Erkrankungen treten i. d. R. nicht unerwartet auf, stattdessen resultieren sie aus Sorgen oder Grübeln. In der ICD-11 wird eine komorbide Panikstörung daher nur kodiert, wenn neben der unipolar-affektiven Störung wiederholt unerwartete Panikattacken ohne Bezug zu negativen Kognitionen auftreten.
- Bei Panikstörungen bezieht sich Grübeln in der Regel auf den eigenen Gesundheitszustand bzw. auf die Panikattacken selbst (z. B. »Sind diese Attacken ein Anzeichen für einen drohenden Herzinfarkt?«). Im Rahmen von depressiven Erkrankungen wird wiederum entweder über die depressive Symptomatik selbst (z. B. »Warum bin ich nicht in der Lage mich aufzuraffen?«) oder über (vermeintliche) Fehlentscheidungen gegrübelt (z. B. »Wie konnte ich damals so blöd sein?«).
- Die Niedergeschlagenheit im Rahmen von Panikstörungen beschränkt sich weitestgehend auf die Einschränkungen, die durch die Panikstörung entstanden sind (z. B. »Es macht mich fertig, dass ich meinen Hobbys nicht mehr nachgehen kann... ich habe total angefangen mich zurückzuziehen.«). Die Stimmung von Panikpatient:innen ist dabei jedoch häufig aufhellbar (d. h. wenn etwas Positives passiert, treten entsprechende Emotionen auf).

*Abgrenzung der Panikstörung von der Generalisierten Angststörung.* Eine Abgrenzung zwischen der Panikstörung und der Generalisierten Angststörung wird häufig dadurch erschwert, dass der Begriff ›Panikattacke‹ von den Patient:innen i. d. R. umgangssprachlich genutzt wird, ohne dass dabei notwendigerweise die Kriterien einer Panikstörung erfüllt sind. Daher ist es sinnvoll, sich den Verlauf einzelner ›Panikattacken‹ genau beschreiben zu lassen. Dies ist insbesondere wichtig, um festzustellen, ob die Angst tatsächlich ohne konkreten Auslöser oder als Folge von Sorgen und Grübeln auftritt.

- Bei der Generalisierten Angststörung sind die Ängste frei flottierend (›schwebend‹, d. h. ein anhaltendes Gefühl diffuser Angst) bzw. sind an Sorgenketten gekoppelt. In der Folge dauern Angstzustände bei der Generalisierten Angststörung häufig über mehrere Stunden bei niedriger bis moderater Intensität an.
- Bei der Panikstörung treten die Ängste hingegen plötzlich und unerwartet auf. Die Angst erreicht schnell eine hohe Intensität, hält diese kurz und flacht im Anschluss wieder ab (nur in Ausnahmen länger als 10–30 min).

Da in der ICD-11 eine Generalisierte Angststörung ›mit Panikattacken‹ kodiert werden kann, ist hier die Kopplung der Angst an Sorgen das relevante Kriterium für die Abgrenzung der beiden Störungsbilder.

*Abgrenzung der Panikstörung von der Hypochondrie bzw. Krankheitsangststörung.* Die Abgrenzung der beiden Störungen wird dadurch erschwert, dass Patient:innen mit Panikstörung häufig große Gesundheitssorgen aufweisen und Personen mit Hypochondrie ihrerseits von starken Ängsten berichten. Relevant für die Differenzialdiagnostik sind in erster Linie die Reihenfolge und der Ablauf von Angst und Gesundheitssorgen:

- Bei der Hypochondrie besteht die Befürchtung, dass eine schwerwiegende Erkrankung vorliegt. Diese Befürchtung löst eine körperliche Angstreaktion aus, die meistens relativ lange bei niedriger bis moderater Intensität andauert.
- Bei der Panikstörung treten plötzliche und unerwartete Angstattacken von hoher Intensität und kurzer Dauer auf, die bei Betroffenen unmittelbare Sorgen um ihre Gesundheit auslösen können (z. B. »Habe ich einen Herzinfarkt?«). Alternativ können die Betroffenen auch medizinische Komplikationen in Folge der Panikattacken befürchten (z. B. »Ich muss mich schonen, damit die Panik nicht mein Herz schädigt.«), weshalb sie Situationen meiden, die mit Paniksymptomen (z. B. beschleunigter Herzschlag, erhöhter Blutdruck) assoziiert sind.

Sollte es in Folge der Krankheitsängste zu einzelnen (sorgenassoziierten) Panikattacken kommen, kann dies in der ICD-11 zusätzlich zur Hypochondrie kodiert werden.

### Differenzialdiagnostik der Generalisierten Angststörung

*Frau H. (57 Jahre, Lehrerin): Frau H. litt im vergangenen Herbst unter einer depressiven Symptomatik (Niedergeschlagenheit, Interessensverlust, Energieverlust, Konzentrationsprobleme, Schlafprobleme), die unter Gabe von selektiven Serotonin-Wiederaufnahmehemmern vollständig remittierte. Ihr Psychiater habe ihr dennoch die Aufnahme einer*

*Psychotherapie empfohlen. Hintergrund sei, dass Frau H. sich noch immer große Sorgen um Probleme des Alltags mache, z. B. befürchte sie, dass ihren Enkelkindern oder ihrem Mann etwas zustoßen könne bzw. dass diese krank werden könnten. Sie mache sich zudem schon seit Jahren Sorgen, das Auto könne demnächst »den Geist aufgeben« oder es könnte zu sonstigen finanziellen Belastungen kommen. Wenn Sie zu einem Termin müsse, plane sie zudem immer zeitlichen Puffer ein, falls etwas »schief gehe«, weshalb Frau H z. B. immer bereits 20 Minuten vor ihrem Psychotherapietermin im Wartezimmer sitzt. Sie gibt an, dass sie vergleichbare Sorgen eigentlich »schon immer« habe und bereits seit ihrer Jugend kenne.*

Typisch für die Generalisierte Angststörung (ICD-10: F41.1; in der ICD-11: 6B00) ist eine in Dauer und Intensität normabweichende Beschäftigung mit Alltagssorgen (z. B. einem Angehörigen könne etwas zustoßen; das Auto könne kaputt gehen; man könne krank werden; man könne zu spät zu einem Termin kommen). Ähnlich wie die Angst bei der Panikstörung ist die Angst bei der Generalisierten Angststörung dabei nicht an spezifische Objekte oder Situationen gebunden. Stattdessen gibt es ›unspezifische‹ Auslöser (z. B. ein ›komisches Geräusch‹ am Auto, das Zuspätkommen des Kindes), die zunächst eine Sorge und in der Folge Angst auslösen.

*Abgrenzung zwischen der Generalisierten Angststörung und unipolar-affektiven Störungen.* Die Kriterien der Generalisierten Angststörung und der unipolar-affektiven Störungen weisen einige überlappende bzw. ähnliche Symptomcluster auf, die eine Abgrenzung erschweren: Schlafprobleme, psychomotorische Unruhe bzw. Nervosität, Muskelverspannung, Zittern, Grübeln bzw. Sorgen. Darüber hinaus treten Angstzustände und Alltagssorgen auch bei depressiven Erkrankungen gehäuft auf, weshalb die ICD-11 die Zusatzkodierung ›mit bedeutsamer Angstsymptomatik‹ (6A80.0) bei unipolar-affektiven Störungen ermöglicht. Falls die Kriterien einer depressiven Störung erfüllt sind, ist daher in jedem Fall die unipolar-affektive Störung zu diagnostizieren – dabei ist vor allem auf das Zeitkriterium depressiver Episoden zu achten, da auch Personen mit Generalisierter Angststörung die Kriterien einer unipolar-affektiven Störung an einzelnen Tagen erfüllen können. Auch wenn die Kriterien einer depressiven Störung erfüllt sind, ist zu prüfen, ob gegebenenfalls die vorhandenen Symptome einer Generalisierten Angststörung in der Vergangenheit auch bei Fehlen depressiver Symptome vorlagen (für die geforderte Dauer von mindestens sechs Monaten).

*Weitere Differenzialdiagnosen der Generalisierten Angststörung.* Die Abgrenzung der Generalisierten Angststörung von der Panikstörung wurde bereits zuvor dargestellt. Darüber hinaus muss eine Abgrenzung zur Vermeidend-selbstunsicheren Persönlichkeitsstörung erfolgen, die in Kapitel 5 beschrieben wird (▶ Kap. 5).

## Differenzialdiagnostik von Zwangsstörungen

*Herr B. (32 Jahre, Elektriker): Herr B. berichtet, er könne seit mehreren Monaten seiner beruflichen Tätigkeit kaum noch nachgehen. Die Problematik habe schon vor zwei Jahren begonnen und sich dann immer weiter zugespitzt. Zunächst hätte es damit angefangen, dass er all seine Arbeitsschritte immer wieder kontrolliert habe – über ein Maß hinaus, das seinen Kollegen – und zunehmend auch ihm – nicht mehr ›normal‹ vorgekommen sei. Immer häufiger sei er nach Feierabend noch einmal zu den Wohnungen und Häusern, in denen er gearbeitet habe, zurückgefahren. Ursächlich sei der Gedanke gewesen, dass es ja sein könne, dass er einen Fehler begangen habe, aus dem heraus ein Brand resultieren könnte. Einige Male sei er auch mitten in der Nacht aufgestanden und nochmal losgefahren, da er sonst nicht mehr habe schlafen können. Inzwischen fotografiere er alle seine Arbeitsschritte penibel aus mehreren Blickwinkeln – am Abend kontrolliere er dann wiederholt anhand der Fotos, ob er alles richtig gemacht habe.*

Bei Zwangsstörungen (ICD-10: F42; in der ICD-11: 6B20) handelt es sich um ›Zweifelkrankheiten‹ (Summerfeldt, 2004). Die Betroffenen haben in der Regel ein ›Unvollständigkeitsgefühl‹, das sie an der Korrektheit ihrer Wahrnehmungen bzw. der Willkürlichkeit ihrer Handlungen zweifeln lässt (Taylor, McKay, Crowe, Abramowitz, Conelea, Calamari, & Sica, 2014). In der Folge können scheinbar unkontrollierbare Gedanken mit (subjektiv) bedrohlichen Inhalten auftreten (z. B. »Was, wenn ich doch pädophil bin?«; »Was, wenn ich den Radfahrer doch angefahren habe?«; »Was, wenn ich den Herd doch nicht ausgeschaltet habe?«), die sich den Betroffenen aufzwingen und häufig Auslöser von Zwangshandlungen sind (z. B. Dinge immer wieder kontrollieren, sich immer wieder die Hände waschen, Handlungen nur auf die ›richtige‹ ritualisierte Weise ausführen).

*Abgrenzung der Zwangsstörung von psychotischen Erkrankungen.* Zwangsgedanken können Merkmale aufweisen, die an psychotische Symptome erinnern:

- Zwangsgedanken können Anzeichen von ›magischem Denken‹ beinhalten, d. h. es werden Zusammenhänge zwischen Ereignissen angenommen zwischen denen kein Zusammenhang bestehen kann (z. B. »Falls ich nicht die Ecken aller Möbelstücke zähle, wird meine Mutter einen schweren Unfall haben.«).
- Das mit Zwangsstörungen einhergehende Unvollständigkeitsgefühl kann zu ›befremdlich‹ anmutenden Wahrnehmungen bei den Betroffenen führen (z. B. »Ich bin nicht sicher, ob ich ganz aus dem Spiegel getreten bin.«)

Gleichzeitig gibt es Merkmale, die die Zwangsstörung (in der Regel) von psychotischen Störungen abheben:

- Die Betroffenen leisten den Gedanken und Verhaltensweisen Widerstand (z. B. Versuch, sich nicht die Hände zu waschen, auch wenn der Drang dazu besteht).
- Außerhalb von Trigger-Situationen ist das Zwangsverhalten zumeist ich-dyston (d. h. ich-fremd: Gedanken, Verhaltensweisen und Impulse werden als nicht zur eigenen Person gehörend erlebt).
- Die Betroffenen leiden darunter, dass sie die Zwangsgedanken nicht unterdrücken können (z. B. den Gedanken, sie könnten sich an einer Türklinke mit HIV infizieren). Hingegen leiden sie i. d. R. nicht unter der (vermeintlichen) Realität, die in den Gedanken zum Ausdruck kommt (z. B. alle Türen in der Stadt sind mit HIV verseucht), wie es bei psychotischen Erkrankungen i. d. R. der Fall wäre.

In der ICD-11 sind die ersten beiden dieser Kriterien jedoch nicht hinreichend für eine Abgrenzung, denn hier besteht die Möglichkeit als Zusatzkodierung anzugeben, ob eine ›mittlere bis hohe‹ oder auch eine ›geringe bis fehlende‹ Einsicht in die Irrationalität der Zwangsgedanken besteht (insbesondere bei Kindern ist eine ›geringe bis fehlende Einsicht‹ häufig und spricht gleichzeitig nicht für eine psychotische Erkrankung). In entsprechenden Grenzfällen ist zu prüfen, ob weitere psychotische Merkmale erfüllt sind, z. B. Halluzinationen, formale Denkstörungen, Beziehungswahn, verflachter Affekt.

*Abgrenzung der Zwangsstörung von der Hypochondrie bzw. Krankheitsangststörung.* Die Hypochondrie ähnelt in ihrer Symptomatik teilweise den Charakteristika einiger Subtypen der Zwangsstörung (z. B. bzgl. des Body Checking Behaviors, in Folge des Zwangsgedankens, man könne sich durch wunde Körperstellen mit HIV infizieren). Entsprechend wird die Hypochondrie in der ICD-11 dem Kapitel ›Zwangsstörungen und verwandte Erkrankungen‹ zugeordnet. In der ICD-10 ist sie hingegen Teil der Somatoformen Erkrankungen Differenzialdiagnostisch besteht ein wesentlicher Unterschied zwischen Zwangsstörung und Hypochondrie darin, dass bei der Zwangsstörung in der Regel die Annahme besteht, das drohende Unheil noch abwenden zu können (z. B. durch häufige Desinfektionen). Bei der Hypochondrie hingegen sind die Betroffenen in der Regel davon überzeugt, bereits erkrankt zu sein.

*Weitere Differenzialdiagnosen der Zwangsstörung.* Eine Abgrenzung der Zwangsstörung von der Spezifischen Phobie wurde bereits beschrieben. Eine Abgrenzung der Zwangsstörung von der Zwanghaften Persönlichkeitsstörung erfolgt im fünften Kapitel des Buchs (▶ Kap. 5).

### Differenzialdiagnostik der Posttraumatischen Belastungsstörung

*Frau Z. (37 Jahre, Krankenpflegerin): Frau Z. hat vor ca. 18 Monaten einen schweren Verkehrsunfall erlebt. Sie habe mit ihrem Fahrzeug relativ am Ende eines Staus gestanden, in den ein Lastkraftwagen »nahezu ungebremst hineingefahren« sei. Da sie selbst nur verhältnismäßig leicht verletzt worden war, habe sie versucht anderen Unfallopfern zu helfen. Obwohl sie von Berufswegen häufig mit verletzten Personen zu tun habe, hätte das katastrophale Ausmaß des Unfalls sie nachhaltig erschüttert. Sie leide unter Albträumen und Intrusionen, sei sehr schreckhaft und nervös – vor allem aber habe sie seitdem keine Autobahnen mehr genutzt und habe nicht mehr auf der Intensivstation arbeiten können.*

Die PTBS (ICD-10: F43.1; in der ICD-11: 6B40) ist gekennzeichnet durch Wiedererlebenssymptome, Vermeidungsverhalten und Übererregung. Kausale Ursache einer PTBS ist zwingend eine Traumatisierung, das heißt, ein Ereignis von katastrophalem und in der Regel lebensbedrohlichem Ausmaß. Bei ca. 75 % der Betroffenen beginnt die Symptomatik der PTBS innerhalb von sechs Monaten nach dem Trauma (Smid, Mooren, Van der Mast, & Gersons, & Kleber, 2009). Ein verzögerter Beginn hängt zumeist entweder mit einem Trigger-Ereignis (d. h. einer weiteren Traumatisierung oder einer per se nicht traumatischen, aber dem initialen Ereignis ähnlichen

Situation) oder mit einer Phase der Entspannung zusammen (z. B. nach einem Kriegseinsatz, wenn die Betroffenen versuchen, zur Ruhe zu kommen; Andrews, Brewin, Philpott & Stewart, 2007). Es ist angesichts der hohen Lebenszeitprävalenz traumatischer Ereignisse in der Allgemeinbevölkerung (ca. 70 % in Deutschland, Kessler et al., 2017). wichtig, sich dabei zu verdeutlichen, dass das Vorliegen einer Traumatisierung zwar eine zwingende Voraussetzung aber nicht hinreichend für die Vergabe der Diagnose einer PTBS ist.

*In Betracht zu ziehende alternative Störungsbilder.* Die Symptomatik der PTBS zeigt primär Überschneidungen mit der Symptomatik von Angststörungen (z. B. Vermeidung bestimmter Situationen und Objekte sowie Herzrasen, Nervosität, beschleunigte Atmung usw. bei Konfrontation mit diesen Situationen und Objekten). Bei sehr früher (z. B. Kindesmissbrauch) oder besonders schwerer (z. B. Erleben eines Genozids) Traumatisierung kann die Symptomatik zusätzlich Züge einer Persönlichkeitsstörung annehmen (z. B. emotionale Instabilität, Reduktion der Empathie), was gegebenenfalls die Vergabe einer Komplexen Posttraumatischen Belastungsstörung (ICD-11: 6B41) bzw. einer Andauernden Persönlichkeitsänderung nach Extrembelastung (ICD-10: F62.0) nahelegt. Insbesondere im DSM-5 (z. B. negative Affektivität), aber auch in der ICD-10 (z. B. Schlafschwierigkeiten, psychomotorische Unruhe) zeigen sich außerdem Ähnlichkeiten mit unipolar-affektiven Störungen.

*Allgemeine Abgrenzungskriterien der PTBS.* Eigenständiges Merkmal der PTBS gegenüber Angsterkrankungen, Persönlichkeitsstörungen und unipolar-affektiven Störungen sind (dissoziative) Wiedererlebenssymptome (d. h. Intrusionen, Flashbacks und Albträume). Darüber hinaus ist es differenzialdiagnostisch von besonderer Bedeutung, die enge Assoziation der Symptomatik mit der traumatischen Situation zu eruieren. Bezüglich Vermeidungssymptomen heißt das, dass geprüft werden muss, inwiefern die vermiedenen Situationen Charakteristika mit dem traumatischen Ereignis teilen (z. B. Dunkelheit, Regen, äußerliche Merkmale eines Aggressors). Dies kann in vielen Fällen direkt bei den Betroffenen erfragt werden. Da Vermeidungsverhalten in der Regel generalisiert (z. B. zunächst wird die Fahrt mit der U-Bahn vermieden, dann der Bahnhof, dann das Bahnhofsviertel), ist es dabei hilfreich, den zeitlichen Verlauf der Symptome zurückzuverfolgen und zu prüfen, welche Situationen initial vermieden wurden. Auch die Intensität von Übererregungssymptomen sollte in Abhängigkeit der Konfrontation mit traumaassoziierten Stimuli variieren. Das heißt beispielsweise, dass körperliche Angstsymptome in Gegenwart traumaassoziierter Hinweisreize ansteigen sollten und auch chronifizierte Symptome (z. B. Schlafprobleme) im Anschluss an solche Konfrontationen (vorübergehend) zunehmen sollten.

T: *»Leiden Sie unter Schlafproblemen?«*
P: *»Ja, ich habe große Probleme einzuschlafen. Teilweise habe ich auch Albträume.«*
T: *»Wie lange brauchen Sie ungefähr, um einzuschlafen?«*
P: *»Ich denke so 30 Minuten... vielleicht auch 40.«*
T: *»Wenn Sie sich an die Zeit vor dem Ereignis erinnern, hatten Sie da vergleichbare Schlafprobleme?«*

| | |
|---|---|
| P: | »*Immer mal wieder... ich hatte damals auch schon Schichtdienst gearbeitet...*« |
| T: | »*Hatten Sie im letzten Jahr eine Phase, in der Sie längere Zeit nicht im Schichtdienst gearbeitet haben, z. B. im Urlaub?*« |
| P: | »*Ja, vor Kurzem hatte ich drei Wochen Urlaub genommen.*« |
| T: | »*Hat das etwas an den Schlafproblemen verändert oder waren diese unverändert?*« |
| P: | »*In der ersten Woche war es eigentlich wie immer... danach wurde es deutlich besser.*« |
| T: | »*Sie hatten erwähnt, dass Sie teilweise Albträume haben. Von was handeln diese Albträume?*« |
| P: | »*Beinahe immer vom Unfall.*« |
| T: | »*Sind diese Albträume belastend für Sie?*« |
| P: | »*Sehr... teilweise kann ich danach nicht mehr einschlafen.*« |
| T: | »*Hatten Sie auch schon vor dem Unfall Albträume?* |
| P: | »*Ganz selten vielleicht... aber ich kann mich nicht erinnern, dass es jemals so heftig war wie jetzt.*« |

*Abgrenzung zwischen der PTBS und unipolar-affektiven Störungen*. Wie zuvor angedeutet, wurden insbesondere in die DSM-5-Kriterien einer Posttraumatischen Belastungsstörung Merkmale aufgenommen, die die Abgrenzung zu unipolar-affektiven Störungen erschweren (z. B. negativer Gefühlszustand, Schuldgefühle, Interessensverlust). In der ICD-11 wird dies nicht der Fall sein, hier bleiben die schon in der ICD-10 definierten Kernsymptome der Posttraumatischen Belastungsstörung (Wiedererleben, Vermeidung, Übererregung) die Grundpfeiler der Diagnosestellung. In der Klassifikation nach der ICD-10 und ICD-11 sind es daher vor allem die Übererregungssymptome, die oftmals zu unspezifisch sind, um für eine Abgrenzung zwischen den Störungsbildern auszureichen. Eine Abgrenzung durch Übererregungssymptome ist praktisch nur dann möglich, wenn im Rahmen eines rezidivierenden depressiven Verlaufs zunächst das Hinzukommen bzw. die Intensivierung und anschließend die Reduktion bzw. der Wegfall von Übererregungssymptomen beobachtet werden kann. Ansonsten sollte sich eine differenzialdiagnostische Abgrenzung bzw. die Entscheidung über ein komorbides Vorliegen der beiden Störungsbilder vor allem auf die Kernsymptome der Depression (d. h. Niedergeschlagenheit bzw. depressive Stimmung und Interessensverlust) und der Posttraumatischen Belastungsstörung (z. B. Wiedererlebens- und Vermeidungssymptome) beziehen.

*Weitere Differenzialdiagnosen der Posttraumatischen Belastungsstörung*. Die Abgrenzung der Posttraumatischen Belastungsstörung von verschiedenen Angststörungen wurde in dem Kapitel zur Differenzialdiagnostik von Angststörungen beschrieben. In Kapitel 5 dieses Buches wird die Abgrenzung der Posttraumatischen Belastungsstörung von Persönlichkeitsstörungen detailliert thematisiert (► Kap. 5.).

### Differenzialdiagnostik von Essstörungen

*Frau R. (26 Jahre, Studentin): Frau R. berichtet vor vier Monaten hätte sich ihr Lebensgefährte nach mehrjähriger Beziehung von ihr getrennt. Inzwischen habe sich herausgestellt, dass er seit geraumer Zeit eine Affäre mit einer Freundin von Frau R. gehabt*

> habe. Seit dieser Krisensituation erlebe sie regelmäßig Essattacken. Im Anschluss an diese habe sie begonnen, sich zu übergeben. Aus Angst zuzunehmen, habe sie auch eine strenge Diät begonnen im Zuge derer die Essattacken jedoch nur weiter zugenommen hätten. Eine ähnliche Symptomatik habe sie bereits im Jugendalter gehabt – damals habe sie eine Psychotherapie gemacht, nach der sie noch immer mit ihrem Körper unzufrieden gewesen sei, jedoch »annähernd normal« habe essen können.

Bei kaum einer anderen Störungskategorie (mit Ausnahme der Persönlichkeitsstörungen, ▶ Kap. 5) sind die Neuerungen des ICD-11 im Vergleich zum ICD-10 so stark wie bei den Essstörungen:

- Die ICD-10 kennt die Anorexia nervosa (F50.0) und die Bulimia nervosa (F50.2) sowie deren atypische Entsprechungen (F50.1 bzw. F50.3), die vergeben werden, wenn eine klinische relevante Essstörung vorliegt, die jedoch nicht alle Kriterien der Hauptstörungen erfüllt.
- Das ICD-11 (und das DSM-5) unterscheiden die Anorexia nervosa (6B80), die Bulimia nervosa (6B81), die Binge-Eating-Störung (6B82) und die Störung mit Vermeidung oder Einschränkung der Nahrungsaufnahme (6B83). Atypische Essstörungen werden in der ICD-11 nicht mehr kodiert.

Mit Blick auf die Differenzialdiagnostik ist vor allem die Unterscheidung der verschiedenen Essstörungen voneinander relevant (Verwechslungen mit anderen Störungsbildern sind i. d. R. unwahrscheinlich).

*Abgrenzung der Störung mit Vermeidung oder Einschränkung der Nahrungsaufnahme von der Anorexia nervosa.* Sowohl die Anorexia nervosa als auch die Störung mit Vermeidung oder Einschränkung der Nahrungsaufnahme sind durch Untergewicht und unzureichende Nahrungsaufnahme bei prinzipiell ausreichend verfügbarer Nahrung gekennzeichnet. Der Unterschied der Störungsbilder liegt jedoch in der Symptomursache:

- Bei der Anorexia nervosa ist die verringerte Nahrungsaufnahme Folge der Unzufriedenheit mit dem eigenen Körpergewicht bzw. den Körperproportionen und der Angst, zuzunehmen.
- Das geringe Gewicht bei der Störung mit Vermeidung oder Einschränkung der Nahrungsaufnahme darf nicht auf diese Ursachen rückführbar sein. Häufige, aber nicht zwingende Ursachen sind hier die Angst, sich (ungewollt) zu übergeben oder zu verschlucken sowie das Verweigern von Nahrungsmitteln mit bestimmter Konsistenz (z. B. nur flüssige Nahrung wird konsumiert; Nicely, Lane-Loney, Masciulli, Hollenbeak, & Ornstein, 2014).

*Abgrenzung von Anorexia nervosa und Bulimia nervosa.* Bei beiden Störungsbildern liegt eine starke Unzufriedenheit mit dem eigenen Körper(-gewicht) vor. Gleichzeitig besteht entweder der starke Wunsch, abzunehmen und/oder die große Angst, zuzunehmen. Bei beiden Störungsbildern kann es zu kompensatorischen Verhaltensweisen inklusive restriktivem Essen und Übergeben kommen. Die Anorexie

›sticht‹ diagnostisch die Bulimia nervosa, d. h., wenn die Kriterien beider Essstörungen erfüllt sind, wird keine komorbide Diagnose gestellt, sondern nur die Anorexia nervosa diagnostiziert. Die Diagnose der Anorexia nervosa verlangt im Gegensatz zur Bulimia nervosa das Vorliegen von Untergewicht (ICD-10: Body Mass Index < 17,5 bzw. ICD-11: Body Mass Index < 18,5) bzw. einen Gewichtverlust von mindestens 20 % des Ausgangsgewichts innerhalb von sechs Monaten. Neben diesem harten Kriterium unterscheiden sich die Erkrankungen insbesondere im Kernkriterium der Bulimia nervosa – den Essattacken. Essattacken treten im restriktiven Typus der Anorexia nervosa per definitionem nicht auf, doch auch beim Purging-Typus der Anorexia nervosa sind die Essattacken der Betroffenen in der Regel mit deutlich geringeren Kalorienmengen verbunden und (objektiv feststellbare) Essattacken treten seltener als bei der Bulimia nervosa auf (Ricca et al., 2012). Da sich der Purging-Typ der Anorexia nervosa jedoch bezüglich der Häufigkeit von subjektiv berichteten Essattacken nicht von Patient:innen mit Bulimia nervosa unterscheidet, sollten sich die Diagnostiker:innen die subjektiv berichteten Essattacken möglichst genau beschreiben lassen. Die Anorexia nervosa und die Bulimia nervosa können ineinander übergehen, wobei ein Übergang von der Anorexia nervosa zur Bulimia nervosa wahrscheinlicher ist als die umgekehrte Entwicklung (Eddy, Dorer, Franko, Tahilani, Thompson-Brenner, & Herzog, 2008).

*Abgrenzung Bulimia nervosa und Binge-Eating-Störung.* Kernmerkmal beider Störungsbilder ist das Auftreten regelmäßiger Essattacken. Bei beiden Störungsbildern besteht zudem eine große Unzufriedenheit mit der eigenen Figur bzw. dem eigenen Körpergewicht, auch wenn diese Unzufriedenheit kein Diagnosekriterium der Binge-Eating-Störung darstellt (Hilbert & Tuschen-Caffier, 2005). Primäres Unterscheidungsmerkmal zwischen Bulimia nervosa und Binge-Eating-Störung ist das Auftreten regelmäßigen kompensatorischen Verhaltens (z. B. Erbrechen, Einnahme von Abführmitteln) – das ›regelmäßig‹ ist hierbei wichtig, da es durchaus auch im Rahmen der Binge-Eating-Störung zu kompensatorischem Verhalten und Diätphasen kommen kann. Darüber hinaus gibt es ›weiche‹ Unterscheidungsmerkmale, wie z. B. das in der Regel höhere Gewicht und der (teilweise) Genuss des Essens im Zuge der Essattacken bei der Binge-Eating-Störung (nach den Essattacken setzen jedoch auch hier i. d. R. Schuld- oder Schamerleben ein). Die Bulimia nervosa kann in 5 bis 10 % der Fälle in eine Binge-Eating-Störung übergehen und Betroffene von Binge-Eating-Störungen berichten häufig gegenwärtiges oder vergangenes Diätverhalten. Es ist daher nicht ungewöhnlich, wenn aktuell Betroffene von kompensatorischem und restriktivem Verhalten (in der Vergangenheit) berichten (Schmidt, 2000).

*Abgrenzung der Binge-Eating-Störung von Adipositas.* 30 bis 40 % der an einer Binge-Eating-Störung leidenden Personen sind zusätzlich adipös (BMI ≥ 30; Munsch, Biedert, & Schlup, 2011). Umgekehrt leiden etwa 30 % der Teilnehmer von klinischen Programmen zur Gewichtsreduktion an einer Binge-Eating-Störung (De Zwaan, 2002). Trotz dieser hohen Überlappung zeigen diese Zahlen auch, dass Binge-Eating-Störung und Adipositas nicht gleichzusetzen sind. Weder leiden alle adipösen Personen an einer Binge-Eating-Störung, noch gehört Übergewicht zu den Symptomkriterien einer Binge-Eating-Störung. Das relevante Kernmerkmal der Binge-Eating-Störung sind Essanfälle (mindestens einmal pro Woche), bei denen ein subjektiver Kontrollverlust besteht und eine subjektiv sehr große Nahrungsmenge zu sich genommen wird. Nach den Essattacken (nicht zwingend während) treten bei Personen mit Binge-Eating-Störung häufig starke negative Gefühle auf (d. h. Scham, Schuld oder Angst).

*Essstörungen in Abgrenzung zu ›normalem‹ Essverhalten.* Die Anorexia nervosa vom Purging-Typ, die Bulimia Nervosa und die Binge-Eating-Störung lassen sich relativ leicht von ›normalem‹ Essverhalten abgrenzen. Bei der Anorexia nervosa vom Purging-Typ ist es das regelmäßige Übergeben, bei der Binge-Eating-Störung sind es die regelmäßigen Essattacken und bei der Bulimia nervosa sind es beide Verhaltensweisen, die die Störungen von ›normalem‹ Essverhalten abgrenzen. Differenzialdiagnostisch schwieriger ist die Anorexia nervosa vom restriktiven Typus, insbesondere da die klinische Erfahrung hier eine i. d. R. besonders niedrige Krankheitseinsicht offenlegt, d. h. während die Betroffenen des Purging-Typs, der Bulimia nervosa und der Binge-Eating-Störung unter dem Kompensationsverhalten bzw. den Essattacken leiden, sehen die Betroffenen des restriktiven Typus meist zunächst wenig Veränderungsgründe. Für die Abgrenzung der Anorexia nervosa vom restriktiven Typus von ›normalem‹ Essverhalten ist daher die möglichst objektive Erfassung des Untergewichts (d. h. die Betroffenen wiegen bzw. wiegen lassen), des restriktiven Essverhaltens (d. h. Essenspläne analysieren, Thematisieren von verbotenen Nahrungsmitteln) und der Angst, zuzunehmen (d. h. direkte Abfrage von hypothetischen Szenarien, z. B. »Nehmen wir an, Ihr Gewicht würde von 46 auf 56 Kilogramm steigen, wie würde es Ihnen damit gehen?«). Bei der Anorexia nervosa zeigt sich außerdem in der Regel eine deutliche Körperschemastörung (d. h. eine Fehleinschätzung/Überschätzung der eigenen Körpermaße, Moelbert et al., 2017).

### 4.1.3 Abgrenzung psychischer Störungen von anderen Symptomursachen

Nicht alle Symptome, die psychisch anmuten, sind psychisch bedingt und nicht alle seelischen Leidzustände sind Ausdruck einer zugrundeliegenden Psychopathologie. Daher müssen psychische Erkrankungen nicht nur voneinander, sondern auch gegenüber anderen Symptomursachen abgegrenzt werden. Eine solche Abgrenzung ist relevant, da andernfalls Kosten entstehen können, die vom Verlust zeitlicher und materieller Ressourcen (bei Durchführung einer wirkungslosen Psychotherapie) bis hin zu gravierenden und lebensbedrohlichen Folgen (bei Nichteinleitung einer dringend notwendigen Alternativtherapie) reichen können. Psychische Störungen müssen abgegrenzt werden gegenüber (First & Rief, 2017):

- ›normalem‹ Erleben und Verhalten
- körperlichen Ursachen
- substanzinduzierter Symptomatik
- vorgetäuschten und simulierten Symptomen

Da die etablierten (halb-)strukturierten Breitbandverfahren (in weiten Teilen) nur unzureichend auf die Abklärung dieser alternativen Symptomursachen ausgelegt sind, werden diese im Folgenden besprochen.

**Abgrenzung psychischer Störungen gegenüber ›normalem‹ Erleben und Verhalten**

Nahezu alle psychischen Symptome können auch im Spektrum des ›normalen‹ menschlichen Erlebens und Verhaltens vorkommen – z. B. Traurigkeit, Müdigkeit, Herzrasen, Vermeidungsverhalten, Sorgen, Schmerzen, Euphorie. Für eine Abgrenzung zwischen psychischen Störungen und ›normalem‹ Erleben und Verhalten sind folgende Faktoren relevant:

- Besteht bedeutsamer Leidensdruck (z. B. »Ich finde Spinnen eklig.« vs. »Ich konnte die letzten zwei Nächte nicht in meinem Schlafzimmer schlafen, da ich eine Spinne gesehen habe, mein Mitbewohner sie aber nicht gefunden hat.«)?
- Besteht eine bedeutsame Funktionseinschränkung (z. B. »Ich habe manchmal Probleme, mich zu konzentrieren.« vs. »Mir passieren in der letzten Zeit auf der Arbeit ständig Flüchtigkeitsfehler, ich bin nicht mehr leistungsfähig.«)?
- Besteht die Symptomatik über eine bedeutsame Dauer bzw. mit bedeutsamer Frequenz (z. B. »Ab und zu schlafe ich schlecht.« vs. »In den letzten Monaten habe ich kaum eine Nacht durchgeschlafen. Ich wache vier-, fünfmal pro Woche aus Albträumen auf und kann dann bis zu zwei Stunden nicht mehr einschlafen.«)?
- Sind Leidensdruck, Funktionseinschränkung sowie Dauer und/oder Frequenz nicht ausreichend durch den Kontext oder akute Ereignisse erklärbar (z. B. »In den ersten Tagen nach dem Tod meines Vaters ging es mir schrecklich. Ich war so traurig, ich konnte kaum etwas essen.« vs. »Mein Vater ist vor vier Jahren gestorben, aber der Gedanke daran ist für mich täglich eine Qual. Sein Geburtstag, Weihnachten, sein Todestag – solche Tage sind kaum auszuhalten. Ich habe das Gefühl, mich an nichts mehr erfreuen zu können, und habe mich vollkommen zurückgezogen.«)?

Es ist wichtig, sich zu vergegenwärtigen, dass die Einschätzung über die ›Bedeutsamkeit‹ und die ›Übermäßigkeit‹ von Beeinträchtigungen im Kern eine subjektive ist. Zwangsläufig werden diagnostische Urteile im Einzelfall von den klinischen und persönlichen Erfahrungen der Therapeut:innen abhängig sein. Hier können normierte Fragebogenverfahren und kollegialer Austausch sehr hilfreich sein, um einzuordnen, inwiefern das gezeigte Erleben und Verhalten noch eine Normvariante oder bereits eine Extremausprägung ist.

Warum ist eine Abgrenzung zwischen Psychopathologie und ›normalem‹ menschlichen Erleben und Verhalten überhaupt wichtig? Zum einen gibt es Zustände ›normalen‹ menschlichen Leids, bei denen eine (zu frühe) psychotherapeutische Intervention eher kontraindiziert ist (z. B. Trauerfälle; Wagner, 2019). In solchen Fällen würde ›normales‹ Verhalten pathologisiert, was für die Betroffenen eine zusätzliche Belastung darstellen kann. Zum anderen bestehen in der klinischen Alltagspraxis lange Wartezeiten auf Therapieplätze. Eine ungefilterte Aufnahme aller

Personen, die sich für eine psychotherapeutische Sprechstunde vorstellen (unabhängig vom jeweiligen Behandlungsbedarf), resultiert deshalb zwangsläufig darin, dass Personen mit (hohem) Behandlungsbedarf länger auf die indizierte Behandlung warten müssen.

### Abgrenzung psychischer Störungen gegenüber körperlichen Ursachen

Nahezu jedes psychische Symptom kann auch durch eine körperliche Ursache bedingt sein. Dies hat durchaus praktische Implikationen, denn konservative Schätzungen gehen davon aus, dass bei ca. 10 % der Personen, die aufgrund einer psychischen Erkrankung behandelt werden, eigentliche eine somatische Erkrankung zugrunde liegt, deren Phänotyp einer psychischen Störung ähnelt (Grace & Christensen, 2007). Dieser Umstand ist nicht mit einem komorbiden Auftreten psychischer und somatischer Störungen zu verwechseln, stattdessen wird die körperliche Grunderkrankung in diesen Fällen als kausal für die psychische Symptomatik angenommen. Diese ›Kausalität‹ ist wiederum nicht mit Fällen zu verwechseln, in welchen körperliche Erkrankungen ›nur‹ die Rolle eines Stressors einnehmen und als ›Auslöser‹ einer psychischen Symptomatik gesehen werden können:

> *Beispiel 1: Eine Person hat einen schweren Unfall und bricht sich einen Arm und ein Bein. In der Folge ist sie krankgeschrieben und nimmt weniger an sozialen Aktivitäten teil, woraufhin sie weitere Symptome entwickelt (z. B. Niedergeschlagenheit, Konzentrationsprobleme). Auch nach Verheilen der Frakturen verbleibt eine depressive Symptomatik. Obwohl ein körperliches Ereignis – als auslösender Stressor – zur Entstehung der depressiven Symptomatik beigetragen hat, ist eine psychotherapeutische Behandlung indiziert.*

> *Beispiel 2: Eine Patientin berichtet von Antriebslosigkeit und Niedergeschlagenheit. Die Symptomatik habe in ihrer Jugend begonnen und sei seitdem stabil. Sie beschreibt zudem eine Gewichtszunahme. Da Schilddrüsenerkrankungen in der Familie der Patientin häufig sind, ist eine endokrinologische Abklärung indiziert. Diese erbringt das Vorliegen einer Schilddrüsenunterfunktion – es wurde mit einer Behandlung mit L-Thyroxin begonnen, in deren Folge die Symptomatik vollständig remittierte. Die Schilddrüsenunterfunktion war in diesem Fall kausal für die psychischen Symptome verantwortlich – eine Psychotherapie ist deshalb nicht indiziert und hätte mit hoher Wahrscheinlichkeit nicht zum Erfolg geführt.*

Folgende Faktoren können auf das Vorliegen einer physiologischen Ursache hinweisen (Lamparter & Schmidt, 2018):

- *Untypischer Umgang mit der Symptomatik, z. B.* während Personen mit depressiven Störungen meist über ihre Konzentrationsprobleme und mnestische Defizite klagen, versuchen Personen mit dementiellen Erkrankungen häufig ihre mnestischen Defizite zu kaschieren.
- *Die Symptomatik tritt schleichend und ohne Zusammenhang mit einem belastenden Lebensereignis auf*, z. B. ein Patient berichtet, dass er sich in den letzten Monaten

zunehmend müde gefühlt habe. Das erste Symptom, das ihm aufgefallen sei, sei gewesen, dass ihm Dinge plötzlich aus der Hand gefallen seien. Er habe zudem Taubheitsgefühle im rechten Arm entwickelt (nicht nur bei Müdigkeit oder bei nächtlichem Erwachen). Der Patient berichtet die Symptomatik sei für ihn ohne erkennbaren Zusammenhang zu einem belastenden Lebensereignis aufgetreten – er sei in seiner Beziehung zufrieden, habe einen stabilen Freundeskreis und das Studium laufe gut. Im weiteren Verlauf wird durch eine neurologische Abklärung eine Multiple Sklerose diagnostiziert.

- *Erstmanifestation in ungewöhnlichem Alter*, z. B. ein Patient entwickelte kurz nach seinem 60. Geburtstags erstmals Wahnvorstellungen und Halluzinationen. Die Familienanamnese zeigte keine Belastungen durch psychotische Erkrankungen und es fand kein langjähriger Substanzmissbrauch statt. Eine neuroradiologische Abklärung identifizierte einen malignen Hirntumor als Ursache der Symptome.
- *Auftreten der Symptome in untypischen Situationen*, z. B. ein Schmerzpatient berichtet von starken Schmerzen im linken Bein. Nachts würde er immer wieder durch die Schmerzen erwachen. Da Schmerzen, die vorwiegend psychische Ursachen haben, zwar oftmals das Einschlafen behindern, jedoch meist nicht zu nächtlichem Erwachen führen, ist eine körperliche Abklärung indiziert.
- *Das Beschwerdemuster ist untypisch*, z. B. ein Patient berichtet von Panikattacken. Diese fingen stets mit einem plötzlichen, intensiv stechenden Schmerz im Brustraum an. Erst danach träten weitere körperliche Symptome auf, die der Patient erst auf Nachfrage berichtet. Ein solches Symptommuster kann auf eine kardiologische Grunderkrankung verweisen und wäre im Kontext von Panikattacken eher untypisch.
- *Verschlechterung trotz leitliniengetreuer Behandlung der (vermuteten) psychischen Erkrankung*, z. B. ein Patient stellt sich mit depressiver Symptomatik vor. Seit drei Monaten sei er bei einer Neurologin in Behandlung, die ihm selektive Serotonin-Wiederaufnahmehemmer verschrieben habe. Sie habe ihm zusätzlich eine psychotherapeutische Behandlung empfohlen. Trotz der zusätzlich durchgeführten kognitiven Verhaltenstherapie präsentiert sich der Patient zunehmend erschöpft. Ihm fielen wiederholt während der Sitzungen die Augen zu. Auch in diesem Fall wären eine weitere neurologische (strukturelle Bildgebung) und internistische Abklärung indiziert.

Unabhängig von diesen Hinweisen ist eine körperliche Abklärung – nicht nur in Form eines Konsiliarberichts, dem häufig keine ausreichende körperliche Untersuchung vorausgeht – in fast allen Fällen anzuraten. Tabelle 4.1 zeigt die grundsätzlich empfohlene somatische Differenzialdiagnostik ausgewählter psychischer Krankheitsbilder (▶ Tab. 4.1).

Zeigt sich in Folge dieser Untersuchungen keine somatische Ätiologie der psychischen Symptomatik, sollte mit einer leitlinienkonformen Psychotherapie begonnen werden. Zeigt sich eine plausible somatische Ursache der psychischen Symptomatik, sollten Patient:innen (falls notwendig) im Prozess der körperlichen Behandlung psychotherapeutisch begleitet werden. Dies gilt insbesondere für die seltenen Fälle, in denen sich schwerwiegende somatische Grunderkrankungen (z. B. onkologische Erkrankungen) ergeben.

## Tab. 4.1: Somatische Differenzialdiagnostik

| Störungsbild | Differenzialdiagnosen | Untersuchung |
|---|---|---|
| Angsterkrankungen [a] | • Lungenerkrankungen<br>• Herz-Kreislauf-Erkrankungen<br>• Endokrinologische Erkrankungen<br>• Neurologische Erkrankungen | • Blutbild<br>• Schilddrüsenstatus<br>• Elektrokardiogramm (EKG)<br>• Ggf. Lungenfunktionstest<br>• Ggf. kraniale Bildgebung |
| Depressive Störung [b] | • Autoimmunerkrankungen<br>• Herz-Kreislauf-Erkrankungen<br>• Endokrinologische Erkrankungen<br>• Neurologische Erkrankungen | • Blutbild<br>• Schilddrüsenstatus<br>• Elektrokardiogramm (EKG)<br>• Ggf. kraniale Bildgebung |
| Zwangsstörungen [c] | • Neurologische Erkrankungen | • Ggf. kraniale Bildgebung<br>• Ggf. neuropsychologische Tests (z. B. Arbeitsgedächtnis) |
| Essstörungen [d] | • Diabetes Mellitus<br>• Endokrinologische Erkrankungen<br>• Neurologische Erkrankungen<br>• Gastrointestinale Erkrankungen<br>• Infektiöse Erkrankungen | • Allgemeine internistische Untersuchung<br>• Blutbild<br>• Schilddrüsenstatus<br>• Ggf. bildgebende Verfahren |
| Schizophrenie [e] | • Enzephalopathien<br>• Zerebrale Raumforderungen<br>• Epilepsien<br>• Demenzielle Erkrankungen<br>• Zerebrale Gefäßerkrankung<br>• Schädel-Hirn-Trauma<br>• Stoffwechselstörungen | • Kraniale Bildgebung<br>• Blutuntersuchung |

*Anmerkungen.* [a] Bandelow et al. (2014) [b] Reck und Holsboer-Trachsler (2010) [c] Hohagen, Wahl-Kordon, Lotz-Rambaldi und Muche-Borowski (2015) [d] Fumi, Naab, und Voderholzer (2018) [e] Gaebel, Hasan und Falkai (2019).

## Abgrenzung psychischer Störungen gegenüber substanzinduzierten Symptomen

Nahezu jedes psychische Symptom kann durch Substanzen induziert werden. Folgende Ursachen für eine substanzinduzierte Symptomatik sind in Erwägung zu ziehen.

- *Medikamente:* Eine Vielzahl an Medikamenten kann zu psychischen Nebenwirkungen führen, z. B. Schmerzmittel (mögliche Nebenwirkungen: Schlafstörungen, Erschöpfung, Agitiertheit, Ängstlichkeit, Stimmungsveränderungen), Antihistaminika (mögliche Nebenwirkungen: Erschöpfung, Agitiertheit, Psychose, Delir), kardiovaskuläre Medikation (mögliche Nebenwirkungen: Erschöpfung, Schlafprobleme, Depressionen, Ängste; Gupta & Chadda, 2016).

*Beispiel: Eine 32-jährige Patientin kommt aufgrund einer seit zwei Monaten bestehenden depressiven Symptomatik zum Erstgespräch. Bis vor einem Jahr habe sie bereits unter einer längeren depressiven Phase gelitten – die Symptomatik sei erst remittiert, nachdem sie sich aus einer unglücklichen Beziehung gelöst habe. Sie könne sich die gegenwärtige Stimmung nicht erklären – es habe sich seitdem vieles sehr positiv entwickelt und seit etwa drei Monaten habe sie nun auch einen neuen Freund. Eine nähere Exploration ergibt, dass beide depressive Episoden mit der (Wieder-)Einnahme des gleichen Präparats der ›Anti-Baby-Pille‹ begonnen hatten. Ein Wechsel des Präparats führte zur Remission der Symptomatik.*

- *Drogenkonsum:* Psychische Störungen erhöhen das Risiko, Drogen zu konsumieren, und Drogenkonsum erhöht die Wahrscheinlichkeit einer psychischen Störung. Es bestehen u. a. Assoziationen zwischen:
  - Cannabiskonsum und Psychosen (Sideli, Quigley, La Cascia, & Murray, 2020);
  - Methylendioxymethamphetamin-Konsum (MDMA oder Ecstasy) und depressiven Symptomen, Panikattacken, psychotischem Erleben und Zwangssymptomen (McGuire, 2000);
  - Kokainkonsum und paranoiden Symptomen sowie aggressivem Verhalten (Morton, 1999).

*Beispiel: Eine 18-jährige Patientin berichtete von wiederkehrenden Panikattacken im Schulkontext. Die Therapeutin klärte zunächst eine Soziale Phobie und eine Panikstörung differenzialdiagnostisch ab, erhielt jedoch kein schlüssiges Bild (z. B. Ausbleiben von Angstattacken in anderen Kontexten; plötzlicher Beginn ohne auslösendes Ereignis). Erst nachdem die Patientin zunehmend Vertrauen in die Therapeutin gefasst hatte, berichtete sie ihr, dass sie vor sieben Monaten begonnen habe, zur Leistungs- und Konzentrationssteigerung vor der Schule Stimulanzien einzunehmen. Nach Absetzen der Stimulanzien blieben die Angstattacken aus.*

- *Giftstoffe:* Die relevanteste Kontaktstelle mit Giftstoffen ist in der Regel der Arbeitsplatz. So werden in der Literatur u. a. Assoziationen zwischen der Arbeit mit organischen Lösungsmitteln und depressiven Symptomen berichtet (Condray, Morrow, Steinhauer, Hodgson, & Kelley, 2000) und der Umgang mit hohen Dosen an Pestiziden wird mit Symptomen von Angst und Depression in Zusammenhang gebracht (Beseler et al., 2008; London, Flisher, Wesseling, Mergler, & Kromhout, 2005)

Für den Ausschluss eines Einflusses von Medikamenten und Drogen auf die Genese der Symptomatik ist eine entsprechende Anamnese dringend zu empfehlen. Folgende Faktoren können auf substanzinduzierte Symptome hinweisen:

- Beginn der psychischen Symptomatik nach Beginn der Einnahme bzw. des Konsums;
- Plausibler Zusammenhang zwischen dem Wirkungsprofil der Substanz auf das Hormon- oder Neurotransmittersystem und der vorliegenden Symptomatik (z. B. Konsum von Stimulanzien bei Angstattacken);

- Abklingen der Symptomatik nach Wechsel des Präparats bzw. nach Beendigung des Konsums.

Für den Ausschluss des Einwirkens von Giftstoffen sollte Folgendes geprüft werden:

- Besteht ein plausibler Zusammenhang zwischen einer beruflichen Tätigkeit (z. B. Arbeit mit Lösungsmitteln) oder der Wohnsituation (z. B. feuchtes Mauerwerk als Hinweise auf Pilzbefall) und den psychischen Symptomen?
- Besteht ein zeitlicher Zusammenhang zwischen einem Arbeitsplatzwechsel bzw. einem Umzug und dem Beginn der Symptomatik?
- Leiden andere Personen, die unter den gleichen Umständen leben bzw. arbeiten ebenfalls unter (vergleichbaren) Symptomen?

Insbesondere bei Giftstoffen ist die Ursachensuche oft dadurch erschwert, dass die Wirkung sich erst über einen längeren Zeitraum (z. B. nach jahrelanger Exposition gegenüber Pestiziden) entfaltet. Derartige Fälle sind in der ambulanten Praxis äußerst selten, sollten jedoch insbesondere bei älteren Patient:innen (mi entsprechenden Wohn- und Arbeitsbedingungen) in Erwägung gezogen werden.

**Abgrenzung psychischer Störungen von vorgetäuschten bzw. simulierten Symptomen**

Nahezu jedes psychische Symptom kann vorgespielt oder künstlich erzeugt werden:

- Von Simulation spricht man, wenn das Hervorrufen bzw. das Vorspielen von Symptomen instrumentell, d. h. zur Erreichung sekundärer Ziele (z. B. monetäre Vorteile), erfolgt. Die Betroffenen haben dabei die (volle) Kontrolle über ihr Handeln und real besteht keine Symptomatik.
- Eine abgeschwächte Form von Simulation ist Aggravation. Der Begriff ›Aggravation‹ wird verwendet, wenn zwar real eine Symptomatik besteht, diese jedoch (willentlich) als schwerwiegender dargestellt wird, als sie tatsächlich ist (wiederum zur Erreichung sekundärer Ziele).
- Von vorgetäuschten oder – häufiger – artifiziellen Störungen spricht man, wenn das einzige Ziel des Hervorrufens bzw. des Vorspielens der Symptomatik in der Einnahme der Krankenrolle liegt (z. B. Münchhausen-Syndrom) – die Betroffenen leiden dabei an einer psychischen Störung und können ihr Handeln allenfalls eingeschränkt kontrollieren (World Health Organization, 1993).

Die Trennung dieser Konzepte ist oftmals diagnostisch schwierig und beschränkt sich zumeist darauf, ob eindeutig sekundäre Anreize (z. B. ein Rentenbegehen) bzw. eindeutige Krankheitsfaktoren (z. B. Veränderungen im Elektroenzephalogramm) identifiziert werden können. Während sich der Begriff der artifiziellen Störung zumeist auf die Vortäuschung körperlicher Erkrankungen bezieht, tritt Simulation/Aggravation auch im Kontext psychischer Symptome auf. Untersuchungen in psychiatrischen Kliniken schätzen den Anteil der Patient:innen, welche ein ›zu viel‹

an Symptomen berichten auf ca. 20 % (Dandachi-FitzGerald, Ponds, Peters, & Merckelbach, 2011). Bei der (vermutlich) simulierten/aggravierten Symptomatik im psychiatrischen Setting handelt es sich in den meisten Fällen um Suizidalität (58 %), gefolgt von unipolar-affektiven Störungen (39 %) und Psychosen (30 %; Rumschik & Appel, 2019). Im psychiatrischen Kontext scheint das Ziel der meisten Betroffenen zu sein, stationär aufgenommen zu werden (80 %; u. a. um psychopharmakologisch behandelt zu werden oder zur Vermeidung von Strafprozessen). Da die ambulante Psychotherapie deutlich geringere sekundäre Anreize für eine Simulation setzt, wird hier der Anteil der simulierenden Patient:innen mit unter 1 % deutlich niedriger geschätzt (Singh, Avasthi, & Grover, 2007). Insbesondere die letztgenannte Zahl macht deutlich, dass die Symptombeschreibungen der Patient:innen in praktisch allen Fällen als valide Informationen Wertschätzung erfahren sollten. Eine pauschale Anwendung von Fragetechniken zum ›Überführen‹ oder ›Entlarven‹ einer potenziellen Simulation/Aggravation ist daher vollkommen unangemessen. Sollten sich dennoch Verdachtsmomente ergeben, sollten diese kritisch mit Kolleg:innen und Supervisor:innen besprochen und reflektiert werden. Auf folgende Aspekte kann dabei geachtet werden, wobei zu beachten ist, dass diese auch bei Patient:innen ohne Simulations- bzw. Aggravationstendenz auftreten können (First & Rief, 2017):

- Klare externe Anreize, krank zu sein (z. B. deutliches Rentenbegehren);
- Berichtete Symptomatik und Verhalten passen nicht zusammen (z. B. Bericht großer Schmerzen beim Gehen, die im Bewegungsbild nicht ersichtlich sind);
- Grundlegende Veränderung von Symptommustern in kurzen Zeitspannen (z. B. spontane Remissionen schweren Vermeidungsverhaltens);
- Die Symptomatik entspricht einem Rollenmodell (z. B. Symptomatik passt sich sehr stark der von Mitpatient:innen oder Angehörigen an);
- Die Patient:innen berichten von manipulativen Verhaltensweisen in anderen Lebensbereichen (z. B. vom Fälschen eines Zeugnisses oder Täuschung von Vorgesetzten);
- Im Rahmen der Selbstreflexion oder bei Super- bzw. Intervision wird deutlich, dass der:die Therapeut:in entweder sehr skeptisch oder sehr leichtgläubig gegenüber Äußerungen des:der Patient:in ist.

Wie angesprochen ist es wichtig, zu betonen, dass keiner dieser Hinweise ein Beweis für eine Simulation oder Vortäuschung darstellt. Es sind Beispiele für Indikatoren, die in Kombination die Wahrscheinlichkeit einer Simulation oder Vortäuschung erhöhen. Sollte der Verdacht einer Simulation oder Aggravation im Raum stehen, ist das genaue Vorgehen in der Inter- oder Supervision zu besprechen, da ein unüberlegtes Ansprechen die therapeutische Beziehung gefährden kann. Gleichermaßen kann ein überdauerndes Nichtansprechen den Therapiefortschritt bedrohen.

## 4.2 Erfassung störungsspezifischer Informationen

Ein wesentliches Ziel der kategorialen störungsspezifischen Diagnostik ist es, Behandler:innen eine Heuristik für das weitere Vorgehen zu liefern:

- Welches Störungsmodell oder welche Störungsmodelle sind (wahrscheinlich) zur Erklärung der Symptomatik der Patient:innen am besten geeignet?
- Welche Therapiemethoden sind – basierend auf diesem Störungsmodell oder diesen Störungsmodellen – (wahrscheinlich) geeignet, die Symptomatik der Patient:innen zu reduzieren?
- Welche störungsspezifischen Informationen sind nötig, um die gewählte Behandlungsmethode vorzubereiten und durchzuführen?

Im Folgenden werden diagnostische ›Steckbriefe‹ der relevantesten psychischen Störungsbilder für die ambulante psychotherapeutische Versorgung beschrieben, die als Orientierung für die Erhebung störungsspezifischer Informationen dienen sollen. Standardmethoden der Kognitiven Verhaltenstherapie sind hierbei:

*Fragebögen:* Zur Erfassung der Schwere der Symptomatik und behandlungsrelevanter Informationen liegt ein breites Repertoire an störungsspezifischen Fragebögen vor. Fragebögen sind vor allem hilfreich, um (Symptom-)Screenings durchzuführen, wertvolle Sitzungszeit einzusparen (z. B. Vorsortieren relevanter Themen für diagnostische Sitzungen) und einen standardisierten Vergleich mit Normgruppen durchführen zu können (z. B. Darstellung der Symptomschwere im Zuge der Antragsstellung). Dabei sollte der Einsatz von Fragebögen stets mit den Patient:innen vor- und nachbesprochen werden. Dies hat gleich mehrere Gründe: Es dient der Transparenz gegenüber den Patient:innen und erlaubt außerdem zu prüfen, ob Patient:innen die Inhalte des Fragebogens in gewünschter Weise verstanden haben, und ob die im Fragebogen erfassten Verhaltensweisen mit ihrem persönlichen Erleben übereinstimmen.

*Situationsanalysen auf Basis des ABC-Modells:* Wie bereits in Kapitel 2 im Kontext der SORKC-Analyse besprochen, können aus der Analyse spezifischer Problemsituationen hilfreiche Informationen über die Auslöser (S-Variable), die Ursachen (O-Variable), das Problemverhalten (R-Variable) und die Selbstregulation der Symptomatik (KC-Variable) gewonnen werden. Während das SORKC-Modell primär der Erschließung der auslösenden und aufrechterhaltenden Bedingungen dient, stehen Situationsanalysen auf Basis des ABC-Modells und seiner Modifikationen kognitiven Interventionen näher und können unterstützend sein, um Denkfehler aufzudecken (Stavemann, 2008a).

Das ABC-Modell erfasst die ›objektive‹ Ausgangssituation (A), ihre Bewertung (B1: individuelle Sichtweise der Ausgangssituation → B2: aus dieser Sichtweise abgeleitete Schlussfolgerung → B3: Bedeutung dieser Schlussfolgerung vor dem Hintergrund eigener Ziele) und emotionale und behaviorale Reaktionen (C) einer Problemsituation. Es ist zu beachten, dass die C-Variable des SORKC-Modells (Verstärkung oder Bestrafung) und des ABC-Modells (emotionale und behaviorale

Reaktionen) unterschiedliche Inhalte erfassen. Darüber hinaus haben kognitive Reaktionen im ABC-Modell (B) sehr viel größeres Gewicht. Das ABC-Modell wird den Betroffenen häufig in Form eines Spalten-Arbeitsblatts mitgegeben, sodass diese zeitnah nach einer schwierigen Situation Situationsanalysen durchführen können (nachdem das Vorgehen in der Sitzung gemeinsam besprochen und geübt wurde). Bei den Onlinematerialien steht ein solches Arbeitsblatt zur Verfügung (M11).

Das ABC-Modell kann im Verlauf der Therapie sukzessive erweitert werden. So können z. B. Spalten für eine gemeinsam erarbeitete Zielbewertung, ein Zielgefühl und ein Zielverhalten ergänzt werden (d. h. nicht nur der Ist-Zustand, sondern auch der Soll-Zustand wird beschrieben). Hierbei ist es sinnvoll, Raum für Prozentangaben einzuplanen, mit denen eingeschätzt werden soll, wie sehr die ursprüngliche Bewertung und die Zielbewertung als zutreffend wahrgenommen werden (z. B. »Ich bin zu 70 % davon überzeugt, dass mein Vater die Verantwortung für seine Wutausbrüche trägt – aber ich sehe schon noch einen Anteil bei mir.«; Dancu, 1994). Darüber hinaus können Anpassungen für spezifische Therapiemethoden (z. B. Schematherapie: Ergänzung einer Spalte für aktive Modi, vgl. Faßbinder, Schweiger, & Jacob, 2011) oder Störungsbilder (z. B. bei Alkoholabhängigkeit die Ergänzung der Spalte ›Suchtdruck‹; Lindenmeyer, 1999) ergänzt werden.

*Tagebücher:* Der Einsatz von Tagebüchern stellt eine Standardmethode der Kognitiven Verhaltenstherapie dar. Die Betroffenen werden dabei gebeten, über eine oder mehrere Wochen Einträge zum Problemverhalten, zu ihrem emotionalen Befinden, zum Eintreten positiver Ereignisse oder sonstiger therapierelevanter Informationen vorzunehmen (z. B. bei Essstörungen: das Auftreten von Essattacken, das Gewicht, Zeitpunkte der Nahrungsaufnahme; Wunderer & Schnebel, 2008). Tagebücher werden meist in Arbeitsblattform vorgegeben, bei der es sich empfiehlt, sie für die jeweiligen Patient:innen individuell in einem Textverarbeitungsprogramm zu erstellen bzw. zu adaptieren. Werden (nicht passende) Vordrucke verwendet leiden darunter sowohl die Motivation der Patient:innen als auch die Verwertbarkeit der relevanten Informationen.

## 4.2.1 Störungsspezifische Diagnostik bei unipolar-affektiven Störungen

Obwohl effektive kurzfristige Interventionen zur Behandlung depressiver Störungen vorliegen, besteht weiterer Forschungsbedarf zu langfristig wirksamen Interventionen (Vittengl, Clark, Dunn & Jarrett, 2007). Während bei schweren depressiven Episoden und Dysthymia eine psychopharmakologische Mitbehandlung indiziert ist, stellt bei leichten und mittelgradigen depressiven Episoden die psychotherapeutische Monotherapie die Behandlungsmethode der Wahl dar (Deutsche Gesellschaft für Psychiatrie und Psychotherapie et al., 2017). Zur Erfassung des Schweregrades depressiver Erkrankungen liegen bewährte Fremd- [z. B. Hamilton-Depression-Rating Scale, Williams et al. (2008)] und Selbstberichtverfahren vor [z. B. Patient-Health Questionnaire-9, Löwe, Unützer, Callahan, Perkins, & Kroenke, 2004); Beck Depressionsinventar-II, Beck, Steer, & Brown (2006)].

Chronifizierte depressive Erkrankungen entstehen vor dem Hintergrund von emotionalen Vernachlässigungs- und Missbrauchserfahrungen (Nelson, Klumparendt, Doebler & Ehring, 2017). Sowohl in den psychodynamischen Theorien (Grundkonflikt der Bindung; Rudolf, 2000) als auch in der Dritten Welle der Verhaltenstherapie (z. B. CBASP; McCullough, 2003) wird daher neben den »klassischen« Ansatzpunkten der Kognitiven Verhaltenstherapie (d. h. kognitive Einflussfaktoren und Aktivitätsrate) die Bedeutung interpersonellen Verhaltens für die Entstehung und Aufrechterhaltung chronifizierter depressiver Störungen betont. Entsprechend sollte die diagnostische Abklärung sowohl Kognitionen, die Aktivitätsrate als auch die interpersonellen Beziehungsmuster einbeziehen.

*Kognitive Faktoren:* U.a. folgende dysfunktionale Kognitionen/Einstellungen wurden als kognitive Risikofaktoren der Depression identifiziert: absolute Forderungen (»Ich muss so und so sein«; »Andere müssen mich so und so behandeln«; »Ich muss bekommen, was ich verlange«; Hoellen, Burkhard, & Böhmer, 2018); Denkfehler (willkürliches Schlussfolgern, Übergeneralisieren, dichotomes Denken usw.; Beck, 1963); Grübeln (repetitives Durchdenken stressreicher Situationen und ihrer negativen Konsequenzen; Nolen-Hoeksema, 1991) und ein dysfunktionaler Attributionsstil (Attribution negativer Ereignisse als internal, global und stabil; Abramson, Metalsky, & Alloy, 1989). Folgende Methoden eignen sich zur Erfassung des Einflusses dieser kognitiven Risikofaktoren:

- *Situationsanalysen*: Mit Hilfe des ABC-Modells können Situationen analysiert werden, in denen ein ›mood shift‹ auftritt – das heißt ein relativ abrupter Wechsel der Stimmung. Diese Methode ist insbesondere zur Erfassung dysfunktionaler Kognitionen/Einstellungen und des Attributionsstils geeignet.
- *Tagebücher oder Fragebögen*: Für die Erfassung kognitiver Faktoren der Depression wurde eine Vielzahl an psychometrisch bewährten Fragebögen entwickelt [z. B. Skala dysfunktionaler Einstellungen (Hautzinger, Luka, & Trautmann, 1985), Cognitive Style Questionnaire (Meins et al., 2012), Response Style Questionnaire (Kühner, Huffziger, & Nolen-Hoeksema, 2007)]. Tagebücher sind besonders geeignet, um ›mood shift‹-Situationen zu identifizieren, können aber auch zur Identifikation von Grübelphasen und ihrer Auslöser hilfreich sein.
- *Imaginationsübungen und Rollenspiele*: Fällt es den Betroffenen schwer, Gedanken und Bewertungen in ›mood shift‹-Situationen zu ordnen oder auszudrücken, kann es hilfreich sein, die jeweiligen Situationen im geschützten Therapierahmen gezielt zu reaktivieren. Hierfür können entweder eine Imagination der konkreten Situation oder ein Rollenspiel, das die Situation nachstellt, genutzt werden. Für das Rollenspiel bietet es sich zumeist an, die Patient:innen (zunächst) alle Rollen spielen zu lassen und sequenziell vorzugehen, d. h., dass die Rollen alternierend während des Spiels zwischen Therapeut:in und Patient:in gewechselt werden – dadurch soll verhindert werden, dass die Therapeut:innen (sollten sie einen Aggressor spielen) die Patient:innen zu stark triggern.

*Beispiel: Herr J. schildert ein Streitgespräch mit seinem Vorgesetzten. Der Therapeut nimmt zunächst die Rolle von Herrn J. ein. Herr J. übernimmt die Perspektive des Chefs und vertritt dessen Standpunkt in einer für ihn aushaltbaren Intensität. Im Anschluss werden die Positionen getauscht. Der Therapeut wiederholt (mit der für den Patienten gut aushaltbaren Intensität), was der Patient in der Rolle des Chefs gesagt hat. Der Patient berichtet introspektiv, was das bei ihm auslöst. Dieses diagnostische Instrument sollte schrittweise in eine Intervention übergehen, bei der der Patient nicht nur seine tatsächliche Reaktion, sondern auch seine Wunschreaktion entwickelt und darstellt.*

*Aktivitätsniveau:* Zwischen dem Aktivitätsniveau einer Person und ihrer depressiven Symptomatik besteht eine wechselseitige Wirkungsspirale (Hautzinger, 2013). Eine Reduktion des Aktivitätsniveaus führt zu einer Reduktion an sozialen Verstärkern, einer negativeren Selbstbewertung, einer pessimistischeren Einstellung usw. – d. h. langfristig zu einer depressiven Symptomatik. Eine Zunahme der depressiven Symptomatik führt zu Erschöpfung, Antriebslosigkeit, geringerer Leistungsfähigkeit usw. – d. h. ihrerseits wiederum zu einer Reduktion des Aktivitätsniveaus. Diesen Teufelskreis zu durchbrechen ist das zentrale Ziel der verhaltenstherapeutischen Behandlung der Depression.

- *Tagebücher*: Tagebücher dienen der Erfassung des aktuellen Aktivitätsniveaus der Patient:innen und bilden die Basis, um eine Aktivitätssteigerung zu planen. Sie sind hilfreich, da depressive Patient:innen häufig einen Negativbias haben und retrospektiv weniger positive Aktivitäten berichten als tatsächlich stattgefunden haben (Dillon & Pizzagalli, 2018). Darüber hinaus dienen Tagebücher dazu, »mood shifts« zu identifizieren. Anders als bei der Identifikation dysfunktionaler Kognitionen besteht das Ziel hierbei jedoch primär darin, Situationen/Aktivitäten zu identifizieren, in denen sich die Stimmung deutlich verbesserte, um diese und ähnliche Aktivitäten (wieder-)aufzubauen und zunehmend in den üblichen Tagesablauf zu integrieren.
- *Retrospektion*: Gemeinsam mit den Patient:innen werden Lebensphasen identifiziert, in denen die depressive Symptomatik schwächer oder gar nicht vorhanden war. Durch die Beschreibung des damaligen Alltags (ggf. unter Zuhilfenahme imaginativer Techniken) wird eine Liste von Aktivitäten erstellt, die damals zum Alltag der Patient:innen gehörten und die für sie positiv besetzt sind/waren. Diese retrospektive Betrachtung sollte nur bei ausreichend stabilen Patient:innen Anwendung finden, da die Gefahr besteht, dass durch die Erinnerung an ›bessere Zeiten‹ Patient:innen die gegenwärtige Situation im Sinne eines negativen Kontrasteffekts noch stärker belastet.
- *Rollenmodelle*: Häufig haben Patient:innen Personen in ihrem Umfeld, die für sie positiv besetzt sind – egal ob Familienmitglieder, Arbeitskollegen oder Freunde. Zur Vorbereitung von Verhaltensänderungen im Alltag kann es daher hilfreich sein, zu besprechen, wie diese Personen ihren Alltag gestalten, welchen Freizeitaktivitäten sie nachgehen usw. Es sollte gemeinsam geprüft werden, welche dieser Aktivitäten möglicherweise auch Verstärkerwert für die Patient:innen besitzen könnten. Vorsicht ist bei dieser Methode dahingehend geboten, dass keinesfalls eine Situation entstehen sollte, in der bei den Patient:innen ein ›Unterwerfungs-Schema‹ getriggert wird und sie den Eindruck gewinnen, sie seien weniger wert als die andere Person. Ein Vorteil der Methode besteht allerdings darin, dass es

Patient:innen häufig leichter fällt, über die Aktivitäten anderer zu berichten, als sich ›aus dem Nichts heraus‹ Aktivitäten zu überlegen, die sie als verstärkend empfinden könnten. Ein weiterer potenzieller Vorteil ist es, dass idealerweise die Möglichkeit besteht, die Patient:innen in die Aktivität der anderen Personen einzubeziehen, was wiederum die soziale Eingebundenheit der Patient:innen fördern könnte.

*Interpersonelles Verhalten:* Interpersonelles Verhalten wird maßgeblich durch Erfahrungen mit Bezugspersonen in der Kindheit geprägt, auf deren Basis von früheren auf zukünftige (interpersonelle) Erfahrungen geschlossen wird. Diese Lernerfahrungen sind die Grundlage der individuellen Welt-, Selbst- und Zukunftssicht. Das daraus resultierende Verhalten der Betroffenen beeinflusst wiederum das Verhalten anderer Personen – die so entstehende Beziehungsdynamik führt häufig zur Reinszenierung und Bestätigung alter Konfliktmuster (▶ Kap. 3.5). Auch das Lösen interpersoneller Konflikte ist bei depressiven Personen oftmals eingeschränkt (Kupferberg, Bicks, & Hasler, 2016). Insbesondere bei chronisch depressiven Patient:innen hat sich im Rahmen des Cognitive Behavioral Analysis System of Psychotherapy (CBASP) die Arbeit mit dem Kiesler Kreis bewährt (Kiesler, 1983; McCullough Jr, 2003). Der Kiesler Kreis stellt Interaktionsverhalten auf den Achsen ›feindlich/distanziert vs. freundlich/nah‹ und ›dominant/offen vs. unterwürfig/verschlossen‹ dar. Im CBASP-Ansatz wird der Interaktionsstil depressiver Personen als feindselig/unterwürfig angenommen (McCullough, 2006) und demnach als zurückhaltend, übervorsichtig, ängstlich, selbstbeschuldigend und nervös (Brakemeier, Normann, & Hautzinger, 2012; Klein & Belz-Merk, 2014). Es wird davon ausgegangen, dass dieser Interaktionsstil feindselig-dominante Reaktionen provoziert. Eine Einordnung des Interaktionsverhalten der Patient:innen im Kiesler-Kreis kann z. B. mithilfe des Impact Message Inventorys erfolgen (Caspar, Fingerle, & Werner, 2016). Darüber hinaus ist es im CBASP-Ansatz relevant, die Stolpersteine des Interaktionsverhaltens der Patient:innen zu identifizieren – also Punkte im Interaktionszyklus, an denen Patient:innen immer wieder ›stocken‹. Katastrophale Erwartungen, die Patient:innen beim Übertreten dieser Stolpersteine haben, werden in »Wenn-dann-«-Sätzen formuliert (z. B. »Wenn ich anderen gegenüber meine Gefühlen zeige, dann werden sie diese als lächerlich abtun und mich zurückweisen.«).

Zur Identifikation von Stolpersteinen bestehen primär zwei Methoden:

- *Prägende Bezugspersonen*: Zunächst gilt es jene Personen zu identifizieren, die das Interaktionsverhalten der Patient:innen entscheidend geprägt haben. Hierfür sollten die in der biographischen Anamnese auftauchenden Interaktionspartner als Ausgangspunkt genutzt werden. Im Anschluss erfragen die Therapeut:innen, wie die biographisch relevanten Personen die Interaktion in so genannten ›Hotspot-Bereichen‹ (Intimität/Nähe; negative Gefühle zeigen, Kritik äußern, Bedürfnisse zeigen) gestaltet haben.

> *»Im Zusammenleben mit Ihrer Mutter, hatten Sie da die Möglichkeit, negative Gefühle zu zeigen, d. h. Ärger, Traurigkeit, Angst auszudrücken? Was glauben Sie, wäre passiert, wenn Sie vor Ihrer Mutter in Tränen ausgebrochen wären? Kam das vor? Können Sie mir*

*eine solche Situation beschreiben? Was denken Sie, wie beeinflussen diese Erlebnisse noch heute Ihre zwischenmenschlichen Beziehungen?«*

Die Inhalte der geschilderten Episoden lassen Rückschlüsse darauf zu, worin die katastrophalen Befürchtungen der Betroffenen bestehen, und welche Verhaltensweisen sie daher vermeiden.

- *Übertragungsgeschehen:* Aufbauend auf den Informationen zur Biographie der Patienten:innen und dem eigenen Erleben der Therapeut:innen in der Interaktion mit den Patient:innen reflektieren die Therapeut:innen die Erwartungen, die Patient:innen an die therapeutische Situation haben. Erleben Therapeut:innen beispielsweise Ärger und den Impuls den Therapieprozess vehement voranzubringen (dominant/feindselig), ist auf Basis des Kiesler Kreises davon auszugehen, dass die Patient:innen eine submissiv/feindselige bzw. submissiv/distanzierte Position einnehmen. Auf Basis dieser Kommunikationsanalyse können die Therapeut:inen Rückschlüsse ziehen, welche Themenbereiche dieses Erleben in erster Linie betrifft (d. h. bei welchen Gesprächsthemen bzw. bei welchen Interaktionen zeigt sich das entsprechende Kommunikationsmuster) und welche Verhaltensweisen/Äußerungen die Patient:innen hier möglicherweise vermeiden (d. h. was wären die ›eigentlichen‹ Verhaltensimpulse der Patient:innen). Die so gewonnenen Hypothesen können im Kontakt mit den Patient:innen geprüft werden, indem z. B. erfragt wird, welche Reaktion die Patient:innen erwarten würden, wenn die Patient:innen den Therapeut:innen etwas Persönliches anvertrauen, einen Fehler machen oder negative Gefühle und Bedürfnisse äußern würden (z. B. »Was erwarten Sie wird passieren, wenn Sie versehentlich eine halbe Stunde zu spät zu einer unserer Sitzungen kommen, weil Sie sich den Termin falsch notiert haben?«).

## 4.2.2 Störungsspezifische Diagnostik bei Angststörungen

Angststörungen teilen (in unterschiedlichem Ausmaß) gewisse Gemeinsamkeiten, z. B. eine dysfunktionale Aufmerksamkeitslenkung, eine katastrophale Befürchtung und Vermeidungsverhalten. Während die Angst bei phobischen Angststörungen in einem spezifischen Stimuluskontext (z. B. beim Zusammentreffen mit Hunden) auftritt, ist sie bei anderen Angststörungen nicht an einen spezifischen Kontext gebunden (was nicht heißt, dass sie von Kontextfaktoren unabhängig ist). Zur Erfassung der Schwere der jeweiligen Angststörung liegen verschiedene psychometrische Verfahren vor, z. B. der Fragebogen zu sozialer Angst und sozialen Kompetenzdefiziten (Soziale Phobie; Kolbeck & Maß, 2009); der Fragebogen zu körperbezogenen Ängsten, Kognitionen und Vermeidung (Agoraphobie und Panikstörung; Ehlers, Margraf, & Chambless, 1993); das Generalisierte Angststörungsmodul des Patient-Health Questionnaire (Generalisierte Angststörung; Gräfe, Zipfel, Herzog, & Löwe, 2004). Für Spezifische Phobien liegen situations- und objektspezifische Fragebögen vor, wie z. B. der Angsterwartungsfragebogen bei Flugangst (Mühlberger, Herrmann, & Pauli, 2003) oder der Spinnenphobiefragebogen (Becker & Rinck, 2003).

Die störungsübergreifende Methode der Wahl zur Behandlung von Angststörungen ist die Expositionstherapie (ergänzt durch kognitive Interventionen, Bandelow et al., 2014). Darüber hinaus hat sich insbesondere zur Behandlung der Generalisierten Angststörung die Metakognitive Therapie als effektiv erwiesen (Normann & Morina, 2018). Diese Therapiemethoden erfordern jeweils das Erfassen spezifischer diagnostischer Informationen zur Vorbereitung der Interventionen.

*Katastrophale Befürchtung:* Insbesondere bei Personen mit Agoraphobie, Sozialer Phobie, Panikstörung und Generalisierter Angststörung (in geringerem Maße auch bei Personen mit Spezifischen Phobien) stehen hinter dem Vermeidungsverhalten katastrophale Befürchtungen. Behandlungsansätze, die sich auf die Widerlegung der entsprechenden katastrophalen Befürchtungen fokussieren, sind effektiver als Therapiemethoden, die lediglich eine Habituation der Angstreaktion anstreben (insbesondere bei Agoraphobie und Panikstörung; Salkovskis, Hackmann, Wells, Gelder, & Clark, 2007). Die katastrophalen Befürchtungen sind interindividuell verschieden und müssen daher im Gespräch mit den Patient:innen erschlossen werden. Außerdem muss erfasst werden, wie diese Befürchtungen (aus Sicht der Patient:innen) erfolgreich widerlegt werden könnten. Dabei können im Wesentlichen zwei Schwierigkeiten auftreten:

- Patient:innen schämen sich für ihre katastrophalen Grundannahmen: In diesem (klinisch häufigen) Fall muss die Schwelle für das Berichten der katastrophalen Grundannahme gesenkt werden. Das kann beispielsweise effektiv erreicht werden, indem die Symptomatik ›normalisiert‹ wird. Hierfür kann dem:der Patient:in vermittelt werden, dass ähnliche Befürchtungen von einer Vielzahl von Patient:innen geteilt werden und den:die Therapeutin somit nicht überraschen.

»Viele meiner Patient:innen berichten, dass die Konfrontation mit Menschenmengen katastrophale Befürchtungen bei ihnen auslösen. Manche der Patient:innen befürchten beispielsweise, dass sie plötzlich einen Herzinfarkt erleiden könnten. Andere befürchten, dass sie ohnmächtig werden könnten oder so sehr in Panik geraten, dass sie verrückt werden. Bei anderen wiederum besteht die Angst darin, sich irgendwie peinlich zu verhalten und andere sie deshalb geringschätzen könnten. Kennen Sie vergleichbare Ängste?«

- Patient:innen können spontan keine katastrophale Grundannahme benennen: Auch wenn dies natürlich nicht unmöglich ist, ist es bei allen Angststörungen (in Teilen mit Ausnahme der Spezifischen Phobie) unwahrscheinlich, dass in der Angstsituation selbst keine katastrophale Befürchtung auftritt. Diese Befürchtung kann Patient:innen jedoch zunächst nicht als solche ›bewusst‹ sein. In diesen Fällen ist es wichtig, Zeit zu investieren und sich die Grundannahme gemeinsam zu erschließen – dies kann z. B. durch das Durchspielen von Situationen *in sensu*, Imaginationsübungen, Situationsanalysen, Rückschlüssen aus der Angsthierarchie, Rückschlüssen aus der Aufmerksamkeitslenkung in den phobischen Situationen oder durch eine Herleitung aus der Lerngeschichte erfolgen.

*Erfassung der Aufmerksamkeitslenkung:* Bei allen Angststörungen tritt eine dysfunktionale Aufmerksamkeitslenkung auf (Barry, Vervliet, & Hermans, 2015). Der Fokus der

Aufmerksamkeit sollte im Zuge der Therapie hin zu funktionalen Aufmerksamkeitsobjekten verschoben werden, weshalb es insbesondere zur Vorbereitung einer Expositionsbehandlung wichtig ist, zu erfassen, was während intensiven Angstsituationen im Fokus der Aufmerksamkeit steht. Während bei der Sozialen Phobie, Agoraphobie und der Panikstörung der Aufmerksamkeitsfokus häufig auf internen Stimuli liegt (z. B. Herzschlag, Hitzeerleben etc.), ist die Aufmerksamkeit bei Spezifischen Phobien häufig vollständig beim phobischen Objekt, z. B. bei der Spinne. Bei der Generalisierten Angststörung hingegen versuchen sich die Betroffenen häufig durch Fokussierung auf andere Tätigkeiten (dysfunktional) abzulenken. Der Aufmerksamkeitsfokus ist jedoch im Einzelfall zu erfassen und muss nicht dieser groben Einteilung entsprechen. Teilweise suchen die Betroffenen auch nach Fluchtwegen, Gefahrenreizen oder geben jedwede Aufmerksamkeitslenkung auf und dissoziieren. Während der Therapie kann die Aufmerksamkeitslenkung z. B. durch das Durchspielen der Situationen *in sensu*, Imaginationsübungen und Situationsanalysen erfolgen. Darüber hinaus sollten die Therapeut:innen insbesondere während Expositionssitzungen immer wieder thematisieren, wo der Aufmerksamkeitsfokus der Patient:innen aktuell liegt (z. B. durch folgende Frage: »Worauf sind Sie gerade konzentriert?«).

*Angsthierarchien:* Bei phobischen Störungen bewegt sich die Angst auf einem Kontinuum. Je wahrscheinlicher den Patient:innen das Eintreten der katastrophalen Grundannahme unter den vorhandenen Stimuli-Bedingungen erscheint, desto weiter steigt die Angst. Befürchtet ein:e Patient:in beispielsweise, eine Spinne könne in ihren Ärmel gelangen und sie bekäme dann vor Angst einen Herzinfarkt, sollte die Angst zunehmen, wenn sich die Spinne dem Ärmel nähert. Therapieerfolge hängen positiv mit der Zeit zusammen, die für eine Exposition mit Stimuli auf hohen Stufen des Angstkontinuums, aufgewendet wird (im Vergleich zu leichten und moderaten Stufen; Peris et al., 2017). Eine Angsthierarchie kann am leichtesten durch das Sammeln von Angst- und Vermeidungssituationen der letzten Wochen und Monate erschlossen werden. Die Situationen werden zunächst gesammelt, dann geclustert und letztlich in eine Rangfolge gebracht (von wenig bis maximal angstauslösend). Hierfür werden zunächst die schwerste und die leichteste Situation identifiziert (Anker setzen). Anschließend werden die übrigen Situationen zwischen diesen beiden Polen einsortiert. Hierfür wird erfragt, inwiefern die jeweils ›neue‹ Situation leichter oder schwerer zu bewältigen ist als die bisher eingeordneten.

*Analyse der Lerngeschichte:* Häufig (aber nicht immer) sind eine oder mehrere biographische Episoden vorhanden, die einen relevanten Einfluss auf die Angstentwicklung hatten (McLaughlin, Conron, Koenen, & Gilman, 2010; Spinhoven et al., 2010). Diese Situationen können mitunter krisenhafte Ausmaße haben (z. B. Entstehung einer Agoraphobie nach einem Herzinfarkt; einer Sozialen Phobie nach Mobbingerfahrung). Daher ist es wichtig, diese Situationen zu identifizieren und sie in der Therapie aufzuarbeiten. Darüber hinaus sind diese initialen Lernerfahrungen häufig essenziell für das Verständnis der katastrophalen Befürchtungen. Sollten diese kritischen Episoden der Lernerfahrungen nicht direkt von Patient:innen berichtet werden können, können eine Lebenslinie oder das Erfragen von wichtigen Eckpunkten der Biographie wichtige Hinweise sein.

> T: »Wissen Sie, wie Sie sich anderen Kindern gegenüber im Kindergarten verhalten haben – vielleicht aus eigenen Erinnerungen oder von Ihren Eltern?«
> P: »Ich kann das gar nicht so genau sagen, aber meine Eltern meinten, glaube ich, dass ich gerne in den Kindergarten gegangen bin.«
> T: »Wie war es denn in der Grundschule? Hatten Sie in der Grundschule irgendwelche sozialen Ängste?«
> P: »Das ging eigentlich auch noch – ich hatte ein paar Freunde. War jetzt nicht der Beliebteste in der Klasse… Ich war, glaube ich, auch recht schüchtern…. aber das ging.«
> T: »›Das ging‹ – was meinen Sie genau damit?«
> P: »Ich glaube, dass ich mich da auch nicht super wohl gefühlt habe… so mit mir selbst… aber ich hatte definitiv noch keine Panik … die kam eigentlich erst später… ich glaube tatsächlich ziemlich direkt nach dem Wechsel auf die Realschule… ich war da irgendwie kleiner, schmächtiger als die anderen, und das hat es mir schwer gemacht…«

*Metakognitionen:* Metaanalytische Befunde legen nahe, dass die Metakognitive Therapie nach Wells (2005) klassischen kognitiv-behavioralen Behandlungsoptionen bei Generalisierter Angststörung überlegen sein könnte (Normann, 2018). Entsprechend relevant ist die Erfassung von Metakognitionen bzw. Metasorgen für die Behandlung. Grundannahme der Metakognitiven Theorie ist, dass die Kernproblematik der Generalisierten Angststörung nicht in den ›eigentlichen‹ Sorgen besteht (im Sinne der Metakognitiven Therapie: Typ-1-Sorgen, z. B. »Meine Tochter könnte krank werden« oder »Was, wenn mein Auto kaputt geht – wie soll ich das finanziell stemmen?«), sondern in der dysfunktionalen Bewertung dieser Sorgen (negative Metakognitionen; z. B. »Die Sorgen sind unkontrollierbar.«) und den daraus resultierenden Typ-2-Sorgen (z. B. »Wenn ich mir weiter Sorgen mache, werde ich verrückt«; Wells, 2005, Wells & Carter, 2001). Ob Metakognitionen bei den Patient:innen eine Rolle spielen kann folgendermaßen erfragt werden (Korn, Sipos, & Schweiger, 2012):

1. »Nehmen wir an, Sie wären davon überzeugt, dass das Sich-Sorgen nicht schädlich, sondern ausschließlich eine sehr gute und hilfreiche Sache wäre. Hätten Sie dann noch ein Problem?«
2. »Nehmen wir an, Sie würden feststellen, dass Ihr Sich-Sorgen nach Belieben steuerbar ist und Sie entscheiden können, wann Sie Sich-Sorgen und wann nicht. Wie groß wäre Ihr Problem dann noch?«

> P: »Ich glaube schon, dass das ›Sich-Sorgen‹ irgendwie schädlich ist.«
> T: »Wodurch könnte es denn schaden?«
> P: »Ich denke, ich komme da nicht mehr raus und dann…« (Das ›Sich-Sorgen‹ wird als unkontrollierbar erlebt.)
> T: »Was würde denn passieren, wenn Sie da nicht mehr rauskämen?«
> P: »Dann würde das immer und immer mehr und… ich glaube, ich halte das dann gar nicht mehr aus. Mir wird es ja jetzt schon ganz heiß.«
> T: »Dieses ›Ich halte das dann gar nicht mehr aus‹ – Wie würde sich das denn äußern? Was wäre an Ihrem Leben anders, wenn Sie es ›gar nicht mehr aushalten‹ würden?

P: »*Ich glaube, dann würde ich gar nicht mehr klar kommen... Ich denke, dann würde ich in eine tiefe Depression fallen.*« *(Das ›Sich-Sorgen‹ wird als schädlich bewertet.)*
T: »*Verstehe ich Sie richtig, dass Sie fürchten, dass Sie Ihre Sorgen nicht kontrollieren könnten, und dass dies zwangsläufig zu einer Depression führen würde?*«
P: »*Ja, das macht mir wirklich Angst.*«

Gelangt man zu dem Schluss, dass Metakognitionen bzw. Typ-2-Sorgen einen maßgeblichen Beitrag zur Symptomatik leisten, werden die Metakognitionen einer gemeinsamen Prüfung unterzogen (z. B. »Welche Beweise sehen Sie dafür, dass die Sorgen unkontrollierbar sind? Kam es schon einmal vor, dass Sie aufgehört haben, sich Sorgen zu machen? Wodurch haben Sie das geschafft?«). Darüber hinaus erlernen die Patient:innen (durch Übungen zur losgelösten Aufmerksamkeit) ihre Gedanken zu beobachten und sie als Gedanken (nicht mehr und nicht weniger) zu bewerten (Wells, 2005).

### 4.2.3 Störungsspezifische Diagnostik bei Zwangsstörungen

Zwangsstörungen liegt in der Regel ein ›Unvollständigkeitsgefühl‹ zugrunde (Taylor, McKay, Crowe, Abramowitz, Conelea, Calamari, & Sica, 2014), das wiederum Resultat einer vorübergehenden partiellen Selbstaufgabe als Reaktion auf psychosozialen Stress ist (Hoffmann, & Hofmann, 2012). Dieses Unvollständigkeitsgefühl löst bei den Betroffenen Zweifel an ihrem Funktionsniveau, ihrer Impulskontrolle und ihren Wahrnehmungen aus, weshalb Zwangsstörungen auch als Zweifelkrankheiten verstanden werden können (Summerfeldt, 2004).

*Beispiele: Zweifel daran, ob man die Tür wirklich vollständig geschlossen, den Stecker wirklich gezogen hat (Kontrollzwänge). Zweifel daran, ob man sich die Hände richtig gewaschen hat, nicht doch eine verunreinigte Oberfläche berührt hat (Wasch- und Berührungszwänge). Zweifel daran, sich nicht womöglich doch selbst umbringen zu wollen, nicht vielleicht doch pädophil zu sein (Denkzwänge).*

In der Folge wird dem Zwangsgedanken ein kompensatorisches ›Such-‹ oder ›Kontrollverhalten‹ entgegengesetzt, das dazu dienen soll, den Zweifel mit 100-prozentiger Sicherheit auszuräumen. Dieses kann sich in willkürmotorischen Handlungen oder auch ›nur‹ verdeckt auf Ebene der Gedanken abspielen.

*Beispiele: Die Tür und den Stecker immer wieder kontrollieren; die Hände auf ganz bestimmte Art immer wieder waschen; die Situation gedanklich immer wieder durchspielen; alle Messer wegschließen; sich nicht in die Nähe von Kleinkindern begeben.*

Nach der Auslösesituation führt die ständige Beschäftigung mit dem Zwang und das damit assoziierte Vermeidungsverhalten schnell zu einer funktionellen Autonomie der Symptomatik (d. h. sie bleibt unabhängig von der Beseitigung des auslösenden Problems bestehen).

Für die Erfassung der Schwere von Zwangsgedanken und -handlungen liegen einige Fremd- und Selbstrating-Skalen vor, z. B. das Hamburger Zwangsinventar – Kurzform (HZI-K; Klepsch, Zaworka, Hand, Lünenschloß, & Jauernig, 1993) oder die Yale-Brown Obsessive-Compulsive Scale (Y-BOCS; Steketee, Frost, & Bogart, 1996). Die Behandlungsmethode der Wahl bei Zwangserkrankungen ist Exposition mit Reaktionsmanagement (Hohagen et al., 2015). Aufgrund des Expositionscharakters der Intervention sind zur Vorbereitung der Behandlung vergleichbare diagnostische Schritte wie bei Angsterkrankungen notwendig, d. h. Identifikation katastrophaler Annahmen, Angsthierarchie-Erstellung, etc.

*Katastrophale Befürchtung:* Im Zentrum des Verständnisses der individuellen Zwangsstörung steht die Frage nach der katastrophalen Befürchtung. Wie zuvor beschrieben, kann sich die katastrophale Befürchtung entweder aus der Auslösesituation ableiten lassen oder kann erschlossen werden, indem der:die Patient:in dazu angeleitet wird, Gedankenketten bis zu einem oft vermiedenen Schlusspunkt zu folgen. Wichtig ist es hierbei, bis zum Kern der Befürchtung vorzustoßen (z. B. »Wenn durch meine Unachtsamkeit ein Schmorbrand entstehen und das Haus in Flammen aufgehen würde, könnten durch meine Unachtsamkeit Menschen sterben. Mit dieser Schuld könnte ich nicht leben. Das würde mich verrückt machen.«) und nicht nur die direkte Folge des Zwangsverhaltens selbst zu betrachten (z. B. »Wenn ich den Stecker nicht kontrolliere, könnte ein Schmorbrand entstehen.«). Wie zuvor bei Angststörungen beschrieben, kann es auch hier passieren, dass die katastrophalen Befürchtungen nicht direkt benannt werden können oder, dass sie zu schambehaftet sind, um sie äußern zu können. Um die katastrophale Befürchtung zu eruieren, kann in diesen Fällen bei ausreichender Adhärenz der Patient:innen eine Exposition *in vivo* genutzt werden, um entsprechende Befürchtungen gezielt auszulösen. Zur Reduktion des Schamerlebens empfiehlt sich (wie bei den Angststörungen beschrieben) die Normalisierung der Zwangsgedanken durch das Ansprechen von Beispielen anderer Patient:innen.

*Verständnis der Zwangssituation:* Stärker noch als bei Angsterkrankungen, bei denen es sehr typische Auslöser und Vermeidungsstrategien gibt, muss das Verständnis von Auslösern und Vermeidungsstrategien bei Zwangsstörungen idiosynkratisch erschlossen werden. Hierfür werden Situationen, in denen Zwänge auftreten in Zeitlupe und mit allen Details betrachtet. Relevante Fragen für sind hierbei:

- Gibt es konkrete Auslösereize (d. h. Triggerreize)?
- Gibt es moderierende Faktoren, die die Zwangsgedanken schwächer oder stärker, das Kompensationsverhalten milder oder strikter werden lassen?
- Setzen die Patient:innen neben willkürmotorischen (sichtbaren) Kompensationsstrategien auch gedankliche (verdeckte) Kompensationsstrategien ein?
- Werden andere Personen (z. B. Partner:innen, Eltern) oder Hilfsmittel (z. B. Fotos zur nachträglichen Kontrolle) miteinbezogen?
- Welche Emotionen treten in den kritischen Situation auf (z. B. Angst, Ekel, Schuld)?
- Welche moralischen Werte, Regelsysteme oder religiösen Vorstellungen werden gegebenenfalls tangiert (z. B. Du sollst nicht ehebrechen)?

- Wie ist der Zielzustand definiert, d. h. wann kann der Zweifel als ausgeräumt gelten? (Hierfür fehlt den Patient:innen häufig ein klares Kriterium.)

Zur Beantwortung dieser Fragen können Tagebücher, freie Exploration, Situationsanalysen vorangegangener Episoden und die Arbeit mit diagnostischer *in-vivo*-Konfrontation genutzt werden, wie sie in ähnlicher Form bei den Angsterkrankungen besprochen wurden.

*Sekundäre Bewältigungsstrategien:* Wie beschrieben, führt die häufige Beschäftigung mit dem Zwang oft dazu, dass schnell eine manifeste Störung entsteht. Die Betroffenen entwickeln deshalb immer mehr Strategien, um gegen die eigenen Zweifel anzukommen – neben dem jeweiligen Zwangsverhalten im engeren Sinne auch Vermeidung, Sicherheitsverhalten und Gedankenunterdrückung, was wiederum dysfunktional zur Aufrechterhaltung der Störung beiträgt. Teilweise wenden die Patient:innen diese Strategien darüber hinaus schon seit mehreren Jahren an, sodass der ursprüngliche Zusammenhang mit Zwangsgedanken in einigen Fällen nur noch schwer erkennbar ist. Daher lohnt es sich, einen Blick auf den typischen Tagesablauf von Zwangspatient:innen zu werfen und die Veränderung der Strategien zur Bewältigung der Zwangsstörung (ausgehend von deren erstem Auftreten) anhand der Lebenslinie zu verfolgen.

> *Ein Patient mit dem Zwangsgedanken »Ich könnte mich jederzeit mit HIV infizieren« wäscht sich nach jedem Kontakt mit potentiell kontaminierten Flächen (z. B. Türklinken) ritualisiert für mehrere Minuten die Hände. Darüber hinaus berichtet er kein Zwangsverhalten (im engeren Sinne). Erst eine nähere Exploration des Alltags des Patienten zeigt, dass er Kontakt zu älteren Menschen (die in seinem Zwangssystem infektiöser sind als andere Personen) und Kindern (die in seinem Zwangssystem unreinlicher sind als andere Personen) nach Möglichkeit komplett vermeidet. Er sei auch seit mehreren Jahren (absichtlich) nicht mehr in (Zahn-)Arztpraxen und Krankenhäusern gewesen.*

*Die Rolle des sozialen Systems:* Häufig wird das soziale Umfeld der Betroffenen (z. B. Partner:innen, Eltern, Kinder) in das Zwangsverhalten einbezogen (Boeding et al., 2013), indem:

- es hilft, Triggerreizen aus dem Weg zu gehen (z. B. Aufgaben, die Patient:innen nicht durchführen ›können‹, werden mitübernommen).
- es aktiv an der Neutralisierung der Zwangsgedanken mitwirkt (z. B. der:die Partner:in hilft dem:der Betroffen:en beim Absuchen der Straße nach einem potenziell angefahrenen Kind).
- der Alltag den Regeln des Zwangssystems angepasst wird (z. B. wird zusätzliche Zeit beim Einkauf eingeplant, weil bekannt ist, dass der:die Betroffene den Wagen mehrfach ein- und ausräumen muss).

Das Verhalten des Umfelds verfolgt meist die Absicht, den Betroffenen zu unterstützen, kann jedoch dabei zu einem wesentlichen aufrechterhaltenden Faktor werden, der in der Therapie durch Psychoedukation der Betroffenen und ihres Umfelds abgebaut werden sollte.

*Metakognitionen:* Ausschlaggebend für die Entstehung von Zwangsstörungen sind nicht die aufkommenden Gedanken selbst (da diese auch bei gesunden Personen auftreten), sondern deren Bewertung (Neumann & Geissner, 2007). Im Sinne der metakognitiven Therapie können zwei Verarbeitungsmodi von Gedanken unterschieden werden: Ein metakognitiver Modus bei dem den Betroffenen klar ist, dass Gedanken eine Bewertung der Realität, nicht aber die Realität selbst darstellen, und ein Objektmodus, in dem die Gedanken als Abbild der Realität (miss-)verstanden werden (Wells, 2000). Die spezifischen dysfunktionalen metakognitiven Bewertungen der eigenen Gedanken sollten mit den Patient:innen erschlossen werden – durch gezieltes Erfragen oder Fragebögen [z. B. zwangsassoziierte Gedanken und Gefühle; Neumann, Reinecker, & Geissner, 2010). Relevante metakognitive Domänen, deren Exploration vorgenommen werden sollte sind u. a.:

- Meine Zwangsgedanken sind unkontrollierbar.
- Schlechte Gedanken führen zu schlechten Taten.
- Wenn ich zu lange darüber nachdenke, passiert es wirklich.
- Diese Zwangsgedanken machen mich noch verrückt.

### 4.2.4 Störungsspezifische Diagnostik bei Posttraumatischer Belastungsstörung

Die Posttraumatische Belastungsstörung (PTBS) entsteht als kausale Folge eines traumatischen Ereignisses. Traumatische Ereignisse werden dabei als katastrophale, (lebens-)bedrohliche Ereignisse verstanden, die bei beinahe allen Personen eine tiefe Verzweiflung auslösen würden (z. B. ein sexueller Missbrauch; ein schwerer Verkehrsunfall). Zur Erfassung der Schwere einer PTBS-Symptomatik liegen als Fremdrating u. a. die Clinician-Administered PTSD Scale for DSM-5 (CAPS; Müller-Engelmann et al., 2020) und als Selbstrating u. a. die Impact of Event Scale (IES; Maercker & Schützwohl, 1998) sowie die PTSD Checklist for DSM-5 (PCL-5; Sveen, Bondjers, & Willebrand, 2016) vor. Die leitlinienkonforme Behandlung der Posttraumatischen Belastungsstörung besteht in einer traumafokussierten Therapie (Schäfer et al., 2019). Diese beinhaltet neben Expositionsanteilen zur Integration des Trauma-Gedächtnisses und zur Reduktion von Ängsten häufig auch kognitive Therapieanteile zur Reduktion von Scham- und Schulderleben. Die Erfassung der zur Durchführung dieser Methoden notwendigen Informationen stellt eine Hauptaufgabe der störungsspezifischen PTBS-Diagnostik dar. Darüber hinaus ist es notwendig, die relativen Kontraindikationen einer Behandlung mit Expositionsverfahren im diagnostischen Prozess auszuschließen und ggf. notwendigen Stabilisierungsbedarf zu identifizieren.

*Abklärung von relativen Kontraindikationen eines traumafokussierten Vorgehens:* Eine relative Kontraindikation zur Durchführung traumafokussierter Therapien besteht bei (Schäfer et al., 2019):

- akuter psychotischer Symptomatik (z. B. Wahnideen, akutes Stimmenhören)
- akuten manischen Symptomen (z. B. Gedankenrasen, Hochgefühl)
- schwerwiegenden Störungen der Verhaltenskontrolle (z. B. hoher Fremdgefährdung)
- akuter Suizidalität

Das Vorliegen der jeweiligen Symptomatik sollte vor dem Beginn der traumafokussierten Behandlung strukturiert überprüft und im Verlauf der Behandlung zumindest nach Augenschein ausgeschlossen werden.

*Identifikation von Stabilisierungsbedarf:* Viele Patient:innen erleben in Folge der PTBS-Symptome deutliche Funktionseinschränkungen sowohl in sozialen (z. B. Eheprobleme) und beruflichen Bereichen (z. B. Arbeitsunfähigkeit) als auch bei Freizeitaktivitäten (z. B. Vermeidung von Gruppenaktivitäten; Bolton et al., 2004). Darüber hinaus treten bei den Betroffenen in einigen Fällen zusätzlich aggressives Verhalten (Fehon, Grilo, & Lipschitz, 2005; Taft, Watkins, Stafford, Street, & Monson, 2011) und häufig Substanzmissbrauch auf (Pietrzak, Goldstein, Southwick, & Grant, 2011). Es ist daher wichtig, das Funktionsniveau der Betroffenen im Alltag und das Vorliegen dysfunktionaler Bewältigungsmechanismen zu überprüfen. Dafür sollten Alltagssituationen der Betroffenen ausführlich exploriert werden und es sollte geklärt werden, ob sich das Funktionsniveau bzw. die Bewältigungsmechanismen bei Stress durch die Traumatisierung verändert haben. Falls notwendig, sollten stabilisierende Maßnahmen durchgeführt werden, bevor mit der Durchführung einer traumafokussierten Therapie begonnen werden kann.

*Erfassung des Angstnetzwerks:* Klassische Konditionierung' ist ein basaler Lernprozess dem in der Kognitiven Verhaltenstherapie eine bedeutende Rolle bei der Entstehung einer Vielzahl psychischer Störungen (inkl. der PTBS) beigemessen wird. Für die Stärke der Assoziation zwischen einem konditionierten Reiz und einer konditionierten Reaktion ist neben der Quantität der Lernzyklen primär deren Intensität relevant. Durch das per definitionem katastrophale Ausmaß eines traumatischen Erlebnisses erfahren die zu diesem Zeitpunkt anwesenden Stimuli eine besonders starke Assoziation mit der Angst und dem Leid, die im Zuge der Traumatisierung erlebt wurden (Paunovic, Lundh, & Öst, 2002). Durch die Stärke dieser Assoziation sowie Generalisierungseffekte können perzeptuell ähnliche Alltagsgegenstände, -geräusche oder -gerüche das Traumagedächtnis triggern und so zu intrusivem Wiederleben führen und traumaassoziierte emotionale und physiologische Reaktionen auslösen. Die Summe der Verbindungen dieser Auslöse- oder Triggerreize wird als Angstnetzwerk bezeichnet. Um die Expositionstherapie möglichst effektiv gestalten zu können, müssen möglichst viele dieser Trigger identifiziert werden. Dabei sollten nach Möglichkeit alle Sinnesmodalitäten angesprochen werden (sehen, riechen, hören, schmecken und tasten). Die Bestandteile des Angstnetzwerks können Bottom-up, also durch die Identifikation von individuellen Trauma-Triggern im Alltag erschlossen werden (z. B. durch Situationsanalysen). Darüber hinaus ist ein *Top-down*-Zugang möglich, d. h. Rückschlüsse aus den Informationen über die Trauma-Situation [z. B. das Trauma fand im Sommer nachts (Dunkelheit) und im

Park statt (unübersichtliches Gelände, Geruch von Gräsern], während es regnete (Plätschern von Regen)].

*Identifikation von Stuck Points:* Die Bearbeitung von ›Stuck Points‹ (d. h. Hängepunkten oder Stolpersteinen) ist ein Kernelement der Cognitive Processing Therapy (Dancu, 1994). Sie bestehen häufig aus Wenn-dann-Sätzen und beziehen sich auf die Ursache des Traumas oder auf die Veränderung der Selbst- oder der Weltwahrnehmung durch das Trauma (z. B. »Wenn ich so etwas Schlimmes erlebe, dann muss ich es verdient haben.«; »Wenn ich jemandem vertraue, dann riskiere ich es, verletzt zu werden.«). Stuck Points sind relevant, da sie eine funktionale Traumaverarbeitung verhindern – sie bilden eine gedankliche Barriere, bei der die kognitive Flexibilität der Betroffenen stark eingeschränkt ist. Häufig liegt ihnen Assimilation (d. h. eine neue Erfahrung wird in bestehende Überzeugungen integriert, z. B. »Nur schlechten Menschen passiert so etwas – also muss ich schlecht sein.«) oder eine Über-Akkomodation zugrunde (d. h. eine übermäßige Anpassung der eigenen Überzeugungen an die neue Erfahrung, z. B. »Ich wurde von einem Mann vergewaltigt – alle Männer sind gefährlich.«). Zur Erschließung der Stuck Points werden zwei Schritte durchlaufen.

1. Die Patient:innen erhalten als Hausaufgabe den Auftrag, einen Text über die Ursachen des Traumas und dessen Folgen zu schreiben (z. B. Wie hat das Trauma Ihr Sicherheitsgefühl verändert? Hat das Trauma Ihren Wert als Mensch verändert? Hat das Trauma Ihr Denken über andere Menschen verändert?)
2. Die Patient:innen lesen den Therapeut:innen den Text in der nächsten Sitzung vor. Die Therapeut:innen notieren sich die Stuck Points und identifizieren Assimilation und Über-Akkomodation.

Im Zuge der Therapie werden diese Hängepunkte bzw. Stolpersteine mit Hilfe kognitiver Techniken (z. B. ABC-Modell) bearbeitet. Das heißt, die Stuck Points werden durch Techniken der kognitiven Umstrukturierung systematisch in Frage gestellt und korrigiert.

*Weitere diagnostische Schritte:* Aufgrund des Expositionscharakters vieler traumafokussierter Therapiemethoden sind neben den genannten Ansätzen, in der Regel auch jene diagnostischen Methoden indiziert, die bei den Angststörungen zur Vorbereitung von Expositionen beschrieben wurden (z. B. Identifikation katastrophaler Befürchtung, Erfassen der Aufmerksamkeitslenkung, Erstellen einer Angsthierarchie.

## 4.2.5 Störungsspezifische Diagnostik bei Essstörungen

Die beiden Hauptkategorien der Essstörungen in der ICD-10 sind die Anorexia nervosa und die Bulimia nervosa. Im DSM-5 und in der ICD-11 werden diese durch die Binge-Eating-Störung und die Störung mit Vermeidung oder Einschränkung der Nahrungsaufnahme ergänzt. Die Störung mit Vermeidung oder Einschränkung der Nahrungsaufnahme ist bislang beinahe ausschließlich bei Kindern und Jugendlichen beforscht und ist aller Voraussicht nach für die Psychotherapie des Erwachsenenalters von untergeordneter Bedeutung (Gradl-Dietsch, Herpertz-Dahlmann, Degenhardt, & Hebebrand, 2020), weshalb die nachfolgende Darstellung die störungsspezifische Diagnostik der Anorexia nervosa, der Bulimia nervosa und der Binge-Eating-Störung fokussiert. Als Gemeinsamkeiten der Anorexia nervosa, der Bulimia nervosa und der Binge-Eating-Störung werden eine perfektionistische Grundeinstellung, ein geringer Selbstwert, Probleme der Emotionsregulation und ein negatives Körperselbstbild angenommen (Wunderer & Schnebel, 2008). Für die Erfassung von Essstörungen liegen u. a. mit dem Fragebogen zum Essverhalten (FEV; Pudel & Westenhöfer, 1989) und der Eating Disorder Examination (EDE; Hilbert, Tuschen-Caffier, Karwautz, Niederhofer, & Munsch, 2007) etablierte Selbst- und Fremdratings vor.

*Erfassung des Essverhaltens:* Für alle Essstörungen ist es essenziell, zunächst einen Überblick über Nahrungsaufnahme und Essgewohnheiten zu erhalten. Hierfür eignen sich in erster Linie Ernährungstagebücher (auch Essprotokolle genannt), in denen die Patient:innen vermerken, wann sie, wie lange, was und in welcher Menge, mit wem gemeinsam gegessen haben. Zusätzlich sollten erfasst werden: die Situationen, der affektive Zustand vor und nach dem Essen, ob es zu einer Essattacke kam und ob kompensatorische Maßnahmen eingeleitet wurden. Darüber hinaus sollte erfragt werden, ob die Patient:innen eine implizite oder explizite Liste verbotener Lebensmittel führen. Die entsprechende Abfrage kann entweder frei oder auf Basis einer Lebensmittelliste erfolgen. Es sollte eingestuft werden, ob die Betroffenen die Lebensmittel nie (rote Liste), nur in Ausnahmesituationen (gelbe Liste) oder regelhaft essen würden (grüne Liste). Ausgehend von dieser Liste sollte zudem die Logik hinter dem Verzicht aufgedeckt werden. Die Patient:innen sollten nach ihren Befürchtungen gefragt werden, d. h. was passieren könnte, wenn sie die entsprechenden Nahrungsmittel in ihren Speiseplan integrieren würden. Darüber hinaus sollte erfragt werden, welche Eigenschaften der Nahrungsmittel mit welchen Befürchtungen gekoppelt sind (z. B. »Kohlenhydrate machen dick«). Neben der Erfassung der auf die Nahrungsmittel bezogenen Ängste ist es sinnvoll, auf Basis der Ernährungstagebücher weitere ernährungsspezifische ›Mythen‹ zu explorieren (z. B. über die ›richtige‹ Anzahl an Mahlzeiten pro Tag, die Nützlichkeit von Diäten usw.).

*Analyse von Essattacken:* Essattacken treten häufig in spezifischen Trigger-Situationen auf (Waters, Hill & Waller, 2001). In diesen Situationen besteht eine hohe Wahrscheinlichkeit für das Versagen der Selbstregulation der Betroffenen, weshalb Stimuluskontrolltechniken einen bedeutsamen Bestandteil des Behandlungsplans ausmachen. Zudem können Stimuluskontrolltechniken therapeutisch durch den Aufbau alternativer Verhaltensweisen ergänzt werden. Die alternativen Verhaltensweisen sollten dabei so gewählt werden, dass sie das primäre Bedürfnis der Betroffenen nach Möglichkeit erfüllen (s. u.) und gleichzeitig unvereinbar mit dem abzubauenden Problemverhalten sind. Für den Einsatz dieser Stimuluskontrolltechniken und den Aufbau alternativer Verhaltensstrategien sind sowohl die Kenntnis der spezifischen Auslösestimuli als auch der Funktion des jeweiligen Problemverhaltens erforderlich. Relevante Variablen für Auslösesituationen sind:

- intrapsychische Faktoren (z. B. Stimmung, Wirkungserwartung, Anspannungsniveau)
- Kontextfaktoren innerhalb der Situation (z. B. andere anwesende Personen, Ort)
- Kontextfaktoren außerhalb der Situation (z. B. was ist zuvor passiert, was folgt?)
- Verfügbarkeit notwendiger Hilfsmittel (z. B. Menge an verfügbaren Nahrungsmitteln)

Erfahrungsgemäß fällt es den Betroffenen häufig leichter, die Perspektive zu wechseln und sich die Frage zu stellen, was sie tun müssten, um das Problemverhalten auszulösen, als die Frage zu beantworten, wie sie entsprechende Trigger-Situationen vermeiden könnten. Zur Prävention des Auftretens von Essattacken ist es relevant, die Funktion hinter dem problematischen Verhalten zu besprechen. Zur Orientierung sollten dabei insbesondere folgende Funktionen berücksichtigt werden (Wedig & Nock, 2010):

- Reduktion negativer Affekte (83 % der Betroffenen)
- Beschäftigung bei Alleinsein (72,9 % der Betroffenen)
- Beschäftigung bei Langeweile (60,4 % der Betroffenen)
- Vermeidung unangenehmer Aktivitäten (40,8 % der Betroffenen)
- Reduktion negativer Gedanken (40,4 % der Betroffenen)
- Provokation von Reaktionen anderer Personen (18,1 % der Betroffenen)

*Erfassung des Kompensationsverhaltens:* Sowohl bei der Anorexia nervosa, der Bulima nervosa als auch der Binge-Eating-Störung kann es zu Kompensationsverhalten kommen – in der Regel entweder durch Übergeben, Abführmittel oder exzessiven Sport (Munsch, 2003). Darüber hinaus kann restriktives Essverhalten ebenfalls als Kompensationsverhalten gewertet werden. Wie für die Erfassung des Essverhaltens an sich sollten auch Kompensationsmaßnahmen über eine oder besser mehrere Wochen durch Ernährungstagebücher erfasst werden. Darüber hinaus sollte exploriert werden, unter welchen Bedingungen das kompensatorische Verhalten auftritt. Dabei kann parallel zur Analyse der Auslöser von Essattacken vorgegangen werden. Die zu erfassenden Funktionen ähneln dabei ebenfalls denen von Essattacken. Bei selbstinduziertem Erbrechen sind insbesondere folgende Funktionen abzuklären (Wedig & Nock, 2010):

- Die Reduktion negativer Affekte (78,3 % der Betroffenen)
- Um rasende Gedanken zu reduzieren (49,2 % der Betroffenen)
- Beschäftigung bei Alleinsein (46,4 % der Betroffenen)
- Beschäftigung bei Langeweile (36,3 % der Betroffenen)
- Um irgendetwas zu fühlen (44,7 % der Betroffenen)
- Vermeidung unangenehmer Aktivitäten (33,5 % der Betroffenen)

Bei restriktivem Essverhalten spielen hingegen auch selbstwertdienliche Funktionen eine Rolle (Wang et al., 2020):

- Stolz auf sich selbst sein (76,7 % der Betroffenen)
- Den eigenen Körper spüren (76,5 % der Betroffenen)

- Kontrolle über das Leben erhalten (71,6 % der Betroffenen)
- sich gut fühlen (68,1 % der Betroffenen)
- Reduktion negativer Gefühle (51,8 % der Betroffenen)
- irgendetwas fühlen (46,4 % der Betroffenen)

*Erfassung des Körperbildes:* Die Korrektur des Körperbilds ist neben der Normalisierung des Essverhaltens und der Reduktion von kompensatorischen Verhaltensweisen eine wesentliche Säule der Behandlung von Essstörungen (Vocks, Legenbauer, Troje, & Schulte, 2006). Die Betroffenen haben häufig subjektive »Problemzonen«, die sie entweder immer wieder kontrollieren oder mit denen sie eine Auseinandersetzung vermeiden – beides trägt zu einer Aufrechterhaltung eines verzerrten Körperbildes bei. Das Körperbild sollte mehrdimensional erfasst werden:

- Wie hat sich das Körperbild von der Kindheit, über die Jugend bis heute verändert? Hierbei ist es relevant, den Zeitpunkt und damit zusammenhängend die Auslöser der veränderten Wahrnehmung abzuklären. Häufig fällt die Veränderung der Wahrnehmung mit körperlichen Veränderungen im Zuge der Pubertät zusammen oder die Betroffenen haben zuvor negative Rückmeldungen zu ihrem Körper erhalten oder Missbrauch erlebt.
- Wie wird der Körper beschrieben, wie wird er bewertet? Welche Gefühle löst er aus? Wie wird mit ihm umgegangen? Inwiefern hängt das eigene Selbstwertgefühl mit dem Körper zusammen? Wie ist die Veränderungserwartung bzgl. Zunahme oder Abnahme des Körpergewichts? Hierbei gilt es in erster Linie kognitive Verzerrungen bzgl. der Vorstellungen des eigenen Körpers und seiner Veränderungen zu erfassen (z. B. Alles-oder-Nichts-Denken: »Wenn ich beginne, zuzunehmen, werde ich nicht mehr damit aufhören.« Generalisierung: »Wenn ich die Kontrolle über mein Körpergewicht verliere, verliere ich auch die Kontrolle über mein Leben.«).
- Welche Körperregionen werden als besonders problematisch empfunden und wieso? Inwiefern wird die Auseinandersetzung mit diesen Körperregionen vermieden? Inwiefern werden diese Körperregionen kontrolliert? Um die Wahrscheinlichkeit des Auslassens schwieriger Körperregionen zu reduzieren, sollten anhand eines Fotos des:der Patient:in oder anhand einer schematischen Darstellung einer Person alle Aspekte des Körpers durchgegangen (z. B. das Gesicht, die Schultern, die Oberarme, die Unterarme usw.) und deren Wahrnehmung (z. B. wie ist die Form, wie fühlt sich die Körperregion an, wie ist ihre Oberfläche beschaffen) sowie die assoziierten Gefühle erfragt werden (z. B. Ekel, Scham, Angst). Zudem liegen zur Erfassung des Umgangs mit dem eigenen Körperbild u. a. mit dem Body Checking Questionnaire und dem Body Image Avoidance Questionnaire standardisierte Fragebögen vor (Vocke, 2010).

# 5 Diagnostik von Persönlichkeitsstilen und -störungen

> **Zusammenfassung**
>
> Persönlichkeitsstörungen sind Beziehungsstörungen die Diagnostiker:innen vor besondere Herausforderungen stellen:
>
> - Persönlichkeitsstörungen sind ich-synton, d. h. die Symptomatik wird als zur Persönlichkeit dazugehörig erlebt, weshalb sie nicht bzw. selten spontan berichtet wird.
> - Selbst- und Fremdberichtverfahren zur Erfassung von Persönlichkeitsstörungen weisen in der Regel eine bedeutsam niedrigere psychometrische Güte und Treffsicherheit auf als Selbst- und Fremdberichtverfahren für andere psychische Störungen.
> - Die mit Persönlichkeitsstörungen inhärent verbundenen interaktionellen Schwierigkeiten treten auch in der diagnostischen bzw. therapeutischen Situation auf.
>
> Neben einer deskriptiven Erfassung der Symptome sollte die Diagnostik von Persönlichkeitsstörungen daher um eine Auseinandersetzung mit prototypischen Merkmalen (z. B. typische Modi) sowie eine problemorientierte Perspektive (z. B. deprivierte Beziehungsmotive) ergänzt werden.
>
> - *Paranoide Persönlichkeitsstörung*: Relevante Beziehungsmotive sind Solidarität und Territorialität. Auf Ebene der Bewältigungsmodi dominiert ein ›misstrauischer Überkontrollierer‹.
> - *Schizoide Persönlichkeitsstörung*: Zentrale Beziehungsthemen sind Wichtigkeit und Autonomie. Ein ›fordernder Elternmodus‹ und ein ›distanzierter Beschützer‹ resultieren in sozialer Zurückgezogenheit und Distanziertheit.
> - *Schizotype (Persönlichkeits-)Störung*: In der ICD-10 und ICD-11 wird diese Störung nicht den Persönlichkeitsstörungen, sondern dem schizophrenen Formenkreis zugerechnet, im DSM-5 ist sie eine Persönlichkeitsstörung.
> - *Antisoziale Persönlichkeitsstörung*: Die antisoziale Persönlichkeitsstörung ist durch eine mangelnde Inhibition riskanter Verhaltensweisen und psychopathische Züge gekennzeichnet. Auf Seite der Bewältigungsmodi zeigt sich primär ein ›Schikanierender Angreifer‹.

- *Narzisstische Persönlichkeitsstörung*: Primäres Motiv ist das Bedürfnis nach Anerkennung, gefolgt von Wichtigkeit. Der ›narzisstische Selbstüberhöher‹ ist der wichtigste Bewältigungsmodus.
- *Histrionische Persönlichkeitsstörung*: Das Streben nach Wichtigkeit und ein Ringen um Verlässlichkeit stellen die Kernthemen der histrionischen Persönlichkeitsstörung dar. Um diese Bedürfnisse (kurzfristig) zu befriedigen, zeigt sich in der Regel ein starker nach ›Aufmerksamkeit und Bestätigung suchender‹ Modus.
- *Borderline-Persönlichkeitsstörung*: Die Verletzung der eigenen Grenzen und eine Deprivation des Bedürfnisses nach Verlässlichkeit dominieren die (kindlichen) Beziehungserfahrungen von Personen mit Borderline-Persönlichkeitsstörung. Auf Ebene der Modi zeigt sich eine starke Dominanz der ängstlichen, wütenden und impulsiven Kindmodi, denen primär ein ›distanzierter Selbstschutzmodus‹ versucht, Herr zu werden.
- *Zwanghafte Persönlichkeitsstörung*: Zentral ist das Beziehungsmotiv der Solidarität. Durch Überkompensation in Form eines ›zwanghaften Kontrolleurs‹ wird der Versuch unternommen, den Ansprüchen stark fordernder Elternanteile gerecht zu werden.
- *Dependente Persönlichkeitsstörung*: Dominant sind die Beziehungsmotive Verlässlichkeit und Solidarität. Auf Ebene der Modi zeigt sich eine ›Unterwerfung‹ unter das Diktat fordernder und strafender Elternanteile, die die Betroffenen zwingen, ihre eigenen Bedürfnisse hinter die Wünsche anderer zurückzustellen.
- *Vermeidend-selbstunsichere Persönlichkeitsstörung*: Wie bei der narzisstischen Persönlichkeitsstörung dominieren die Motive Anerkennung und Wichtigkeit. ›Strafende Elternanteile‹ werden jedoch nicht durch eine Überkompensation abgewehrt, sondern die Betroffenen reagieren mit einem ›vermeidenden Selbstschutzmodus‹.

Eine differenzialdiagnostische Abgrenzung sollte sowohl andere Persönlichkeitsstörungen als auch psychische Störungsbilder anderer Störungskategorien berücksichtigen.

Persönlichkeitsstörungen sind ›Beziehungsstörungen‹. Sie sind gekennzeichnet durch deutliche Abweichungen vom ›normalen‹ Wahrnehmen, Denken und Fühlen, die in einem stabilen und rigiden Muster interpersonellen Verhaltens resultieren, das bei Betroffenen oder anderen Leid auslöst (Fiedler & Herpertz, 2016). ›Normales‹ menschliches Erleben und Verhalten und Persönlichkeitsstörungen bilden ein Kontinuum, auf dem u. a. markante Persönlichkeitsstile und Persönlichkeitsakzentuierungen liegen.

Während die Fortentwicklung der ICD-10 zur ICD-11 bei vielen Störungskategorien zu eher moderaten Veränderungen führte (► Kap. 2), sind die Neuerungen der ICD-11 im Bereich der Persönlichkeitsstörungen recht bedeutsam. Die kategoriale Persönlichkeitsstörungsdiagnostik wird beinahe vollständig durch eine dimensionale ersetzt – die einzige spezifische Persönlichkeitsstörung, die als singuläre Kategorie erhalten bleibt, ist die Borderline-Persönlichkeitsstörung. Ein Exkurs zur Persönlichkeitsstörungsdiagnostik in der ICD-11 findet sich in nachfolgendem Kasten . Wie zuvor beschrieben, besitzt eine dimensionale Diagnostik gegenüber einer kategorialen Diagnostik einige Vorteile, jedoch ebenso Nachteile (► Kapitel 2). Im Folgenden behält dieses Buch die Orientierung am kategorialen Ansatz vor allem aus vier Gründen bei:

- Die ICD-10 bleibt vorerst das in Deutschland gültige Klassifikationssystem und die Einführung der ICD-11 wird von einer mehrjährigen Übergangsphase begleitet sein, in der die ICD-10 parallel benutzt wird.
- Eine kategoriale Perspektive wird die praktische Arbeit aller Voraussicht nach auch nach der Einführung der ICD-11 prägen, da sie fest in der Denkweise praktisch tätiger Kliniker:innen verankert ist.
- Die internationale Forschung orientiert sich weiterhin vor allem am kategorialen Ansatz des DSM-5 (das jedoch ebenfalls eine alternative dimensionale Betrachtung kennt) und es wird voraussichtlich noch mehrere Jahre dauern, bis gesichertes empirisches Wissen und Praxiserfahrung zum neuen Ansatz der ICD-11 vorliegen.
- Die Klassifikation nach ICD-11 ist weniger komplex als die Diagnostik nach ICD-10 (z. B. durch den Wegfall einer Differenzialdiagnostik zwischen spezifischen Persönlichkeitsstörungen), sodass Personen, die die kategoriale Persönlichkeitsstörungsdiagnostik beherrschen vermutlich wenig Probleme mit der Anwendung des ICD-11-Ansatzes haben werden (was umgekehrt nicht der Fall sein dürfte).

### Persönlichkeitsstörungsdiagnostik nach ICD-11

Nach dem neuen Ansatz der ICD-11 wird zunächst geprüft, ob die allgemeinen Kriterien einer Persönlichkeitsstörung erfüllt sind (Bach und First, 2018). Darunter fallen das Vorliegen andauernder Probleme im Funktionsniveau des Selbst und/oder eine interpersonelle Dysfunktion über eine Dauer von mehr als zwei Jahren. Die Auffälligkeiten müssen sich Interaktionspartner:innen und Situationen übergreifend in manifesten und maladaptiven kognitiven und emotionalen Mustern sowie in maladaptiven Verhaltensweisen zeigen. Die Problematik darf nicht entwicklungsangemessen (z. B. im Rahmen der Pubertät) oder durch andere Ursachen (z. B. Substanzkonsum oder andere psychische Störungen) besser erklärbar sein. Die Problematik muss zu erheblichem Leidensdruck und/oder Funktionseinschränkungen führen. Nach Feststellen des Zutreffens der allgemeinen Kriterien wird der Schweregrad der Persönlichkeitsstörung bestimmt (mild, moderat oder schwer), hierfür kann die deutsche Version des ›Standardized Assessment of Personality Disorders‹ genutzt werden (Olajide et al., 2018). Neben der Vergabe der Diagnose einer Persönlichkeitsstörung wird zudem die Möglichkeit bestehen, eine subklinische Kodierung zu verwenden, eine Kategorie die dem bislang klinisch gängigen (aber nicht kodierbaren) Konzept der Persönlichkeitsakzentuierung entspricht. Die bisherigen kategorialen Persönlichkeitsstörungsdiagnosen werden durch eine dimensionale Beschreibung auf den Facetten negative Affektivität, Dissozialität, Verschlossenheit, Enthemmung und Zwanghaftigkeit ersetzt, die jedoch für die eigentliche Diagnosestellung irrelevant sind (Mitmansgruber, 2020; Tyrer, & Crawford, 2015). Dieser neue Ansatz ersetzt alle spezifischen Persönlichkeitsstörungsdiagnosen mit Ausnahme der Borderline-Persönlichkeitsstörung, die (trotz der Umbenennung der Emotionalinstabilen Persönlichkeitsstörung) beinahe unverändert fortbesteht.

Persönlichkeitsstörungen lassen sich nach DSM-5 in drei Cluster einteilen, die in Tabelle 5.1 gemeinsam mit der Benennung der Störungen nach DSM-5 und ICD-10 dargestellt sind (▶ Tab. 5.1; American Psychiatric Association, 2013).

Tab. 5.1: Terminologie und Klassifikation von Persönlichkeitsstörungen

| Cluster | DSM 5 | ICD-10 |
| --- | --- | --- |
| A<br>Sonderbar und exzentrisch | Paranoid | Paranoid (F60.0) |
| | Schizoid | Schizoid (F60.1) |
| | Schizotyp | Schizotype Störung (F21) |
| B<br>Dramatisch und launenhaft | Antisozial | Dissozial (F60.2) |
| | Borderline | Emotional-instabil (F60.3) |
| | Histrionisch | Histrionisch (F60.4) |
| | Narzisstisch | Sonstige spezifische Persönlichkeitsstörung (F60.8) |
| C<br>Ängstlich und vermeidend | Vermeidend-selbstunsicher | Ängstlich (vermeidend) (F.60.5) |
| | Dependent | Abhängig (asthenisch) (F60.6) |
| | Zwanghaft | Anankastisch (zwanghaft) (F60.7) |

## 5.1 Therapeutische Relevanz von Persönlichkeitsstilen und -störungen

Persönlichkeitsstörungen sind relativ häufig, sowohl in der Allgemeinbevölkerung aber vor allem auch unter Patient:innen, die eine ambulante Psychotherapie aufnehmen (▶ Tabelle 5.2). Persönlichkeitsstörungen gehen dabei im Allgemeinen mit einer deutlichen Einschränkung der Funktionsfähigkeit einher. Es mag bei der Betrachtung von Tabelle 5.2 zunächst verwundern, weshalb Narzisstische, Histrionische und Zwanghafte Persönlichkeitsstörungen nicht mit allgemeinen Einschränkungen verbunden sind. Dies liegt vermutlich daran, dass es bei diesen Persönlichkeitsstörungen so etwas wie einen ›erfolgreichen‹ Subtypen gibt – denn extrem von sich überzeugt zu sein, sich hervorragend präsentieren zu können und perfektionistisch zu sein, hat in einigen Lebensbereichen durchaus auch Vorteile (Sachse, 2012). Die gleichzeitige Berücksichtigung ›nicht-erfolgreicher‹ und ›erfolgreicher‹ Individuen mit den jeweiligen Persönlichkeitsstörungen führen vermutlich zu dem im Mittel annähernd ›normalen‹ Funktionsniveau. Ähnlich verhält es sich bei der Antisozialen Persönlichkeitsstörung, da auch eine reduzierte Empathie und eine erhöhte Risikoneigung in manchen Lebens- und Arbeitswelten erfolgsassoziiert sein können.

Persönlichkeitsstörungen sind höchst behandlungsrelevant – nicht nur weil sie selbst hohen Leidensdruck verursachen (bei sich oder anderen), sondern auch weil sie Behandlungserfolge bei komorbid vorliegenden Störungen weniger wahrscheinlich machen (Berger et al., 2004; Newton-Howes, Tyrer, & Johnson, 2006; Post et al., 2020; Prasko et al., 2005; Turner, 1987). Dies ist problematisch, denn die Komorbiditätsraten zwischen Persönlichkeitsstörungen und anderen Störungen sind hoch und betragen beispielsweise 42 % für bipolare Störungen, 45 % für Depression, 60 % für die Dysthymia (Friborg et al., 2014), 41 % für die Panikstörung, 48 % für Soziale Phobien, 35 % für posttraumatische Belastungsstörungen, 47 % für Generalisierte Angststörung, 52 % für die Zwangsstörung (Friborg, Martinussen, Kaiser, Overgård, & Rosenvinge, 2013), 49 % für die Anorexia nervosa und 54 % für die Bulimia nervosa (Martinussen et al., 2017). Hinzu kommen hohe Komorbiditätsraten der Persönlichkeitsstörungen untereinander – die Wahrscheinlichkeit, dass eine Person die Kriterien zweier Persönlichkeitsstörungen erfüllt, ist höher als die Wahrscheinlichkeit, dass nur eine spezifische Persönlichkeitsstörung singulär vorliegt. Tabelle 5.2 zeigt die Wahrscheinlichkeit bei Vorliegen einer spezifischen Persönlichkeitsstörung, die Kriterien einer weiteren Persönlichkeitsstörung zu erfüllen (▶ Tab. 5.2; Fossati et al., 2000).

## 5.1 Therapeutische Relevanz von Persönlichkeitsstilen und -störungen

Tab. 5.2: Prävalenzen und Beeinträchtigungsgrad bei Persönlichkeitsstörungen

| | Prävalenz Allgemein[a] | Prävalenz Klinisch[b] | Geschlechterverhältnis[b] | Beeinträchtigung[b] | Komorbide Persönlichkeitsstörung[c] |
|---|---|---|---|---|---|
| Paranoid | 2,1 % | 9,6 % | gleich | stark | 66,7 % |
| Schizoid | 1,1 % | 1,9 % | eher mehr Männer | stark | 100 % |
| Schizotyp | 1,2 % | 5,7 % | eher mehr Männer | stark | 60,0 % |
| Antisozial | 2,2 % | 5,9 % | deutlich mehr Männer | wenig | 75,0 % |
| Borderline | 1,5 % | 28,5 % | gleich | stark | 52,6 % |
| Histrionisch | 1,5 % | 9,7 % | eher mehr Frauen | nicht per se | 81,4 % |
| Narzisstisch | 2,2 % | 10,1 % | eher mehr Männer | nicht per se | 59,7 % |
| Vermeidend-selbstunsicher | 2,4 % | 24,6 % | eher mehr Frauen | stark | 59,1 % |
| Dependent | 0,8 % | 15,0 % | gleich | stark | 61,5 % |
| Zwanghaft | 0,7 % | 10,5 % | eher mehr Männer | nicht per se | 54,5 % |
| Irgendeine | 13,4 % | 64,4 % | gleich | (stark) eingeschränkt | >50 % |

Anmerkungen. Prävalenzen sind Mittelwerte von Punktprävalenzen zu verschiedenen Messzeitpunkten [b]. [a] Johnson, Cohen, Kasen, Skodol und Oldham (2008), [b] Torgersen (2013), [c] Fossati (2000).

## 5.2 Herausforderungen der Diagnostik von Persönlichkeitsstörungen

Die kategoriale Diagnostik von Persönlichkeitsstörungen stellt Diagnostiker:innen vor eine Reihe von Herausforderungen (Sachse, 2012):

- *Persönlichkeitssymptomatik wird nicht spontan berichtet:* Persönlichkeitsstörungen sind ich-synton, d. h. anders als bei anderen Störungen wird das Symptom nicht als solches bzw. nicht als problematisch erkannt. Zum Beispiel glaubt eine Person mit narzisstischer Persönlichkeitsstörung in der Regel nicht, dass ihr Problem darin besteht, dass sie Größenphantasien hat und eine besondere Behandlung verlangt – stattdessen besteht das Problem ihrer Auffassung nach in der Regel darin, dass andere ihr Potenzial nicht erkennen und sie aus Neid heraus abfällig behandeln.
- *Selbstberichtsverfahren sind nicht reliabel und valide:* Während Screening-Verfahren bei anderen Störungen durchaus gute Ergebnisse erzielen, ist die Reliabilität und Validität von Selbstberichtsverfahren bei Persönlichkeitsstörungen stark eingeschränkt. So liegt die Übereinstimmung zwischen einem Selbst- und Fremdrating hinsichtlich spezifischer Persönlichkeitsstörungen bei einem Median von $K = 0{,}08$ (entspricht Zufallsniveau; Samuel, 2015). Bei anderen Störungskategorien ist diese deutlich höher [z. B. $K_{\text{depressive Störung}} = 0{,}50$ (Stuart et al., 2014); $K_{\text{Essstörungen}} = 0{,}50$ (Allen, Fursland, Watson, & Byrne, 2011); $K_{\text{Abhängigkeitserkrankungen}} = 0{,}48$ (Wiseman & Heithoff, 1996)].
- *Interaktionelle Schwierigkeiten in der diagnostischen Situation:* Interaktionsstile von Patient:innen (und Therapeut:innen) beeinflussen die diagnostische und therapeutische Situation, was bei Persönlichkeitsstörungen mit einer hohen Wahrscheinlichkeit interaktioneller Probleme verbunden ist (z. B. versucht eine Person mit Narzisstischer Persönlichkeitsstörung auch in der diagnostischen Situation ihr Bedürfnis nach Anerkennung zu befriedigen). Eben diese interaktionellen Schwierigkeiten stellen jedoch gleichzeitig eine wichtige Informationsquelle für die Diagnostik von Persönlichkeitsstörungen dar.

Diese Probleme (bzw. Herausforderungen) spiegeln sich ebenfalls in Befunden zu Reliabilität und Validität von Persönlichkeitsstörungsdiagnosen wider. Die Inter-Rater-Reliabilität unstrukturierter Interviews für die Frage, ob (irgend-)eine Persönlichkeitsstörung vorliegt, liegt bei $K = 0{,}52$ (Samuel, 2015) – damit bleibt jedoch die Frage offen, um welche Persönlichkeitsstörung es sich handelt. Die Inter-Rater-Reliabilität für spezifische Persönlichkeitsstörungen liegt zwischen $K = 0{,}22$ (Schizoide Persönlichkeitsstörung) und $K = 0{,}43$ (Antisoziale Persönlichkeitsstörung) und damit in einem gerade so ausreichenden Bereich. Wie bei anderen Störungen (▶ Kap. 4) kann die Reliabilität der Diagnostik von Persönlichkeitsstörungen durch die Verwendung von (halb-)strukturierten Interviews erheblich gesteigert werden. Für spezifische Persönlichkeitsstörungen liegt sie zwischen $K = 0{,}58$ (Dependente Persönlichkeitsstörung) und $K = 1{,}0$ (Antisoziale Persönlichkeitsstörung; Somma et al., 2017). Doch auch das SCID-5-PD (vormals SKID-II) stimmt bei Persönlichkeitsstörungen nur unzureichend mit einer Bewertung auf Basis des LEAD-Standards überein: Der Median der Inter-Rater-Übereinstimmung für einzelne Persönlichkeitsstörungen liegt zwischen $K = 0{,}30$ und $K = 0{,}36$ (Samuel, 2015). Somit ist in Bezug auf einzelne Persönlichkeitsstörungen auch bei (halb-)strukturierten Interviews Vorsicht geboten, was die Belastbarkeit diagnostischer Ergebnisse angeht.

Unserer Erfahrung nach ist eine reine störungs- bzw. symptomorientierte Diagnostik bei Persönlichkeitsstörungen daher aufgrund mangelnder Validität, hoher Komorbiditätsraten und eingeschränkter therapeutischer Implikation (bei vielen therapeutischen Schulen sind die Techniken zur Behandlung von Persönlichkeitsstörungen transdiagnostisch anwendbar, z. B. komplementäre Beziehungsgestaltung, Limited Reparenting oder Stuhldialoge) nicht zielführend. Stattdessen sollte die störungsorientierte um eine problemorientierte Diagnostik ergänzt werden, die u. a. die biographischen Hintergründe der Person, ihre Selbst- und Beziehungsschemata sowie auch ihre Bewältigungsmodi erfasst.

Vor diesem Hintergrund gelten für die Diagnostik von Persönlichkeitsstörungen folgende Empfehlungen:

1. Das Vorliegen einer Persönlichkeitsstörung sollte bei allen ambulanten Patient:innen bedacht und geprüft werden.
2. Hierfür sollte neben psychometrischen Fragebögen unbedingt das eigene klinische Urteil genutzt werden – dieses kann durch die Auseinandersetzung mit prototypischen Fallbeispielen spezifischer Persönlichkeitsstörungen geschult werden.
3. Als Screening sollten nach Möglichkeit (halb-)strukturierte Interviews wie z. B. das SCID-5-PD verwendet werden. Die Diagnosestellung einer Persönlichkeitsstörung sollte immer durch das Ergebnis eines solchen Interviews untermauert werden, das Interviewergebnis ist jedoch als alleinige Diagnosegrundlage ohne das Hinzuziehen weiterer Informationen (unserer klinischen Erfahrung nach) nicht hinreichend.
4. Zusätzlich sollte bei allen Patient:innen eine Abklärung von Beziehungsdynamiken und Beziehungsmotiven erfolgen (wie in ▶ Kap. 3.5 beschrieben). Hintergrund ist, dass maladaptive, missbräuchliche und vernachlässigende Kindheitserfahrungen einer der wichtigsten ätiologischen Faktoren für Persönlichkeitsstörungen darstellen (Steele, 2019).

## 5.3 Diagnostik spezifischer Persönlichkeitsstörungen

Im Folgenden werden Prototypen, Beziehungsmotive und Modusmodelle für spezifische Persönlichkeitsstörungen beschrieben. Ziel ist es, Diagnostiker:innen eine Orientierung zur Identifikation von Verhaltensweisen und Einstellungen zu geben, die auf spezifische Persönlichkeitsstörungen hinweisen können – dadurch soll nach und nach das ›diagnostische Auge‹ zur Einschätzung von Interaktionsmustern geschult werden. Die jeweiligen Beschreibungen orientieren sich dabei an empirischen Befunden und theoretischen Modellen:

1. Die prototypischen Beschreibungen basieren auf Expertenratings (Psychiater:innen und Klinische Psycholog:innen) anhand der Shedler-Westen Assessment Procedure (Shedler & Westen, 2007). Im Folgenden werden je Persönlichkeitsstörung fünf Aussagen beschrieben, die für diese Störung als am repräsentativsten eingeschätzt wurden.
2. Anknüpfend an die Klärungsorientierte Psychotherapie nach Sachse (2009, 2012) werden für jede Persönlichkeitsstörung die prototypischen Beziehungsmotive sowie das typische Verhalten auf der sogenannten ›Spielebene‹ beschrieben. Die Spielebene ist die Beziehungs- und Verhaltensebene mittels derer Betroffene versuchen, ihre deprivierten Beziehungsmotive anhand ihrer kompensatorischen Schemata zu befriedigen (ein Exkurs zur Klärungsorientierten Psychotherapie findet sich in nachfolgendem Kasten).
3. Während die Klärungsorientierte Psychotherapie nach Sachse (2009) Schemata weiterhin in den Fokus ihres Arbeitens stellt, hat sich die Schematherapie nach Young und Kollegen (2003) in den vergangenen Jahren hin zu einer ›Modus-Therapie‹ entwickelt (Jacob & Arntz, 2015). Hierbei werden strafende und fordernde Elternmodi, Kindmodi und Bewältigungsmodi unterschieden (für eine nähere Erläuterung des Modus-Ansatzes ▶ Kap. 3.6).

### Exkurs: Klärungsorientierte Psychotherapie

Die Klärungsorientierte Psychotherapie basiert auf dem von Sachse (2009) entwickelten Modell der Doppelten Handlungsregulation, das die Entstehung und Aufrechterhaltung von Persönlichkeitsstörungen erklären soll. Zentral ist die Annahme, dass eine nicht ausreichende Befriedigung eines oder mehrerer fundamentaler Beziehungsmotive in der Kindheit drei Folgen hat:

1. Die deprivierten Beziehungsmotive führen dauerhaft die Bedürfnishierarchie an (z. B. eine Person fühlte sich in ihrer Kindheit immer wieder von ihren Eltern im Stich gelassen und tut daher im Erwachsenenalter ›alles‹, um eine erneute Deprivation ihres Solidaritätsbedürfnisses zu verhindern).
2. Es entstehen dysfunktionale Selbst- (z. B. ich bin schwach und schutzlos) und Beziehungsschemata (z. B. in Beziehungen wird man ausgenutzt), denen kompensatorische Schemata gegenübergestellt werden (z. B. ich muss ständig auf der Hut sein). Das heißt die betroffene Person zieht aus ihren kindlichen Erfahrungen Rückschlüsse über das Selbst und die Beziehungen zu anderen.
3. Die Betroffenen agieren mittels ›Tests‹ (d. h. Interaktionsspielen die Aufschluss geben sollen, ob eine Person vertrauenswürdig ist, jemanden wirklich mag, verlässlich ist usw.), ›Appellen‹ (z. B., »Wage es nicht, mich zu betrügen!«) und dem Aufbau von ›Images‹ (z. B. ich bin gefährlich), um interaktionelle Ziele zu erreichen und ihre Beziehungsmotive zu befriedigen.

Die Therapie konzentriert sich auf komplementäre Beziehungsgestaltung, die Klärung der zugrundeliegenden Schemata und deren Bearbeitung. Ein Überblick über die relevanten Beziehungsmotive und assoziierte Schemata wurde bereits in Kapitel 1.1 (▶ Kap. 1.1) bzw. 3.5 (▶ Kap. 3.5) gegeben.

## 5.3.1 Die Paranoide Persönlichkeitsstörung

*Herr P. (27 Jahre alt, Student) präsentierte sich im Erstgespräch misstrauisch (z. B. »Ich weiß nicht sicher ..., warum fragen Sie mich das?«) und beinahe drohend (z. B. »Ich mache seit Jahren Kampfsport, ich weiß auf jeden Fall, wie ich mich zu wehren habe.«). Er berichtet mehrfach schlechte Erfahrungen mit Menschen gemacht zu haben, denen er vertraut habe. Wiederholt sei er von vermeintlichen Freunden mit einer Waffe bedroht worden. Er komme im Studium nicht gut voran – einer der Professoren würde seinen Fortschritt behindern, da er ihm feindlich gegenüberstehe.*

Folgende Merkmale sind prototypisch für die Paranoide Persönlichkeitsstörung (Shedler & Westen, 2004):

1. Betroffene Menschen neigen dazu, sich missverstanden, misshandelt oder viktimisiert zu fühlen.
2. Sie gehen schnell davon aus, dass andere ihnen schaden oder sie ausnutzen wollen und neigen dazu, destruktive Absichten in den Aussagen und Handlungen anderer wahrzunehmen.
3. Sie neigen dazu, wütend oder feindselig zu reagieren (ob bewusst oder unbewusst).
4. Sie neigen dazu, einen Groll zu hegen und sich lange mit Beleidigungen oder Kränkungen zu beschäftigen.
5. Sie neigen dazu, anderen die Schuld für eigenes Versagen oder eigene Unzulänglichkeiten zu geben und zu glauben, dass ihre Probleme durch äußere Faktoren verursacht werden.

Auf Ebene der Beziehungsmotive spielen Solidarität und Territorialität eine große Rolle (Sachse, 2012). Das heißt, die Betroffenen haben die Erfahrung gemacht, dass sie in Beziehungen nicht geschützt werden und ihre Grenzen (jederzeit) bedroht sind. In der Folge hat sich als problematisches Selbstschema die Überzeugung entwickelt, zu naiv zu sein und sich nicht schützen zu können. In Beziehungen wird erwartet, hintergangen und belogen zu werden. Kompensatorisch sind die Patient:innen daher stets auf der Hut und versuchen i. d. R. als Einzelkämpfer:innen zurechtzukommen. Um sich zu schützen, bauen sie das Image auf, gefährlich zu sein oder Menschen ›blitzschnell‹ zu durchschauen. Sie testen sehr stark, indem sie z. B. unterschiedliche Informationen unter verschiedenen Personen streuen und dann darauf achten, wer was weiß – um dadurch herauszufinden, wer mit wem worüber gesprochen hat.

Auf Ebene des Modusmodells ist das Kernmerkmal der paranoiden Persönlichkeitsstörung der ›übermäßig misstrauische Kontrolleur‹ (Bamelis, Renner, Heidkamp, & Arntz, 2011; Jacobs, Lenz, Dörner, & Wegener, 2019). Dieser Bewältigungsmodus unterzieht sein Umfeld einer ständigen Prüfung, dahingehend ob Dritte in irgendeiner Weise schädlich für den:die Betroffene agieren könnten. Gemeinsam mit vermeidenden Anteilen schützt er die Kindmodi vor Gefahren aus der Umwelt und vor Abwertungen durch den stark ausgeprägten ›strafenden Elternmodus‹ (Jacobs et al., 2019). Bei den Kindmodi dominieren Einsamkeit, Angst (vor Missbrauch) und Wut (Jacobs et al., 2019, Bamelis et al., 2011). Die Zusammenfassung des Modusmodells ist in Abbildung 5.1 dargestellt (▶ Abb. 5.1). Eine der größten Herausforderungen in der Therapie der Paranoiden Persönlichkeitsstörung ist es, die hohen Kosten dieser übermäßigen Kontrolle herauszuarbeiten. Auf der Kosten-Nutzen-Ebene zeigen sich häufig zunächst die (vermeintlichen) Vorteile des paranoiden Agierens und Kontrollierens, nämlich die daraus resultierende (vermeintliche) Sicherheit. Erst wenn ausreichend gewürdigt wurde, dass diese Art der Bewältigung früher hilfreich war, kann zu den Kosten vorgedrungen werden, die primär darin bestehen, dass die Betroffenen in ständiger Anspannung leben und sich wertvolle Ressourcen vorenthalten (z. B. enge Beziehungen). Die Diagnostik und Therapie werden in diesem Prozess dadurch erschwert, dass die Betroffenen sich auch den Diagnostiker:innen gegenüber nur zögerlich öffnen und zu Beginn häufig in testender Art und Weise ›Halbwahrheiten‹ berichten.

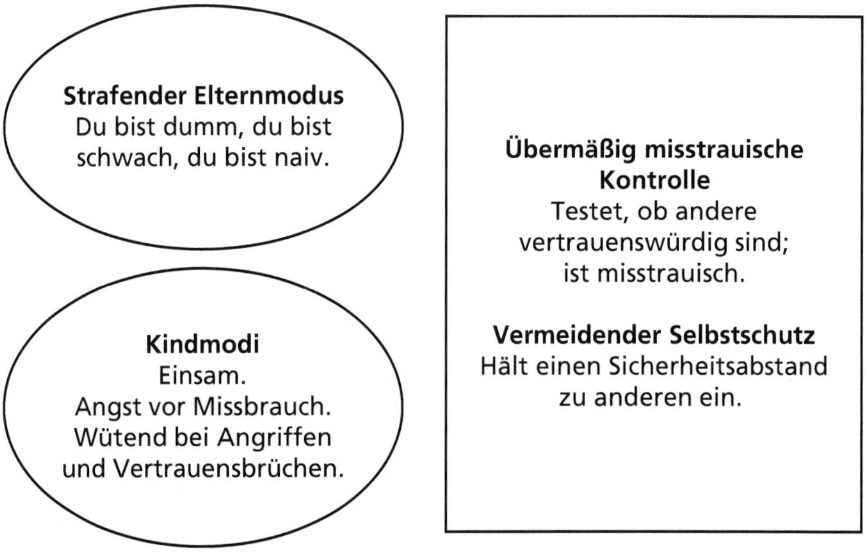

**Strafender Elternmodus**
Du bist dumm, du bist schwach, du bist naiv.

**Kindmodi**
Einsam.
Angst vor Missbrauch.
Wütend bei Angriffen und Vertrauensbrüchen.

**Übermäßig misstrauische Kontrolle**
Testet, ob andere vertrauenswürdig sind; ist misstrauisch.

**Vermeidender Selbstschutz**
Hält einen Sicherheitsabstand zu anderen ein.

Abb. 5.1: Modusmodell der Paranoiden Persönlichkeitsstörung

## 5.3.2 Die Schizoide Persönlichkeitsstörung

*Herr H. (21 Jahre, Student) wohnt mit seinem Bruder (+ 2 Jahre) bei seinen Eltern. Sein Elternhaus sei streng und leistungsfordernd. Jahrelang habe er gut funktioniert und sei zurechtgekommen. Er sei ein Einzelgänger und habe keine engen Bekanntschaften – womit er bislang auch zufrieden gewesen sei. Zur Therapie komme er jedoch, da er Gefühle für eine Kommilitonin entwickelt habe, mit der er an einem Projekt habe arbeiten müssen. Dies sei sehr unangenehm für ihn. Er habe das Gefühl, ständig abgelenkt zu sein und bekomme von seiner Umgebung die Rückmeldung, sich seltsam zu verhalten. Er wolle nun in der Therapie, einen Weg finden, damit umzugehen.*

Die Schizoide Persönlichkeitsstörung zeichnet sich prototypisch durch folgende Merkmale aus (Shedler & Westen, 2004):

1. Betroffene Personen führen keine engen Freundschaften und Beziehungen.
2. Ihnen fehlt es an sozialen Fähigkeiten und sie neigen dazu, sozial unbeholfen zu sein oder sich sozial unangemessen zu verhalten.
3. Sie scheinen ein begrenztes und/oder eingeengtes Spektrum an Emotionen zu haben.
4. Sie neigen dazu, sich wie Ausgestoßene oder Außenseiter zu fühlen und haben das Gefühl, nicht wirklich dazuzugehören.
5. Sie neigen dazu, gehemmt oder eingeengt zu sein; sie haben Schwierigkeiten, sich selbst zu erlauben, eigene Wünsche und Impulse anzuerkennen und/oder auszudrücken.

Zentrale Beziehungsmotive von Personen mit Schizoider Persönlichkeitsstörung sind Wichtigkeit und Autonomie (Sachse, 2012). Häufig haben die Betroffenen die Erfahrung gemacht, in Beziehungen nicht wirklich eine wichtige Rolle zu spielen und haben wenig Reziprozität erfahren. Gleichzeitig hatten sie oftmals einen sehr geringen Entfaltungsspielraum, weshalb sie soziale Beziehungen als einschränkend und einengend erleben. Kompensatorisch reduzieren sie soziale Beziehungen auf ein Minimum und das Notwendigste. Soziale Beziehungen werden am ehesten als ›Zweckbündnisse‹ betrachtet – sie sollen hilfreich und nützlich sein, jedoch die Autonomie nicht einschränken. Das zwischenmenschliche Beziehungen per se wertvoll sein können, wird stark in Zweifel gezogen. Die Spielebene von Personen mit schizoider Persönlichkeitsstörung ist nur sehr schwach ausgeprägt, da die wesentliche Kompensationsstrategie in der Wahrung einer sozialen Distanz besteht.

Personen mit Schizoider Persönlichkeitsstörung haben kaum Zugang zu ihren kindlichen Anteilen (d. h. zu ihren kindlichen Bedürfnissen, z. B. nach Trost und Nähe) und erleben ihren ›fordernden Elternanteil‹ lange Zeit als funktional – er ist in der Regel durch und durch ich-synton. Primärer Bewältigungsmodus ist der ›distanzierte Beschützer‹ (Jacobs et al., 2019, Lobbestael, Van Vreeswijk, & Arntz, 2008). Obwohl der einsame Kindmodus zunächst nur verdeckt zu Tage tritt, ist es wichtig, sich deutlich zu machen, dass auch Personen mit Schizoider Persönlichkeitsstörung ein Grundbedürfnis nach Bindung haben. Sie werten dieses Bedürfnis jedoch ab, da sie die Kosten von Beziehungen – die Einschränkung der Autonomie – als zu groß erachten. In der Folge erreichen die meisten ihrer Beziehungen nicht die Tiefe, die für gegenseitige Wichtigkeit notwendig wäre. Abbildung 5.2 stellt ein typisches Modusmodell von Patient:innen mit schizoider Persönlichkeitsstörung schematisch dar (▶ Abb. 5.2).

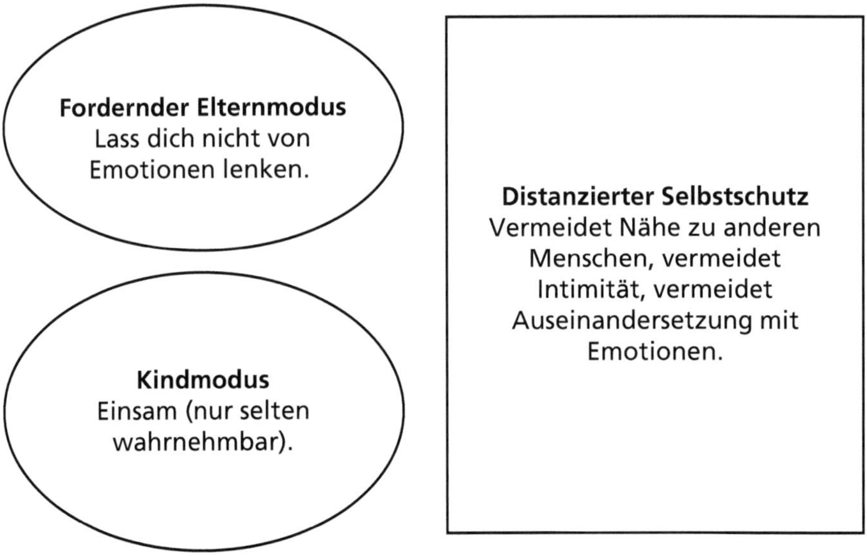

**Fordernder Elternmodus**
Lass dich nicht von Emotionen lenken.

**Distanzierter Selbstschutz**
Vermeidet Nähe zu anderen Menschen, vermeidet Intimität, vermeidet Auseinandersetzung mit Emotionen.

**Kindmodus**
Einsam (nur selten wahrnehmbar).

**Abb. 5.2:** Modusmodell der Schizoiden Persönlichkeitsstörung

## 5.3.3 Die Schizotype Persönlichkeitsstörung

*Frau T. (23 Jahre, Friseurin) kommt nach einem kurzen stationären Klinikaufenthalt zur ersten Sprechstunde. Hintergrund des Klinikaufenthalts sei ein Arbeitsplatzkonflikt gewesen. Bei diesem habe die Patientin sich geweigert, einer Kundin die Haare zu schneiden, die ihrer Meinung nach eine »böse Aura« gehabt habe. Deswegen habe sie versucht, die Kundin davon zu überzeugen, schnellstmöglich den Laden zu verlassen. Ihre Vorgesetzte haben im Zuge des eskalierenden Streits die Polizei gerufen, die sie aufgrund ihres emotionalen Ausnahmezustands in die Klinik gebracht habe. Frau T. vermutet, dass dies ein abgekartetes Spiel gewesen sei, um sie loszuwerden. Sie habe schon lange gespürt, dass etwas bei ihrer Chefin »faul« sei. Vor diesem Hintergrund sei es jetzt nur konsequent, dass sich ihre Wege trennen.*

Die Schizotype (Persönlichkeits-)Störung zeichnet sich prototypisch durch folgende Merkmale aus (Shedler & Westen, 2004):

1. Das Aussehen oder Benehmen betroffener Menschen erscheint seltsam oder eigenartig (bzgl. Pflege, Hygiene, Körperhaltung, Blickkontakt, Sprachrhythmen usw.).
2. Ihre Denkprozesse oder Wahrnehmungserfahrungen erscheinen seltsam und eigenartig (z. B. werden scheinbar willkürliche Schlussfolgerungen gezogen; versteckte Botschaften oder besondere Bedeutungen in gewöhnlichen Ereignissen gesehen).
3. Sie führen keine engen Freundschaften und Beziehungen.
4. Ihnen fehlt es an sozialen Fähigkeiten und sie neigen dazu, sozial unbeholfen zu sein oder sich sozial unangemessen zu verhalten.
5. Ihre Sprache ist umständlich, vage, weitschweifig und abschweifend.

Die Schizotype (Persönlichkeits-)Störung wird in der ICD-10 und ICD-11 – im Gegensatz zur Klassifikation nach DSM-5 – nicht zu den Persönlichkeitsstörungen gezählt. Diese Einordnung in der ICD wird auch durch empirische Befunde gestützt, denn 67 % der Personen mit schizotyper (Persönlichkeits-)Störung erfüllen die Kriterien eines schizophrenen Prodroms (Woods et al., 2009) und 5 bis 48 % entwickeln im weiteren Erkrankungsverlauf eine Psychose (Nordentoft et al., 2006). Trotz vorhandenen weiteren Forschungsbedarfs zeigen Studien zudem eine genetische Assoziation der Schizotypen (Persönlichkeits-)Störung zum schizophrenen Spektrum (Walter, Fernandez, Snelling, & Barkus, 2016). Entsprechend haben weder die Klärungsorientierte Psychotherapie noch die Schematherapie spezifische Konzeptualisierungen der Schizotypen (Persönlichkeits-)Störung entwickelt. Empirisch zeigt die Schizotype (Persönlichkeits-)Störung bedeutsame Zusammenhänge mit den einsamen und missbrauchten Kindanteilen, dem übermäßig misstrauischen Kontrolleur sowie distanzierten und vermeidenden Beschützern (Jacobs et al., 2019). Während Psychotherapie bei den anderen Persönlichkeitsstörungen die Behandlungsmethode der Wahl darstellt, favorisiert die Evidenzlage für die Schizotype (Persönlichkeits-)Störung eine Behandlung mit Neuroleptika (Kirchner, Roeh, Nolden, & Hasan, 2018).

### 5.3.4 Die Antisoziale Persönlichkeitsstörung

*Nachdem Herr W. (32 Jahre, derzeit arbeitslos) sich von der Therapeutin bestätigen ließ, dass eine Schweigepflicht besteht, berichtet er, dass er derzeit von Stipendien, Aushilfsjobs und hin und wieder vom Verkauf von Drogen lebe. Er berichtet an die Stipendien sei er im Rahmen seines ›Studiums‹ gekommen. Er studiere nicht wirklich, habe sich aber mit einem gefälschten Abiturzeugnis eingeschrieben. Er berichtet, schon mehrfach angezeigt worden zu sein, bislang sei jedoch jedes Verfahren nach einer Gegenklage eingestellt worden. In allen Fällen hätte es sich um Anzeigen wegen Körperverletzung gehandelt.*

Die Antisoziale Persönlichkeitsstörung zeichnet sich prototypisch durch folgende Merkmale aus (Shedler & Westen, 2004):

1. Betroffene nutzen andere Personen aus; kümmern sich nur um sich selbst und haben keinen Bezug zu moralischen Werten.
2. Sie scheinen keine Reue für Schäden oder Verletzungen zu empfinden, die sie anderen zugefügt haben.
3. Sie neigen zu ungesetzlichem oder kriminellem Verhalten.
4. Sie agieren betrügerisch und neigen dazu, zu lügen oder irrezuführen.
5. Sie neigen zu rücksichtsloser Missachtung der Rechte, des Eigentums oder der Sicherheit anderer.

Ein häufiges (aber nicht zwingendes) Merkmal von Personen mit Antisozialer Persönlichkeitsstörung ist Psychopathie – ein überdauernder Persönlichkeitszug, der durch mangelnde Empathie, reduziertes Schulderleben und manipulatives Agieren geprägt ist (Verschuere & Kaat, 2017). Zentrales Motiv von Psychopathen ist die

Ausübung von Macht und Kontrolle (Sachse & Von Franqué, 2019), was die Wichtigkeit der Beziehungsmotive Territorialität und Autonomie nahelegt. In der Vergangenheit wurde diskutiert, ob die Symptomatik der Antisozialen Persönlichkeitsstörung auf eine, durch neurologische Dysfunktionen bedingte, reduzierte Angstwahrnehmung der Betroffenen rückführbar sein könnte. Während neurobiologische Abweichungen inzwischen als bestätigt gelten (Yang & Raine, 2009), scheint eine reduzierte Ängstlichkeit keine relevante Rolle zu spielen – stattdessen hat das durchaus vorhandene Angsterleben nur keine Verhaltensinhibition zur Folge (z. B. führt die durchaus vorhandene Angst vor einer Verhaftung nicht zur Unterlassung einer Straftat; Derefinko, 2015). Ätiologisch scheinen darüber hinaus (wie bei allen Persönlichkeitsstörungen) missbräuchliche Kindheitserfahrungen relevant (Lobbestael, Arntz, & Sieswerda, 2005).

Empirisch zeigen sich insbesondere Zusammenhänge der Antisozialen Persönlichkeitsstörung mit wütenden und undisziplinierten Kindmodi sowie dem ›Schikanierenden Angreifer‹ (Dadashzadeh, Hekmati, Gholizadeh & Abdi, 2016; Keulen-de Vos et al., 2017). Darüber hinaus zeigen sich bedeutsame Zusammenhänge zu einem ›narzisstischen Selbstüberhöher‹ (Keulen-de Vos et al., 2017). Bei der Erfassung des Modusmodells ist im klinischen Alltag mit Tendenzen zu Dissimulation zu rechnen (Lobbestael et al., 2008). Das Modusmodell der Antisozialen Persönlichkeitsstörung ist in Abbildung 5.3 zusammengefasst (▶ Abb. 5.3).

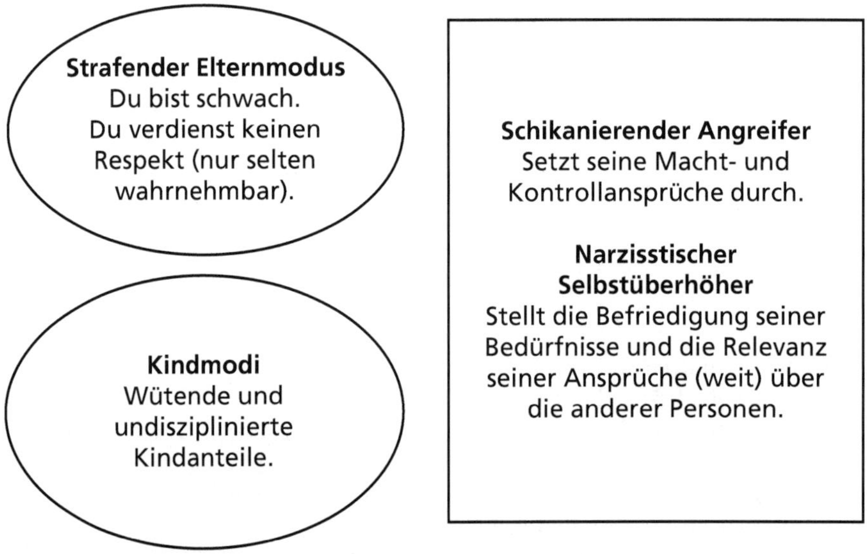

**Strafender Elternmodus**
Du bist schwach.
Du verdienst keinen Respekt (nur selten wahrnehmbar).

**Kindmodi**
Wütende und undisziplinierte Kindanteile.

**Schikanierender Angreifer**
Setzt seine Macht- und Kontrollansprüche durch.

**Narzisstischer Selbstüberhöher**
Stellt die Befriedigung seiner Bedürfnisse und die Relevanz seiner Ansprüche (weit) über die anderer Personen.

**Abb. 5.3:** Modusmodell der Antisozialen Persönlichkeitsstörung

## 5.3.5 Die Narzisstische Persönlichkeitsstörung

> Herr G. (52 Jahre, frühberentet) erkundigt sich im Erstgespräch zunächst, ob der Therapeut denn gut geschlafen und gefrühstückt habe, er kommentiert die Räumlichkeit und führt Small-Talk über das Wetter – dann sagt er, dass jetzt mit dem Gespräch begonnen werden könne. Der Patient referiert in der ersten Sitzung die langen Liste seiner Vorbehandler:innen: Chefärzt:innen, Professor:innen, Koryphäen. Diese hätten ihn allesamt sehr geschätzt und ihn bevorzugt behandelt. Viele würden ihrem Ruf nicht gerecht, aber ein paar gute Behandler:innen wären auch dabei gewesen. Nur die Klinikgebäude wären meist hässlich – er hätte da ganz andere Vorstellungen gehabt, was er verschiedenen Kliniken bereits postalisch rückgemeldet habe. Nach der zweiten Sitzung fragt er, ob in Zukunft Doppelsitzungen möglich seien, denn schließlich müsse es sich für ihn lohnen, den Weg auf sich zu nehmen.

Die Narzisstische Persönlichkeitsstörung zeichnet sich prototypisch durch folgende Merkmale aus (Shedler & Westen, 2004):

1. Betroffene Menschen fühlen sich privilegiert und erwarten eine bevorzugte Behandlung.
2. Sie haben eine übersteigerte Wahrnehmung der eigenen Wichtigkeit.
3. Sie haben wenig Einfühlungsvermögen und scheinen unfähig, die Bedürfnisse und Gefühle anderer zu verstehen oder auf sie zu reagieren, wenn sie nicht mit ihren eigenen übereinstimmen.
4. Sie scheinen andere in erster Linie als Publikum zu nutzen, das Zeuge der eigenen Wichtigkeit, Brillanz oder Schönheit werden soll.
5. Sie neigen dazu, zu glauben, dass sie nur von Leuten wirklich verstanden und geschätzt werden können und ebenso nur mit Leuten assoziiert sein sollten, die einen hohen Status haben, höhergestellt oder anderweitig ›besonders‹ sind.

Das dominante Beziehungsbedürfnis von Personen mit Narzisstischer Persönlichkeitsstörung ist Anerkennung (Sachse, 2012). Sekundär ist das Bedürfnis nach Wichtigkeit von großer Relevanz. Die basale Beziehungsüberzeugung ist, dass man in Beziehungen nur wertgeschätzt wird, wenn man besonders ist, und dass man selbst zu unzureichend ist, um eine solche Wertschätzung zu verdienen. Kompensatorisch entwickeln Personen mir Narzisstischer Persönlichkeitsstörung deswegen ein Größen-Selbst, in dem sie sich als überlegen und wichtig profilieren. Die zentrale Taktik auf der Spielebene ist der Aufbau eines Images, das klar macht, dass andere Personen den:die Betroffene nicht in Frage stellen sollen – entweder durch das Herausstellen von positiven Eigenschaften oder durch die Abwertung anderer. Hierzu nutzen Personen mit Narzisstischer Persönlichkeitsstörung oftmals Luxusgüter, (vermeintliche) Bekanntschaften mit wichtigen Personen oder andere ›schmückende‹ Dinge.

Die dominanten Modi der Narzisstischen Persönlichkeitsstörung sind einsame, wütende und impulsive kindliche Anteile sowie der ›narzisstische Selbstüberhöher‹, gefolgt von einem ›Selbstberuhiger‹ und einem nach ›Aufmerksamkeit und Bestätigung suchenden‹ Anteil (Bamelis et al., 2010, Keulen-de Vos et al., 2017, Dadashzadeh et al., 2016, Jacobs et al., 2019). Darüber hinaus zeigt sich ein Zusammenhang zwischen der Narzisstischen Persönlichkeitsstörung und aggressivem Verhalten (Kealy, Ogrodniczuk, Rice & Oliffe, 2017) sowie dem Modus des ›Schikanierenden Angreifers‹ (Dadashzadeh et al., 2016, Jacobs et al., 2019). Eine Zusammenfassung dieser theoretischen Annahmen und empirischen Befunde findet sich in Abbildung 5.4 (▶ Abb. 5.4). Der innere Wunsch hinter der narzisstischen Problematik ist, für das geliebt zu werden, was man ist. Das Erreichen dieses Ziels wird jedoch durch die selbst aufgebaute Fassade (subjektiv) nie erreicht, denn Betroffene können sich nie sicher sein, ob sie nur für die Fassade oder die ›eigentlich‹ dahinterliegende Person geliebt werden.

**Strafender Elternmodus**
Du bist unzureichend.
Du bist jämmerlich.

**Fordernder Elternmodus**
Bring Leistung.
Sei besonders!

**Kindmodi**
Einsam, wütend, undiszipliniert.

**Narzisstische Selbstüberhöhung**
Fordert Sonderbehandlung, inszeniert Fähigkeiten, Wichtigkeit und Besitz.

**Distanzierter Selbstschutz**
Selbstberuhigung durch Sex, Substanzkonsum und Luxusgüter.

**Schikanierender Angreifer**
Kränkung und Verletzung von Personen, die sich respektlos verhalten.

Abb. 5.4: Modusmodell der Narzisstischen Persönlichkeitsstörung.

### 5.3.6 Die Histrionische Persönlichkeitsstörung

*Frau G. (47 Jahre, Ärztin) reißt Gesprächsthemen an sich – wenn z. B. eine Freundin berichtet, sie habe sich von ihrem Partner getrennt, dann kommentiert Frau G. dies zwar ein paar Minuten, spricht jedoch anschließend ausschweifend über eine eigene Beziehung, die ähnlich verlaufen sei. Sie suggeriert anderen Personen (auch solchen, die sie nur flüchtig kennt) eine besonders enge Beziehung zu ihr zu haben, indem sie ihnen private Details ihrer Lebensgeschichte erzählt (z. B. von Liebschaften, von Kindheitserfahrungen usw.). Wenn etwas Schockierendes im Bekanntenkreis oder in den Medien passiert, stellt sie einen persönlichen Bezug zu diesem Thema her und macht es in den nächsten Wochen zu ihrer ›Monstranz‹ (z. B., indem sie sich als Vorkämpferin einer aktuellen gesellschaftlichen Bewegung stilisiert). Sie kokettiert mit äußeren Reizen und kleidet sich extravagant.*

Folgende Merkmale sind prototypisch für die Histrionische Persönlichkeitsstörung (Shedler & Westen, 2004):

1. Betroffene drücken Emotionen auf übertriebene und theatralische Weise aus.
2. Sie neigen dazu, sich schnell oder intensiv zu binden und entwickeln Gefühle und Erwartungen, die durch die Geschichte oder den Kontext der Beziehung nicht gerechtfertigt sind.
3. Sie streben danach, im Mittelpunkt der Aufmerksamkeit zu stehen.
4. Sie neigen dazu, suggestiv oder leicht beeinflussbar zu sein.
5. Ihre Wahrnehmungen und Gefühle erscheinen oberflächlich, global und impressionistisch; sie haben Schwierigkeiten, sich auf bestimmte Details zu konzentrieren.

Das zentrale Motiv von Personen mit Histrionischer Persönlichkeitsstörung ist Wichtigkeit, gefolgt von Verlässlichkeit (Sachse. 2012). Beachtung fanden die Betroffenen in ihrer Kindheit oftmals nur sehr kurzfristig und nur für Oberflächlichkeiten (z. B. Aussehen). Es gelang ihnen schwer, eine eigene soziale Rolle zu finden, die über die kurzfristige Unterhaltung anderer hinausging (insbesondere in ihrer sozialen Rolle als Mann oder Frau). Daher glauben sie auf tieferer Ebene keine Bereicherung für andere darzustellen und als Mensch nicht interessant zu sein. Dieses Gefühl versuchen sie i. d. R. auf positive (z. B. Herausstellen von Schönheit, Extravaganz) oder negative (z. B. Herausstellen von Krankheit oder Leid) zu kompensieren, um so die Aufmerksamkeit von Dritten zu binden.

Da sich auf Ebene des Modusmodells auch bei der Histrionischen Persönlichkeitsstörung eine ›sehr laute‹ Überkompensation zeigt, können in der Praxis leicht Verwechslungen mit der Narzisstischen Persönlichkeitsstörung auftreten. Anstatt primär durch einen ›narzisstischen Selbstüberhöher‹ werden die dysfunktionalen Schemata vorangigig jedoch von einem empirisch gestützten nach ›Aufmerksamkeit und Bestätigung suchenden‹ Anteil in Schach gehalten (der bei der Narzisstischen Persönlichkeitsstörung zwar ebenfalls Auftritt, jedoch gegenüber der Selbstüberhöhung eine untergeordnete Rolle einnimmt; Bamelis et al., 2010; Jacobs et al., 2019). Der dominante Unterschied auf Ebene der kindlichen Anteile ist, dass bei der Histrionischen Persönlichkeitsstörung nicht primär wütend, sondern impulsiv auf die Angst, verlassen zu werden bzw. die drohende Einsamkeit reagiert wird (Dadashzadeh et al., 2016; Jacobs et al., 2019, ▶ Abb. 5.5 für die zusammenfassende Darstellung des Modusmodells). Wie im Narzissmus kann das eigentliche Bedürfnis der Betroffenen, authentisch als Person wertgeschätzt zu werden bzw. anderen wichtig zu sein, (subjektiv) nicht befriedigt werden, da die Betroffenen ihr ›eigentliches Ich‹ hinter der Überkompensation verstecken.

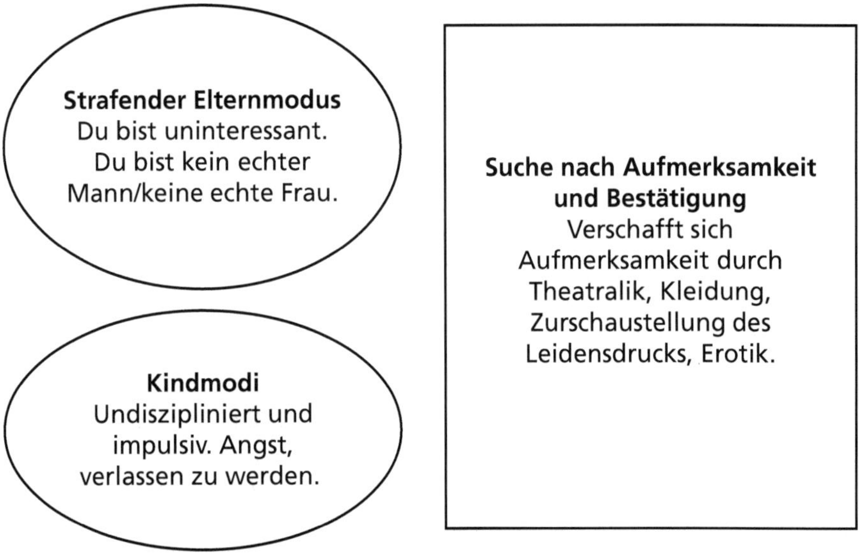

**Strafender Elternmodus**
Du bist uninteressant.
Du bist kein echter
Mann/keine echte Frau.

**Kindmodi**
Undiszipliniert und
impulsiv. Angst,
verlassen zu werden.

**Suche nach Aufmerksamkeit und Bestätigung**
Verschafft sich Aufmerksamkeit durch Theatralik, Kleidung, Zurschaustellung des Leidensdrucks, Erotik.

**Abb. 5.5:** Modusmodell der Histrionischen Persönlichkeitsstörung.

### 5.3.7 Die Borderline-Persönlichkeitsstörung

> Herr Z. (37 Jahre, tiermedizinsicher Fachangestellter) berichtet von eskalierenden Streitigkeiten in seiner Herkunftsfamilie, inklusive körperlicher Gewalt zwischen den Eltern und gegenüber allen Kindern. Seine Mutter sei Alkoholikerin gewesen, sein Vater vermutlich auch. Nach der Trennung seiner Eltern habe er seine Mutter emotional stabilisieren müssen. Wenn seine Mutter jedoch (für wenige Wochen) wieder einen neuen Partner gehabt habe, sei er für die Dauer dieser Beziehungen ›abgemeldet‹ gewesen. Er führe selbst wechselnde sexuelle Beziehungen. Er verliebe sich schnell – genauso schnell sei ihm die Beziehung jedoch auch wieder zu eng. Er könne nicht mit den Einschränkungen umgehen, die eine Beziehung mit sich bringe. Nach einer Trennung überwältige ihn jedoch bald wieder die Einsamkeit, die er um jeden Preis abstellen wolle. In ›kritischen Phasen‹ habe er Wutausbrüche, trinke zu viel Alkohol und zeige nicht-suizidales selbstverletzendes Verhalten.

Folgende Merkmale sind prototypisch für die Borderline-Persönlichkeitsstörung (Shedler & Westen, 2004):

1. Betroffene Menschen neigen dazu, sich schnell oder intensiv zu binden; entwickeln Gefühle, Erwartungen usw., die durch die Geschichte oder den Kontext der Beziehung nicht gerechtfertigt sind.
2. Ihre zwischenmenschlichen Beziehungen sind instabil, chaotisch und verändern sich schnell.
3. Es fehlt ihnen an einer stabilen Vorstellung darüber, wer sie sind und wer sie sein möchten (z. B. bzgl. Einstellungen, Werten, Zielen und Gefühlen gegenüber sich selbst).

4. Ihre Emotionen geraten schnell ›außer Kontrolle‹ und führen u. a. zu extremer Angst, Traurigkeit, Wut und/oder Erregung.
5. Sie neigen zu großer Angst vor Zurückweisung oder Missbrauch durch Personen, die für sie emotional bedeutsam sind.

Die zentralen Beziehungsmotive bei der Borderline-Persönlichkeitsstörung sind Territorialität und Verlässlichkeit (Sachse, 2012). Die Betroffenen haben häufig (aber nicht immer!) körperlichen und/oder sexuellen Missbrauch erlebt oder sie lebten in ständiger Angst, der (emotionale) Kontakt zu ihnen könne abgebrochen werden. Personen mit Borderline-Persönlichkeitsstörung zeichnen sich im Gegensatz zu allen anderen Persönlichkeitsstörungen i. d. R. durch eine hohe Krankheitseinsicht aus. Die Diagnose wird sogar häufig in das eigene Image integriert (»Ich bin so – impulsiv, schwierig – leb damit oder verpiss dich«). Neben der ›Image-Arbeit‹ zeigt sich auf der Spielebene auch häufig testendes Verhalten in Form von Suizidandrohungen, Eskalationen oder Selbstverletzungen (»Bist du noch da? Kümmerst du dich? Hältst du mich aus?«).

Das Modusmodell der Borderline-Persönlichkeitsstörung ist durch extremen kindlichen Schmerz gekennzeichnet (Bach, Lockwood & Young, 2018; Dadashzadeh, 2016; Bach, 2018; Jacobs, 2019). Personen mit Borderline-Persönlichkeitsstörung zeigen sowohl im Vergleich zu gesunden Kontrollprobanden als auch im Vergleich zu Personen mit anderen Persönlichkeitsstörungen stark erhöhte Werte bei den Modi des wütenden ($d = 2,07$ bzw. 0,93) und des impulsiven Kindes ($d = 1,46$ bzw. 0,84) (Bach et al., 2018). Darüber hinaus zeigt sich empirisch ein stark ausgeprägter ›Schikanierender Angreifer‹ (Keulen-de Vos et al., 2017). Die strafenden Elternanteile und die damit assoziierten Kindmodi werden bei Personen mit Borderline-Persönlichkeitsstörung sehr schnell getriggert (Jacobs et al., 2019). Kleinigkeiten (z. B. ein Kommentar zu Körperhaltung, Essgewohnheiten, Sprache) genügen, um eine tiefe Verzweiflung auszulösen. Erstmal aktiviert sind diese Modi ›ein freiliegender Nerv‹ der mit starken negativen Gefühlen und Selbstabwertungen einhergeht. Dementsprechend investieren Personen mit Borderline-Persönlichkeitsstörung viel, um die Aktivierung dieser Modi zu verhindern, z. B. indem sie andere Personen auf Distanz halten oder sich mit Substanzen betäuben (Boog, Van Hest, Drescher, Verschuur, & Franken, 2018). Gleichzeitig gibt es ein (beinahe unstillbares) Bedürfnis nach Nähe. Das (in der Praxis häufig sehr komplexe) Modusmodell der Borderline Persönlichkeitsstörung ist in Abbildung 5.6 skizziert (▶ Abb. 5.6). Die Betroffenen wechseln dabei zwischen Beziehungsabbrüchen und innigster Verbundenheit – Grenzen sind entweder vollkommen aufgelöst oder unverrückbar stark, wobei die Betroffenen verzweifelt um Kontrolle kämpfen.

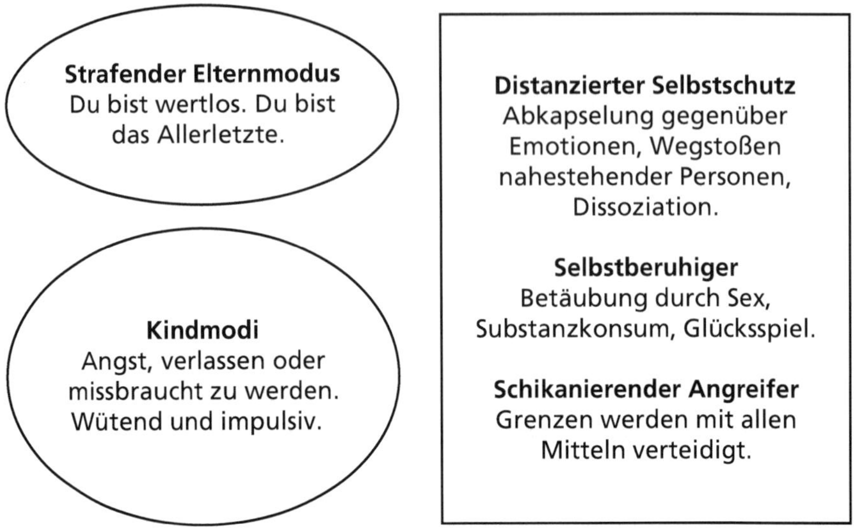

**Strafender Elternmodus**
Du bist wertlos. Du bist das Allerletzte.

**Kindmodi**
Angst, verlassen oder missbraucht zu werden. Wütend und impulsiv.

**Distanzierter Selbstschutz**
Abkapselung gegenüber Emotionen, Wegstoßen nahestehender Personen, Dissoziation.

**Selbstberuhiger**
Betäubung durch Sex, Substanzkonsum, Glücksspiel.

**Schikanierender Angreifer**
Grenzen werden mit allen Mitteln verteidigt.

**Abb. 5.6:** Modusmodell der Borderline-Persönlichkeitsstörung.

## 5.3.8 Die Zwanghafte Persönlichkeitsstörung

> *Frau A. (44 Jahre, Hausfrau) kommt mit depressiver Symptomatik und Ängsten zur Therapie. Sie berichtet ausgebrannt zu sein. Sie leide darunter, den täglichen Anforderungen kaum noch gerecht zu werden. Sie lerne täglich mehrere Stunden mit ihrer siebenjährigen Tochter, um deren guten Notenschnitt zu halten – dass ihre Tochter unter einer hyperkinetischen Störung leide mache die Situation nur noch schwieriger. Sie kümmere sich um den Haushalt und plane die Finanzen der Familie – auf Nachfrage berichtet sie, sich beinahe täglich über Sonderangebote und Spartipps zu informieren, sie führe einen Wochenplan wer, wann, was zu tun habe und achte darauf, dass alles ordentlich sei. Es sei ihr sehr wichtig, alles im Auge zu behalten, denn sie habe ständig Angst, alles könne aus dem Ruder laufen.*

Prototypisch für Personen mit Zwanghafter Persönlichkeitsstörung ist (Shedler & Westen, 2004):

1. Betroffene Personen neigen dazu, sich intensiv mit Regeln, Verfahren, Ordnung, Organisation, Zeitplänen usw. zu befassen.
2. Sie neigen dazu, sich starr an tägliche Routinen zu halten und sich ängstlich oder unwohl zu fühlen, wenn diese geändert werden.
3. Sie neigen dazu, sich in Details zu vertiefen, oft bis zu dem Punkt, dass sie die bedeutsamen Dinge aus den Augen verlieren.
4. Sie widmen sich übermäßig der Arbeit und Produktivität und vernachlässigen dabei Freizeit und Beziehungen.
5. Sie haben Schwierigkeiten, Dinge wegzuwerfen, selbst wenn sie abgenutzt oder wertlos sind. Sie neigen dazu, Dinge zu horten, zu sammeln oder an ihnen festzuhalten.

Das wichtigste Beziehungsmotiv von Personen mit zwanghafter Persönlichkeitsstörung ist Solidarität (Sachse, 2012). Darüber hinaus sind Autonomie, Anerkennung und Wichtigkeit relevant. Personen mit zwanghafter Persönlichkeitsstörung waren ihrerseits in ihrer Jugend oftmals mit rigiden Maßstäben konfrontiert, deren Nicht-Erfüllung zu tiefer Ablehnung führte. Fehlleistungen wurden in der Regel auf eigenes Versagen zurückgeführt und die betroffenen Personen durften deshalb nicht auf emotionale Zuwendung oder Unterstützung hoffen. Die einzige Lösung, Abwertung zu vermeiden, bestand darin, selbst noch rigidere Ansprüche zu entwickeln. Die resultierenden Regeln werden dabei meist als allgemeingültig betrachtet. Sie dienen dazu zu definieren, was richtig und was falsch ist – über diesen Wertmaßstab kann (so die implizite Überzeugung) Solidarität erzwungen und Abwertung verhindert werden.

Das Modusmodell wird durch die Abwehr der Elternmodi in Form von überkompensatorischem Perfektionismus geprägt (Jacobs et al., 2019, Bamelis et al., 2011, Faßbinder et al., 2011). Der ›fordernde Elternanteil‹ ist dabei empirisch deutlich stärker ausgeprägt als der ›strafende Anteil‹ (Jacobs et al., 2019; Bamelis et al., 2011). Verletzliche Kindmodi sind bei der Zwanghaften Persönlichkeitsstörung hingegen deutlich schwächer ausgeprägt als bei den meisten anderen Persönlichkeitsstörungen (mit Ausnahme der schizoiden Persönlichkeitsstörung; Jacobs et al., 2019), denn die Kindmodi werden durch die ›zwanghafte Kontrolle‹ sehr stark gedeckelt und zeigen sich (zu Beginn der Therapie) kaum. Das Modusmodell der Zwanghaften Persönlichkeitsstörung ist in Abbildung 5.7 zusammengefasst (▶ Abb. 5.7). Die primären Kosten dieses *Modus' Operandi* bestehen in seinem extremen Ressourcenverschleiß. Es ist für die Betroffenen extrem anstrengend, den eigenen Ansprüchen gerecht zu werden. Sekundär eskaliert das System, das durch die Anstrengungen aufrechterhalten werden soll, zunehmend. Familienangehörige, Freund:innen, Arbeitskolleg:innen sind immer weniger bereit, sich den rigiden Vorstellungen der betroffenen Person zu beugen. Dieses ›Versagen‹ lässt den strafenden Anteil zunehmend an Gewicht gewinnen, wodurch die (zwanghaften) Maßnahmen zur Stabilisierung immer weiter verschärft werden.

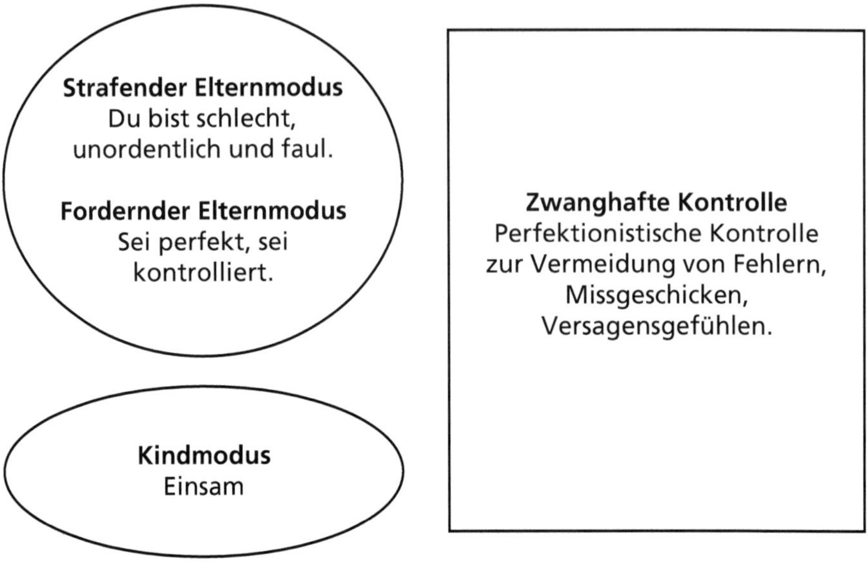

## Strafender Elternmodus
Du bist schlecht, unordentlich und faul.

## Fordernder Elternmodus
Sei perfekt, sei kontrolliert.

## Zwanghafte Kontrolle
Perfektionistische Kontrolle zur Vermeidung von Fehlern, Missgeschicken, Versagensgefühlen.

## Kindmodus
Einsam

**Abb. 5.7:** Modusmodell der Zwanghaften Persönlichkeitsstörung.

### 5.3.9 Die Dependente Persönlichkeitsstörung

*Frau G. (44 Jahre alt, arbeitslos) hat große Schwierigkeiten, eigenständige Entscheidungen zu treffen. Auch die Entscheidung für eine Therapie sei von ihrem Mann gefällt worden, da dieser der Meinung gewesen sei, dass sie in ihrem derzeitigen Zustand zu nichts zu gebrauchen sei (sie leidet unter anderem an einer depressiven Symptomatik). Früher habe sie häufig Angst gehabt, dass ihr Partner sie betrügen könne, inzwischen sei ihr das egal, solange er nur bei ihr bleibe. Ihr Partner habe sie auch mehrfach dazu gedrängt, mit in Swinger-Clubs zu gehen – etwas wobei sie kein Vergnügen habe. Aber sie verstehe nun, dass er das brauche. Die Beziehung zu ihrem vorangegangenen Partner sei (ebenfalls) missbräuchlich gewesen. Er habe sie mehrfach vergewaltigt. Sie habe sich jedoch erst aus der vorangegangenen Beziehung lösen können, als sie ihren neuen Partner bereits kennengelernt hatte.*

Prototypische Merkmale der dependenten Persönlichkeitsstörung sind (Shedler & Westen, 2004):

1. Betroffene Menschen zeigen übermäßige Bedürftigkeit und Abhängigkeit sowie ein starkes Bedürfnis nach Beruhigung und Bestätigung.
2. Sie neigen zu Unterwürfigkeit (z. B. sie stimmen zu, Dinge zu tun, die sie nicht tun wollen).
3. Sie befürchten, dass sie von emotional bedeutsamen Personen zurückgewiesen oder abgelehnt werden.
4. Sie scheinen Angst davor zu haben, allein zu sein und bemühen sich sehr, Alleinsein zu vermeiden.
5. Sie neigen zu Passivität und mangelndem Durchsetzungsvermögen.

Zentral sind die bindungsassoziierten Bedürfnisse Verlässlichkeit und Solidarität (Sachse, 2012). Die Betroffenen sind überzeugt, allein nicht zurecht zu kommen und zwingend auf stützende Beziehungen angewiesen zu sein. Um nicht verlassen zu werden, tun sie daher alles, um es Partner:innen recht zu machen. Sie haben ein gutes Gespür dafür, was den Partner:innen gefallen könnte und übernehmen deren Präferenzen (z. B. Filmgeschmack, Lieblingsessen, Lebensstil). Darüber hinaus konfrontieren sie Partner:innen nicht mit eigenen Wünschen, da sie Angst haben, als zu anstrengend wahrgenommen und letztendlich verlassen zu werden. Die Handlungen der Betroffenen sind dabei oft appellativ (»Bleib bei mir, denn ich bin schutzbedürftig. Bleib bei mir, denn ich bewundere dich. Bleib bei mir, denn ich kann so sein, wie du mich brauchst.«).

Empirisch zeigen sich Zusammenhänge zwischen dependenten Persönlichkeitszügen mit abhängigen, missbrauchten und einsamen Kindmodi, strafenden Elternanteilen und sich unterwerfenden sowie vermeidenden Bewältigungsmodi (Bamelis et al., 2011, Jacobs et al., 2019, ▸ siehe Abb. 5.8). In der Folge führen die Betroffenen mehr und mehr nur noch ›Ein-Personen-Beziehungen‹, wodurch wiederum ihre Abhängigkeit von dieser Person zunimmt. Die Kosten liegen in einer zunehmenden Einengung der Lebenswelt, deren Beschaffenheit an den eigenen Bedürfnissen vorbeigeht. Das System wird durch eine starke Vermeidung der Konfrontation mit einer als gefährlich und unkontrollierbar wahrgenommenen Welt aufrechterhalten.

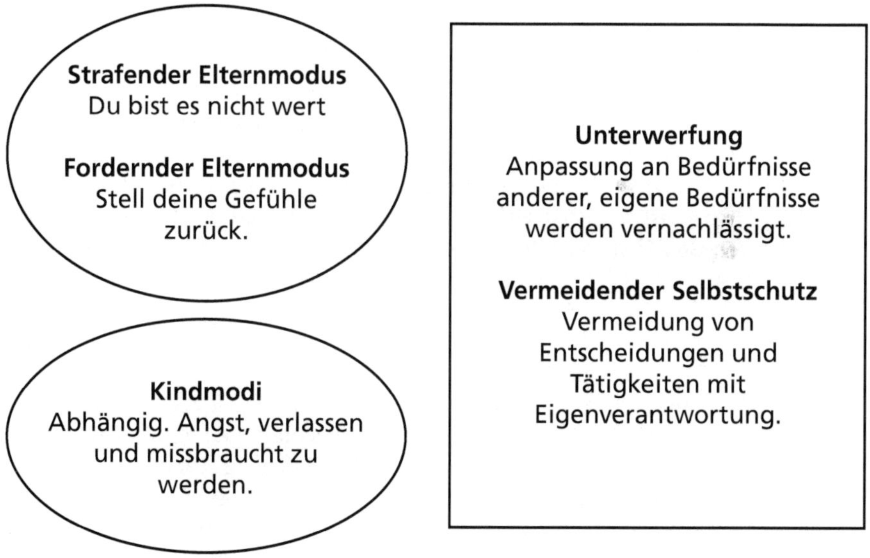

**Strafender Elternmodus**
Du bist es nicht wert

**Fordernder Elternmodus**
Stell deine Gefühle zurück.

**Kindmodi**
Abhängig. Angst, verlassen und missbraucht zu werden.

**Unterwerfung**
Anpassung an Bedürfnisse anderer, eigene Bedürfnisse werden vernachlässigt.

**Vermeidender Selbstschutz**
Vermeidung von Entscheidungen und Tätigkeiten mit Eigenverantwortung.

**Abb. 5.8:** Modusmodell der Dependenten Persönlichkeitsstörung.

## 5.3.10 Die Vermeidend-selbstunsichere Persönlichkeitsstörung

*Frau A (64 Jahre alt, frühberentet) kommt wegen Nervosität und depressiver Verstimmung in Therapie. Sie lebe allein in ihrem Einfamilienhaus. In den letzten Jahren habe sie ihre Mutter gepflegt, die vor zwei Monaten hochbetagt verstorben sei. Sie leide unter einer inneren Leere. Sie habe keinen Kontakt zu ihren Kindern, keinen Partner, keinen Freundeskreis, nur wenige Bekannte. Sie mache sich häufig Gedanken über ihre finanzielle Zukunft, den Zustand ihres Hauses, die Fahrtüchtigkeit ihres Autos, vermeide jedoch eine intensivere Auseinandersetzung mit diesen Themen und werde nicht aktiv. In ihrem Alltag ›werkle‹ sie viel, sie lenke sich ab und mache dies und jenes – seit vier Jahren wolle sie den Dachboden ausräumen, habe jedoch noch nicht begonnen. Manchmal überkämen sie starke Selbstvorwürfe, dann gehe sie spazieren, mache Kreuzworträtsel oder putze.*

Prototypische Charakteristika der Vermeidend-selbstunsicheren Persönlichkeitsstörung sind (Shedler & Westen, 2004):

1. Betroffene Menschen neigen dazu, soziale Situationen aus Angst vor Peinlichkeiten oder Demütigungen zu vermeiden.
2. Es fehlt ihnen an engen Freundschaften und Beziehungen.
3. Sie neigen dazu, in sozialen Situationen schüchtern oder zurückhaltend zu sein.
4. Sie neigen dazu, sich zu schämen oder verlegen zu sein.
5. Sie neigen dazu, ängstlich zu sein.

Die Beziehungsmotive von Personen mit Vermeidend-selbstunsicherer Persönlichkeitsstörung werden primär durch Anerkennung und Wichtigkeit bestimmt und entsprechen damit denen der Narzisstischen Persönlichkeitsstörung und in Teilen der Histrionischen Persönlichkeitsstörung (Sachse, 2012). Im Gegensatz zur Narzisstischen und Histrionischen Persönlichkeitsstörung sind (über-)kompensatorische Schemata jedoch kaum ausgeprägt. Stattdessen dominiert die Vermeidung von Situationen, die ›gefährlich‹ sein könnten (d. h. die zu einer weiteren Deprivation der Beziehungsmotive nach Anerkennung und Wichtigkeit führen könnten).

Empirisch wurden bislang Zusammenhänge zwischen der Vermeidend-selbstunsicheren Persönlichkeitsstörung und dem vernachlässigten Kind, dem distanzierten und vermeidenden Beschützer sowie dem strafenden Elternanteil nachgewiesen (Bamelis et al., 2011, Jacobs et al., 2019). Die Vermeidung der Vermeidend-selbstunsicheren Persönlichkeitsstörung bezieht sich dabei sowohl auf die innere als auch äußere Erlebenswelt. Im Außen werden Aktivitäten, Beziehungen und/oder Herausforderungen vermieden. Im Inneren wird sich nicht mit belastenden Themen, Gefühlen oder dergleichen auseinandergesetzt. Der (vermeintlich) ›bestmögliche‹ Zustand ist Betäubung, die in einigen Fällen auch durch Substanzgebrauch oder dämpfende Medikamente erreicht wird (Jacobs et al., 2019). Unter der Suppression durch den ›strafenden Elternanteil‹ konnten sich oft kaum Ressourcen entwickeln, so dass die betroffenen Personen weit hinter ihren Möglichkeiten zurückbleiben. In ›Druck-Situationen‹ werden die Anspannung und die Angst vor Abwertung dabei häufig so groß, dass kaum noch adaptives Verhalten möglich ist, was wiederum das negative Selbstkonzept verfestigt. Das Modusmodell der Vermeidend-selbstunsicheren Persönlichkeitsstörung ist in Abbildung 5.9 dargestellt (▶ Abb. 5.9).

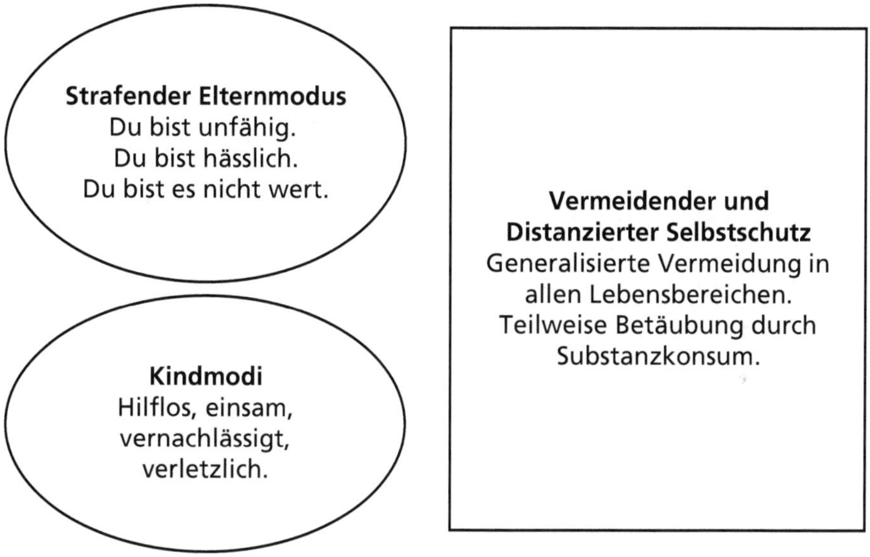

**Strafender Elternmodus**
Du bist unfähig.
Du bist hässlich.
Du bist es nicht wert.

**Kindmodi**
Hilflos, einsam, vernachlässigt, verletzlich.

**Vermeidender und Distanzierter Selbstschutz**
Generalisierte Vermeidung in allen Lebensbereichen.
Teilweise Betäubung durch Substanzkonsum.

**Abb. 5.9:** Modusmodell der Vermeidend-selbstunsicheren Persönlichkeitsstörung.

## 5.4 Differenzialdiagnostik von Persönlichkeitsstörungen

Wie aus der vorherigen Darstellung ersichtlich wird, zeigen die einzelnen Persönlichkeitsstörungen große Überlappungen – sowohl hinsichtlich ihrer prototypischen Beschreibungen, ihrer Beziehungsmotive als auch ihrer Modi. Obwohl folglich berechtigte Kritik an der kategorialen Persönlichkeitsstörungsdiagnostik besteht, bildet sie einen hilfreichen Bezugsrahmen, der die schematische Einordnung der Symptomatik einer Person ermöglicht, was wiederum die Auswahl geeigneter diagnostischer Instrumente und therapeutischer Techniken erleichtert. Dennoch sollte im weiteren Prozess stets eine Individualisierung des Störungsverständnisses erfolgen. Differenzialdiagnostisch sind, neben der Abgrenzung der Persönlichkeitsstörungen untereinander, weitere Störungsbilder zu beachten (z. B. Autismus-Spektrum-Störungen, Posttraumatische Belastungsstörung), die in manchen Symptombereichen wie Persönlichkeitsstörungen anmuten können.

## 5.4.1 Abgrenzung von Persönlichkeitsstörungen untereinander

*Abgrenzung der Histrionischen Persönlichkeitsstörung von der Narzisstischen Persönlichkeitsstörung.* Bei beiden Persönlichkeitsstörungen zeigen sich empirisch Zusammenhänge mit einem nach Aufmerksamkeit und Bestätigung suchenden Modus. Aus der Perspektive der Klärungsorientierten Psychotherapie lässt sich dies dadurch erklären, dass Wichtigkeit bei beiden Persönlichkeitsstörungen ein zentrales Beziehungsmotiv darstellt, d. h. die Betroffenen beider Persönlichkeitsstörungen versuchen, sich auf der Spielebene ins Zentrum der Aufmerksamkeit zu rücken. Jedoch nutzen Personen mit Histrionischer Persönlichkeitsstörung – im Gegensatz zu Personen mit Narzisstischer Persönlichkeitsstörung – auf der Spielebene auch Ungeschicklichkeiten (z. B. augenscheinlich naiv in ein kritisches Thema hineinstolpern) oder Leidzustände (z. B. hemmungsloses Weinen am Ende der Sitzung), um Aufmerksamkeit zu erhalten. Personen mit Narzisstischer Persönlichkeitsstörung bedienen sich dazu praktisch ausschließlich der Darstellung von Wohlstand, Kontakten zu ›bedeutsamen‹ Personen (z. B. Professor:innen, Wirtschaftsbossen, Künstler:innen) oder der eigenen ›Grandiosität‹.

Ein weiterer Unterschied liegt in der kindlichen Wut der Narzisstischen Persönlichkeitsstörung, die in dieser Form i. d. R. nicht bei Personen mit Histrionischer Persönlichkeitsstörung auftritt. Im Kern wird diese Wut durch (vermeintlich) ›respektloses‹ Verhalten ausgelöst bzw. wenn die Betroffenen annehmen, jemand halte sie zum Narren, für schwach, unmännlich/unweiblich oder dumm. Die Wut ist unmittelbar, heiß und bedrohlich. Bei nahestehenden Personen kann sie jedoch auch in die Einsamkeit und Traurigkeit der anderen Kindmodi kippen. Bei den Behandler:innen löst diese Wut entweder Mitgefühl aus (»der:die Patient:in ist im Kern so eine arme Person«) oder Konkurrenzgebaren (der:die Therapeut:in wird im Ton ebenfalls schroffer, will nicht zurückweichen). Personen mit Histrionischer Persönlichkeitsstörung zeigen diese unmittelbare, rasende Wut in der Regel nicht (bzw. nicht in dieser Intensität und erst bei deutlich gewichtigeren Auslösern). Stattdessen fällt es Personen mit Histrionischer Persönlichkeitsstörung grundsätzlich nicht schwer, sich temporär anderen unterzuordnen, solange dies nicht mit einem Verlust an Aufmerksamkeit einhergeht. Bei Dritten – also nicht gegenüber der Person, die ihre Bedürfnisse verletzt hat – können sie jedoch im Anschluss sehr klagsam auftreten, da das resultierende Mitgefühl wiederum Aufmerksamkeit sichert. Bei den Behandler:innen lösen Personen mit Histrionischer Persönlichkeitsstörung manchmal zunächst Bewunderung aus (z. B. weil die Betroffenen ihren Auftritt auf der Spielebene perfektioniert haben), später jedoch häufig eher ›Belustigung‹ oder ›Genervtheit‹. Bei beiden Persönlichkeitsstörungen ist es daher für die Behandler:innen bedeutsam, sich immer wieder die positiven, ›gesunden und erwachsenen‹ Aspekte der Patient:innen zu verdeutlichen, um Zugang zu den vollkommen legitimen Beziehungsmotiven hinter der Spielebene zu gewinnen.

*Abgrenzung der Narzisstischen Persönlichkeitsstörung von der Antisozialen Persönlichkeitsstörung.* Gemeinsamkeiten zwischen der Narzisstischen Persönlichkeitsstörung und der Antisozialen Persönlichkeitsstörung bestehen in stark ausgeprägten ärgerlichen/

wütenden Kindmodi und in dem Vorliegen selbstüberhöhender sowie schikanierender/aggressiver Anteile. Betroffene beider Persönlichkeitsstörungen zeigen zudem oftmals nur geringe Empathie gegenüber den Wünschen und den Bedürfnissen anderer Personen. Wie zuvor beschrieben resultiert die Wut und gegebenenfalls auch die Aggression von Personen mit Narzisstischer Persönlichkeitsstörung aus einer Bedrohung ihres Images bzw. ihres kompensatorischen Selbstschemas – die narzisstische Aggression ist also im Regelfall reaktiv. Bei der Antisozialen Persönlichkeitsstörung wird Aggression hingegen i. d. R. proaktiv/instrumentell eingesetzt, um monetären Gewinn oder sozialen Machtgewinn zu erzielen. Entsprechend berichten Personen mit Narzisstischer Persönlichkeitsstörung primär über Wutausbrüche und Aggression in ihrem engen sozialen Umfeld (z. B. gegenüber Kindern und Lebenspartner:innen), während Personen mit Antisozialer Persönlichkeitsstörung darüber hinaus häufig auch Aggression gegenüber ihnen unbekannten Personen berichten.

*Abgrenzung Antisoziale Persönlichkeitsstörung und Borderline-Persönlichkeitsstörung.* In der ICD-10 wird die Borderline-Persönlichkeitsstörung als Emotional-instabile Persönlichkeitsstörung klassifiziert. Diese weist zwei Subtypen auf – den Borderline-Typ und den impulsiven Typ. Während der Borderline-Typ Verhaltensweisen zeigt, die ihn deutlich von der Antisozialen Persönlichkeitsstörung abgrenzen (z. B. ausgeprägtes selbstverletzendes Verhalten, starke Selbstabwertung, ein sehr instabiles Selbstbild), ist die Abgrenzung zwischen dem impulsiven Typus und der Antisozialen Persönlichkeitsstörung deutlich erschwert. Gemeinsamkeiten zwischen diesem Emotional-instabilen Persönlichkeitstyp und der Antisozialen Persönlichkeitsstörung bestehen vor allem in einem ausgeprägten ›Schikanierenden Angreifer‹ sowie einer sehr hohen Impulsivität. Darüber hinaus zeichnen sich beide Persönlichkeitsstörungen durch einen manipulativen Interaktionsstil aus (Johnson et al., 2008; Mandal & Kocur, 2013). Wie schon bei der Narzisstischen Persönlichkeitsstörung ist die Aggression bei Personen mit Emotional-instabiler Persönlichkeitsstörung jedoch primär reaktiv. Betroffene reagieren aggressiv, wenn sie das Gefühl haben, die eigenen Grenzen werden bedroht oder relevante soziale Beziehungen sind nicht verlässlich. Die Identifikation des Beziehungsmotivs ist daher von überaus großer Bedeutung. Ein weiches Kriterium für die Abgrenzung zwischen Emotionalinstabilen Persönlichkeitsstörungen und der Antisozialen Persönlichkeitsstörung kann zudem der Umgang mit Tieren sein. Während die Antisoziale Persönlichkeitsstörung die einzige Persönlichkeitsstörung darstellt, in deren Zusammenhang es überzufällig häufig zum Quälen von Tieren kommt (Vaughn et al., 2009), zeigen Personen mit Emotional-instabilen Persönlichkeitsstörungen (Haus-)Tieren gegenüber, aufgrund deren Treue, Verlässlichkeit und unkonditionalen Zuneigung, oftmals eine sehr große Wertschätzung (Hayden-Evans, Milbourn, & Netto, 2018).

*Abgrenzung der Vermeidend-selbstunsicheren Persönlichkeitsstörung von der Dependenten Persönlichkeitsstörung.* Die Dependente Persönlichkeitsstörung und die Vermeidendselbstunsichere Persönlichkeitsstörung verbindet ein stark ›strafender Elternmodus‹. Es zeigen sich zudem hohe Korrelationen zwischen den Symptomclustern beider Persönlichkeitsstörungen. Personen, die die Kriterien einer dependenten Persönlichkeitsstörung erfüllen, zeigen auch Symptome der Vermeidend-selbstunsicheren

Persönlichkeitsstörung und vice versa (Trull, Widiger, & Frances, 1987). Große Unterschiede bestehen jedoch auf Motivebene und den daraus resultierenden Bewältigungsstrategien. Personen mit Vermeidend-selbstunsicherer Persönlichkeitsstörung haben gelernt, dass sie in Beziehungen (subjektiv) kaum Wertschätzung erfahren (Wichtigkeit und Anerkennung). Darum vermeiden sie enge Beziehungen so lange, bis sie sich ›100 Prozent‹ sicher sind, dass ihnen keine Gefahr droht, abgewertet zu werden (Kasalova et al., 2018). Personen mit Dependenter Persönlichkeitsstörung hingegen sind der Überzeugung, dass sie den Anforderungen des Alltags nur mit einem starken Beziehungsobjekt gewachsen sind (Solidarität und Wichtigkeit). Ihre primäre Angst in Beziehungen ist es, verlassen zu werden, darum ordnen sie sich stark unter und tun ›alles‹, um eine Beziehung aufrechtzuerhalten. Entsprechend zeigt sich, dass sozialer Rückzug und das Vermeiden enger Beziehungen die wichtigsten Indikatoren für das Vorliegen einer Vermeidend-selbstunsicheren in Abgrenzung zur Dependenten Persönlichkeitsstörung sind (Reich, 1991).

*Abgrenzung der Vermeidend-selbstunsicheren Persönlichkeitsstörung von der Schizoiden Persönlichkeitsstörung.* Personen mit Vermeidend-selbstunsicherer Persönlichkeitsstörung und Schizoider Persönlichkeitsstörung teilen das Gefühl, in sozialen Beziehungen unwichtig zu sein. Zudem zeigen beide Persönlichkeitsstörungen ein ausgeprägtes soziales Rückzugsverhalten. Während Personen mit Vermeidend-selbstunsicherer Persönlichkeitsstörung intime Beziehungen jedoch aufgrund der Angst vor Abwertung scheuen, vermeiden Personen mit Schizoider Persönlichkeitsstörung diese aufgrund einer Gefährdung oder Einengung ihrer Autonomie. In der Folge zeigen Personen mit Vermeidend-selbstunsicherer Persönlichkeitsstörung, nicht aber Personen mit Schizoider Persönlichkeitsstörung, eine starke Empfindlichkeit gegenüber Ablehnung (Trull et al., 1989). Im Einklang damit zeigen Personen mit Schizoider, nicht aber mit Vermeidend-selbstunsicherer Persönlichkeitsstörung, oftmals eine gewisse Indifferenz gegenüber Lob und Kritik.

## 5.4.2 Abgrenzung von Persönlichkeitsstörungen und anderen psychischen Störungen

*Abgrenzung der Antisozialen Persönlichkeitsstörung und der Borderline-Persönlichkeitsstörung von der Posttraumatischen Belastungsstörung.* Einer der bedeutsamsten Prädiktoren sowohl für die Antisoziale Persönlichkeitsstörung als auch die Borderline-Persönlichkeitsstörung sind emotionaler, verbaler und körperlicher Missbrauch in Kindheit und Jugend (Lobbestael et al., 2005). Entsprechend augenscheinvalide scheint eine Nähe der beiden Erkrankungen zur Posttraumatischen Belastungsstörung. Dieser Eindruck wird durch überlappende Symptome im Bereich Aggressivität und Impulsivität verstärkt (Kim & Choi, 2020; Wojciechowski, 2017). Für die Abgrenzung der Störungsbilder ist es jedoch essenziell, sich bewusst zu machen, dass das Vorliegen einer Traumatisierung nicht mit dem Vorliegen einer Posttraumatischen Belastungsstörung gleichzusetzen ist. Die Posttraumatische Belastungsstörung ist nur eine von mehreren möglichen Traumafolgestörungen und das häufigste Outcome nach Traumatisierung ist nicht Psychopathologie, sondern Resilienz (Galatzer-

Levy, Huang, & Bonanno, 2018). So entwickeln z. B. ›nur‹ 11,1 % der Betroffenen nach Kindesmissbrauch, 16,7 % nach einer Vergewaltigung und 11,1 % nach körperlicher Gewalterfahrung eine Posttraumatische Belastungsstörung (Maercker, Hecker, Augsburger, & Kliem, 2018). Darüber hinaus sind Aggressivität und Impulsivität transdiagnostisch bei vielen psychischen Störungen relevant und sprechen pauschal weder für noch gegen das Vorliegen einer spezifischen Störung. Entsprechend sind für eine Abgrenzung primär die Wiedererlebens- und Vermeidungssymptome, die i. d. R. nur im Rahmen der Posttraumatischen Belastungsstörung auftreten, entscheidend. Dabei ist zu berücksichtigen, dass eine Posttraumatische Belastungsstörung komorbid mit beiden Persönlichkeitsstörungen auftreten kann (Goodwin & Hamilton, 2003; Zlotnick, Franklin, & Zimmerman, 2002).

*Abgrenzung der Borderline-Persönlichkeitsstörung von der hyperkinetischen Störung.* Die Emotional-instabile Persönlichkeitsstörung (im DSM-5 und der ICD-11 kodiert als Borderline-Persönlichkeitsstörung) und die hyperkinetische Störung (im DSM-5 und der ICD-11 kodiert als Aufmerksamkeitsdefizit- und Hyperaktivitätsstörung) zeigen überlappende klinische Eigenschaften (Matthies & Philipsen, 2014; Philipsen, 2006, Ayduk et al., 2008):

- Schwierigkeiten der Affektregulation,
- Defizite der Impulsregulation sowie
- Aufmerksamkeitsdefizite,
- innere Anspannungszustände
- Defizite im Umgang mit Verstärkeraufschub.

Während der Borderline-Typ der Emotional-instabilen Persönlichkeitsstörung (F60.31) Symptomcluster aufweist, die keine Entsprechung in einer hyperkinetischen Störung haben (z. B. chronische Suizidalität, selbstverletzendes Verhalten, starke Dissoziationsneigung) und dadurch eine differenzialdiagnostische Abgrenzung erleichtert, erweist sich insbesondere die Abgrenzung des impulsiven Typs der Emotional-instabilen Persönlichkeitsstörung (F60.30) von der hyperkinetischen Störung teilweise als schwierig. Zur Abgrenzung der beiden Störungsbilder sind vor allem die Anamnese des frühkindlichen Verhaltens sowie die Analyse der situationellen Rahmenbedingungen der Impulsdurchbrüche essenziell:

- Während die Symptomatik bei einer Hyperkinetischen Störung in der Regel bereits innerhalb der ersten fünf Lebensjahre auftritt, manifestiert sich eine Emotional-instabile Persönlichkeitsstörung zumeist deutlich später (oftmals erst mit dem Eintritt in die Pubertät). Das Fehlen impulsiven, unaufmerksamen und hyperaktiven Verhaltens in der frühen Kindheit spricht daher differenzialdiagnostisch deutlich gegen die Diagnose einer hyperkinetischen Störung (Asherson, Manor, & Huss, 2014). Daher sollten die Eltern der Patient:innen mit deren Einverständnis als fremdanamnestische Informationsquelle für die Differenzialdiagnostik genutzt werden.
- Die impulsiven Verhaltensweisen im Kontext der Emotional-instabilen Persönlichkeitsstörung werden in der Regel durch Gefühle der Zurückweisung oder

durch eine subjektive Bedrohung der eigenen Grenzen ausgelöst. Dies ist in der Regel bei hyperkinetischen Störungen nicht der Fall, bei denen sowohl Impulsivität als auch Aufmerksamkeitsdefizite vor allem bei unterstimulierenden Rahmenbedingungen zunehmen (z. B. in Unterrichtssituationen; Philipsen, 2006). Impulsives Verhalten wäre in solchen Situationen für Patient:innen mit Emotional-instabiler Persönlichkeitsstörung eher ungewöhnlich. Daher sollten mit den Patient:innen Verhaltensanalysen (▶ Kap. 2.2.2) durchgeführt werden, um zu eruieren, welche Trigger-Reize für das Auftreten der entsprechenden Symptome mitverantwortlich sind.

Ein vermeintlich naheliegender Abgrenzungsfaktor, der jedoch in der Praxis nicht hilfreich ist, ist die Erfassung kindlicher Missbrauchserfahrung, denn in beiden Patient:innen-Gruppen liegen entsprechende Kindheitserfahrungen verglichen mit der Allgemeinbevölkerung gehäuft vor (Gonzalez et al., 2019; Sanderud, Murphy, & Elklit, 2016). Darüber hinaus stellen kindliche Missbrauchserfahrungen für keines der beiden Störungsbilder einen obligatorischen ätiologischen Faktor dar. Bei der Differenzialdiagnostik der beiden Störungsbilder ist zu beachten, dass die Hyperkinetische Störung und die Emotional-instabile Persönlichkeitsstörung in ca. 20 % der Fälle komorbid auftreten und das Vorliegen einer hyperkinetischen Störung einen Risikofaktor für die Entwicklung einer Emotional-instabilen Persönlichkeitsstörung darstellt (Matthies & Philipsen, 2014; Philipsen, 2006).

*Abgrenzung der Schizoiden und Zwanghaften Persönlichkeitsstörung von dem Asperger-Syndrom.* Das Asperger-Syndrom gehört zu den Autismus-Spektrum-Störungen. Auch im Erwachsenenalter zeigen die Betroffenen Einschränkungen der sozialen Interaktion (z. B. wenige Freundschaften, ›ungeschickt‹ im sozialen Kontakt, mangelndes intuitives Situationsverständnis), der nonverbalen (z. B. Schwierigkeiten, implizite Signale zu interpretieren) und verbalen Kommunikation (keine Einschränkung des Sprachniveaus, aber ›ungewöhnlich hochgestochene‹ Sprache, mangelndes Verständnis von sprachlichen Bildern, Ironie oder Sarkasmus) sowie der Theory of Mind (Probleme der Perspektivübernahme). Darüber hinaus zeigen sich Einschränkungen der exekutiven Funktionen (d. h. geringe kognitive Flexibilität, Detailfokussierung, Schwierigkeiten der Handlungsplanung) und der Sensomotorik (z. B. Ungeschicklichkeit, selten Stereotypien und Manierismen; Hippler, Sousek, & Hackenberg, 2010). Außerdem zeigen Betroffene oftmals repetitive eingeschränkte Verhaltensweisen und Interessensfelder (z. B. oftmals den gleichen Tagesablauf, zwanghafte Tendenzen, stark eingeengte Freizeitaktivitäten). Wie aus der Beschreibung deutlich wird, teilen Menschen mit Asperger-Syndrom sowohl Symptome mit der Schizoiden Persönlichkeitsstörung (z. B. wenige Freundschaften, distanziertes Verhalten in sozialen Situationen) als auch mit der Zwanghaften Persönlichkeitsstörung (z. B. zwanghafte Genauigkeit; Schwierigkeiten, gefasste Pläne zu variieren). Beide Persönlichkeitsstörungen beginnen jedoch erst in der späten Kindheit bzw. frühen Jugend, weshalb die Abgrenzung über eine frühkindliche Anamnese erfolgen kann (Bölte, 2009). Im Unterschied zum frühkindlichen Autismus zeigen Kinder mit Asperger-Syndrom in den ersten drei Lebensjahren zwar keine verzögerte Sprachentwicklung und Selbsthilfefertigkeiten, das Ausmaß der Neugierde an der Umgebung und die Intelligenzentwicklung sind nicht auffällig, doch zeigen sich bereits in der frühen Kindheit eine hochgestochene ›Erwachsenensprache‹, fehlendes Symbolspiel und fehlende Reziprozität in Interaktionen. Diese Schwierigkeiten sind typischerweise nicht in der frühen Kindheit von Personen mit Schizoider oder Zwanghafter Persönlichkeitsstörung zu finden. Im Erwachsenenalter zeigen sich ebenfalls Unterschiede. So zeigen Personen mit Zwanghafter Persönlichkeitsstörung in der Regel keine qualitativen Einschränkungen bzgl. basaler interaktioneller Fähigkeiten. Für eine Abgrenzung des Asperger-Syndroms von der Schizoiden Persönlichkeitsstörung im Erwachsenenalter ist hingegen das Beziehungsverhalten bzw. die Gründe für das Meiden enger Beziehungen maßgeblich. Bis zu 78 % der Menschen mit Asperger-Syndrom geben an, eine:n Partner:in zu suchen, wobei viele sich nicht trauen, diesen Wunsch umzusetzen, da sie eigene Kompetenzdefizite wahrnehmen (Strunz et al., 2017). Personen mit Schizoider Persönlichkeitsstörung haben zwar in der Regel ebenfalls ein Bindungsbedürfnis, doch zum einen wird der Wunsch nach Partnerschaft meist nicht spontan berichtet (da er im Widerspruch zu interaktionellen Zielen steht), zum anderen sind interaktionale Kompetenzdefizite hier eher sekundär, wohingegen die dysfunktionalen Beziehungsschemata (z. B. in Partnerschaften ist Autonomie nicht möglich, Partnerschaften sind nicht lohnenswert) den primären Grund darstellen, keine Bindung einzugehen.

*Abgrenzung der Zwanghaften Persönlichkeitsstörung von der Zwangsstörung.* Die in der Regel rigide und inflexible Denkweise von Personen mit Zwanghaften Persönlichkeitsstörungen ›zwingt‹ die Betroffenen in ein enges Verhaltenskorsett. Dabei wenden Betroffene zur Herstellung einer vermeintlichen Sicherheit (z. B. gegenüber der Willkür anderer Personen, beruflichem Versagen oder einer überfordernden Welt) ein exzessives Maß an Kontrolle an (z. B. in Form von Listen, vielfachem Korrekturlesen, rigiden Regeln). Dieses Maß an Kontrolle kann von außen den Symptomen einer Zwangsstörung stark ähneln (z. B., wenn es um Regeln der Reinlichkeit oder das wiederholte Ausschließen von Flüchtigkeitsfehlern geht). Die klassischen Abgrenzungskriterien zwischen der Zwanghaften Persönlichkeitsstörung und der Zwangsstörung beziehen sich darauf, dass die Zwanghafte Persönlichkeitsstörung im Gegensatz zur Zwangsstörung ich-synton ist und es praktisch keinen Widerstand gegen die Verhaltensimpulse gibt. Während dieses Kriterium in vielen Fällen valide ist, gibt es Grenzfälle, in denen es seine Trennschärfe verliert. Dies ist dann der Fall, wenn Zwangsverhaltensweisen so stark in den Alltag integriert worden sind, dass sie kaum mehr reflektiert werden oder wenn bei Personen mit Zwanghafter Persönlichkeitsstörung die Kosten des rigiden Verhaltens verstärkt wahrgenommen werden (z. B. angestoßen durch einen Therapieprozess). In diesen Fällen kann eine Abgrenzung über die gedanklichen Inhalte erfolgen. In der Regel basiert das rigide Verhalten der Zwanghaften Persönlichkeitsstörung nicht auf Zwangsgedanken im engeren Sinne, d. h. Betroffene befürchten nicht, sie könnten sich plötzlich umbringen, sie könnten pädophil sein, ein offen gelassener Kühlschrank könnte in einem Wohnungsbrand resultieren oder ähnliches. Stattdessen befürchten sie typischerweise, dass ein Missgeschick oder eine Nachlässigkeit entweder zu katastrophalen interpersonellen Konsequenzen oder zur Aufdeckung von (vermeintlichen) ›minderwertigen‹ Persönlichkeitszügen ihrer eigenen Person führen könnte.

*Abgrenzung der Vermeidend-selbstunsicheren Persönlichkeitsstörung von der Generalisierten Angststörung und der Sozialen Phobie.* Im klinischen Eindruck sieht die Vermeidend-selbstunsichere Persönlichkeitsstörung häufig wie eine Kombination von Generalisierter Angststörung und Sozialer Phobie aus. Dieser Eindruck ist nachvollziehbar, denn 46 % der Personen mit Sozialer Phobie erfüllen die Kriterien einer Vermeidend-selbstunsicheren Persönlichkeitsstörung (Friborg et al., 2013) und bis zu 100 % der Personen mit Vermeidend-selbstunsicherer Persönlichkeitsstörung erfüllen die Kriterien einer sozialen Phobie (Weinbrecht, Schulze, Boettcher, & Renneberg, 2016). Vergleichbares gilt für die Generalisierte Angststörung bei der 25 bis 89 % der Betroffenen ebenfalls die Kriterien einer Vermeidend-selbstunsicheren Persönlichkeitsstörung erfüllen (Marques et al., 2012). Der größte Unterschied zwischen der Generalisierten Angststörung/sozialen Phobie und der Vermeidend-selbstunsicheren Persönlichkeitsstörung ist das Verhalten in sehr engen und/oder romantischen Beziehungen, bei dem Personen mit Generalisierter Angststörung und Sozialer Phobie im Gegensatz zu Personen mit Vermeidend-selbstunsicherer Persönlichkeitsstörung kaum Einschränkungen zeigen (z. B. was das Eingehen von Intimität in romantischen Beziehungen angeht). Darüber hinaus zeigen Personen mit Vermeidend-selbstunsicherer Persönlichkeitsstörung ein deutlich dysfunktionaleres Selbstkonzept und eingeschränkte Mentalisierungsfähigkeiten (Pellecchia et al., 2018).

# Literaturverzeichnis

Abramson, L. Y., Metalsky, G.I., & Alloy, L. B. (1989). Hopelessness depression: A theory-based subtype of depression. Psychological Review, 96(2), 358–372. doi: 10.1037/0033-295X.96.2.358

Allen, K. L., Fursland, A., Watson, H., & Byrne, S. M. (2011). Eating disorder diagnoses in general practice settings: comparison with structured clinical interview and self-report questionnaires. J Ment Health, 20(3), 270–280. doi: 10.3109/09638237.2011.562259

American Psychiatric Association. (2013). Diagnostic and statistical manual of mental disorders (DSM-5®): American Psychiatric Pub.

Andrews, B., Brewin, C. R., Philpott, R., & Stewart, L. (2007). Delayed-onset posttraumatic stress disorder: a systematic review of the evidence. American Journal of Psychiatry, 164(9), 1319–1326.

Arbeitsgemeinschaft für Methodik und Dokumentation in der Psychiatrie. (2015). Das AMDP-System: Manual zur Dokumentation psychiatrischer Befunde: Hogrefe.

Arbeitskreis OPD. (2014). Operationalisierte Psychodynamische Diagnostik OPD-2 : Das Manual für Diagnostik und Therapieplanung. Bern: Hogrefe.

Asherson, P., Manor, I., & Huss, M. (2014). Attention-deficit/hyperactivity disorder in adults: Update on clinical presentation and care. Neuropsychiatry, 4, 1–20. doi: 10.2217/npy.14.16

Asselmann, E., Wittchen, H-U., Lieb, R., Höfler, M., & Beesdo-Baum, K. (2015). Danger and loss events and the incidence of anxiety and depressive disorders: a prospective-longitudinal community study of adolescents and young adults. Psychological medicine, 45(1), 153–163.

Ayduk, O., Zayas, V., Downey, G., Cole, A. B., Shoda, Y., & Mischel, W. (2008). Rejection Sensitivity and Executive Control: Joint predictors of Borderline Personality features. J Res Pers, 42(1), 151–168. doi: 10.1016/j.jrp.2007.04.002

Bach, B., Lockwood, G., & Young, J. E. (2018). A new look at the schema therapy model: organization and role of early maladaptive schemas. Cogn Behav Ther, 47(4), 328–349. doi: 10.1080/16506073.2017.1410566

Bach, B., & First, M. B. (2018). Application of the ICD-11 classification of personality disorders. BMC psychiatry, 18(1), 1–14.

Bamelis, L. L., Renner, F., Heidkamp, D., & Arntz, A. (2011). Extended Schema Mode conceptualizations for specific personality disorders: an empirical study. J Pers Disord, 25(1), 41–58. doi: 10.1521/pedi.2011.25.1.41

Bandelow, B., Wiltink, J., Alpers, G. W., Benecke, C., Deckert, J., Eckhardt-Henn, A., Ehrig, C., Engel, E., Falkai, P., . . . M.E., Beutel. (2014). Deutsche S3-Leitlinie Behandlung von Angststörungen.

Barry, T. J., Vervliet, B., & Hermans, D. (2015). An integrative review of attention biases and their contribution to treatment for anxiety disorders. Frontiers in Psychology, 6, 968.

Beasley, C. C., & Ager, R. (2019). Emotionally Focused Couples Therapy: A systematic review of its effectiveness over the past 19 years. Journal of Evidence-Based Social Work, 16(2), 144–159. doi: 10.1080/23761407.2018.1563013

Beck, A. T., Steer, R. A., & Brown, G. K. (2006). Beck-Depressions-Inventar (2. Auflage).

Beck, A. T. (1963). Thinking and depression: I Idiosyncratic content and cognitive distortions. Archives of General Psychiatry, 9(4), 324–333. doi: 10.1001/archpsyc.1963.01720160014002

Becker, E. S., & Rinck, M. (2003). Spinnenphobie-Fragebogen (SPF). Angst-Diagnostik: Grundlagen und Testverfahren (S. 466–469.).

Berger, P., Sachs, G., Amering, M., Holzinger, A., Bankier, B., & Katschnig, H. (2004). Personality disorder and social anxiety predict delayed response in drug and behavioral treatment of panic disorder. Journal of Affective Disorders, 80(1), 75–78. doi: 10.1016/S0165-0327(03)00043-0

Beseler, C. L., Stallones, L., Hoppin, J. A., Alavanja, Michael C. R., Blair, A., Keefe, T., & Kamel, F. (2008). Depression and Pesticide Exposures among Private Pesticide Applicators Enrolled in the Agricultural Health Study. Environmental Health Perspectives, 116(12), 1713–1719. doi: 10.1289/ehp.11091

Blanchard, M., & Farber, B. A. (2016). Lying in psychotherapy: Why and what clients don't tell their therapist about therapy and their relationship. Counselling Psychology Quarterly, 29 (1), 90–112. doi: 10.1080/09515070.2015.1085365

Blanchard, M., & Farber, B. A. (2020). »It is never okay to talk about suicide«: Patients' reasons for concealing suicidal ideation in psychotherapy. Psychotherapy Research, 30(1), 124–136. doi: 10.1080/10503307.2018.1543977

Bleckwedel, J (2008). Systemische Therapie in Aktion: Kreative Methoden in der Arbeit mit Familien und Paaren. Göttingen: Vandenhoeck & Ruprecht.

Boateng, S., & Schalast, N. (2011). Dimensionale versus kategoriale Klassifikation von Persönlichkeitsstörungen. Forensische Psychiatrie, Psychologie, Kriminologie, 5(3), 145.

Boeding, S. E, Paprocki, C. M., Baucom, D. H., Abramowitz, J. S, Wheaton, M. G, ... Fischer, M. S. (2013). Let me check that for you: Symptom accommodation in romantic partners of adults with obsessive–compulsive disorder. Behaviour research and therapy, 51(6), 316-322.

Bohus, M., & Wolf-Arehult, M. (2013). Interaktives Skillstraining für Borderline-Patienten: Stuttgart: Schattauer. .

Boll-Klatt, A., & Kohrs, M. (2013). Praxis der psychodynamischen Psychotherapie: Grundlagen–Modelle–Konzepte. Stuttgart: Schattauer.

Bölte, Sven. (2009). Autismus: Spektrum, Ursachen, Diagnostik, Intervention, Perspektiven. Bern: Huber.

Bolton, D., Hill, J., O'Ryan, D., Udwin, O., Boyle, S., & Yule, W. (2004). Long-term effects of psychological trauma on psychosocial functioning. Journal of Child Psychology and Psychiatry, 45(5), 1007-1014.

Boog, M., Van Hest, K. M., Drescher, T., Verschuur, M. J., & Franken, I. H. . (2018). Schema modes and personality disorder symptoms in alcohol-dependent and cocaine-dependent patients. European Addiction Research, 24(5), 226-233.

Born, K. (2014). Psychotherapeutische Diagnostik in der Praxis: Weinheim: Beltz.

Brakemeier, E., & Jacobi, F. (2017). Verhaltenstherapie in der Praxis. Weinheim: Beltz.

Brakemeier, E., Normann, C., & Hautzinger, M. (2012). Praxisbuch CBASP. Behandlung chronischer Depression. (1. Aufl.). Weinheim: Beltz.

Brewer, M. B., & Caporael, L. R. (2006). An evolutionary perspective on social identity: Revisiting groups. Evolution and social psychology, 143, 161.

Britton, P. C., Patrick, H., Wenzel, A., & Williams, G. C. (2011). Integrating motivational interviewing and self-determination theory with cognitive behavioral therapy to prevent suicide. Cognitive and Behavioral Practice, 18(1), 16-27.

Brunner, J. (2019). Der Antrag in der Verhaltenstherapie: Verhaltensanalyse - Behandlungsplan - Bericht an den Gutachter. Stuttgart: Kohlhammer.

Bryan, C. J, Mintz, J., Clemans, T. A., Leeson, B., Burch, T. S., Williams, S. R., . . . Rudd, M. D. (2017). Effect of crisis response planning vs. contracts for safety on suicide risk in US Army soldiers: a randomized clinical trial. Journal of affective disorders, 212, 64–72.

Busch, F. N., Cooper, A. M., Klerman, G. L., Penzer, R. J., Shapiro, T., & Shear, M. K. (1991). Neurophysiological, cognitive-behavioral, and psychoanalytic approaches to panic disorder: Toward an integration. Psychoanalytic Inquiry, 11(3), 316–332.

Carson-Wong, A., Hughes, C. D., & Rizvi, S. L. (2018). The Effect of Therapist Use of Validation Strategies on Change in Client Emotion in Individual DBT Treatment Sessions. Personality Disorders-Theory Research and Treatment, 9(2), 165–171. doi: 10.1037/per0000229

Caspar, F., Berger, T., Fingerle, H. & Werner, M. (2016). Das deutsche IMI. PiD-Psychotherapie im Dialog, 17, e1-e10.

Caspar, F. (2018). Beziehungen und Probleme verstehen: Eine Einführung in die psychotherapeutische Plananalyse. Bern: Hogrefe.
Caspar, F., & Grawe, K. (1983). Vertikale Verhaltensanalyse (VVA): Analyse des Interaktionsverhaltens als Grundlage der Problemanalyse und Therapieplanung: Psychologisches Institut der Universität.
Condray, R., Morrow, L. A., Steinhauer, S. R., Hodgson, M., & Kelley, M. (2000). Mood and behavioral symptoms in individuals with chronic solvent exposure, 191.
Constantino, M. J., Vîslă, A., Coyne, A. E., & Boswell, J. F. (2018). A meta-analysis of the association between patients' early treatment outcome expectation and their posttreatment outcomes. Psychotherapy, 55(4), 473–485. doi: 10.1037/pst0000169
Cooper, M. (2018). The psychology of goals: A practice-friendly review. In M. Cooper, D. Law, M. Cooper & D. Law (Eds.), Working with goals in psychotherapy and counselling. (pp. 35–71). New York, NY, US: Oxford University Press.
Coyne, J C., Thompson, R., & Palmer, S. C. (2002). Marital quality, coping with conflict, marital complaints, and affection in couples with a depressed wife. Journal of Family Psychology, 16(1), 26–37. doi: 10.1037/0893-3200.16.1.26
Dadashzadeh, H., Hekmati, I., Gholizadeh, H., & Abdi, R. (2016). Schema modes in cluster B personality disorders. Archives of Psychiatry and Psychotherapy, 2, 22–28. doi: 10.12740/APP/63535
Dancu, C. (1994). Cognitive processing therapy for rape victims: A treatment manual By Patricia A. Resick and Monica K. Schnicke, Newbury Park, CA: Sage Publications, 1993. 178 pp. doi: 10.1016/0272-7358(94)90030-2
Dandachi-FitzGerald, B., Ponds, Rwhm, Peters, M. J. V., & Merckelbach, H. (2011). Cognitive Underperformance and Symptom Over-Reporting in a Mixed Psychiatric Sample. Clinical Neuropsychologist, 25(5), 812–828. doi: 10.1080/13854046.2011.583280
Delacour, J. (1997). Neurobiology of consciousness: an overview. Behavioural Brain Research, 85(2), 127–141.
Deppe-Schmitz, U., & Deubner-Böhme, M. (2016). Auf die Ressourcen kommt es an: Praxis der Ressourcenaktivierung. Göttingen: Hogrefe.
Derefinko, K. J. (2015). Psychopathy and Low Anxiety: Meta-Analytic Evidence for the Absence of Inhibition, Not Affect. J Pers, 83(6), 693–709. doi: 10.1111/jopy.12124
Deutsche Gesellschaft für Psychiatrie und Psychotherapie, Psychosomatik und Nervenheilkunde, Bundesärztekammer, Kassenärztliche, Bundesvereinigung, Arbeitsgemeinschaft der Wissenschaftlichen Medizinischen, Fachgesellschaften, Härter, Martin, Schorr, Susanne, & Schneider, Frank. (2017). S3-Leitlinie/Nationale Versorgungsleitlinie Unipolare Depression. Berlin, Heidelberg: Springer.
De Zwaan, M. (2002). Binge eating disorder (BED) und Adipositas. Verhaltenstherapie, 12(4), 288–295.
Dilling, H. (2015). *Internationale Klassifikation psychischer Störungen : ICD–10 Kapitel V (F) klinisch–diagnostische Leitlinien.* Hogrefe.
Dillon, D. G., & Pizzagalli, D. A. (2018). Mechanisms of memory disruption in depression. Trends in neurosciences, 41(3), 137–149.
Eddy, K. T., Dorer, D. J., Franko, D. L., Tahilani, K., Thompson-Brenner, H., & Herzog, D. B. (2008). Diagnostic crossover in anorexia nervosa and bulimia nervosa: implications for DSM-V. American Journal of Psychiatry, 165(2), 245–250.).
Ehlers, A., Margraf, J., & Chambless, D. (1993). Fragebogen zu körperbezogenen Ängsten, Kognitionen und Vermeidung : AKV. Germany, Europe.
Einsle, F., & Hummel, K. V. (2015). Kognitive Umstrukturierung: Techniken der Verhaltenstherapie. Mit E-Book inside und Arbeitsmaterial: Weinheim: Beltz..
Falkai, P. (2008). Diagnose, Ätiologie und Neuropathophysiologie der Schizophrenie. In Neuropsychologie der Schizophrenie (S.. 36–43). Heidelberg: Springer.
Faller, H. (2000). Therapieziele und Indikation: Eine Untersuchung der Fragebogenangaben von Patienten bei der psychotherapeutischen Erstuntersuchung. PPmP-Psychotherapie· Psychosomatik· Medizinische Psychologie, 50(07), 292–300.
Farber, B. A. (2020). Client deception about substance use: Research findings and a case study. Journal of Clinical Psychology, 76(2), 277–285. doi: 10.1002/jclp.22894

Farber, B. A., Suzuki, J. Y., & Lynch, D. A. (2018). Positive regard and psychotherapy outcome: A meta-analytic review. Psychotherapy, 55(4), 411–423. doi: 10.1037/pst0000171

Fartacek, C., Kralovec, K., Pichler, E., Fartacek, R., & Plöderl, M. (2014). Notfallpläne zur Rückfallprävention von suizidalem Verhalten. Suizidprophylaxe, 41, 68–73.

Faßbinder, E., Schweiger, U., & Jacob, G. (2011). Therapie-Tools Schematherapie.: (1. Aufl. ). Weinheim:Beltz.

Fehon, D. C., Grilo, Carlos M., & Lipschitz, D. S. (2005). A comparison of adolescent inpatients with and without a history of violence perpetration: impulsivity, PTSD, and violence risk. The Journal of nervous and mental disease, 193(6), 405–411.

Fiedler, P, & Herpertz, S. (2016). Persönlichkeitsstörungen (7., vollständig überarbeitete Auflage). Weinheim: Beltz.

First, M. B., & Rief, W. (2017). Handbuch der Differenzialdiagnosen – DSM-5®. Göttingen: Hogrefe.

Fischer, M. S., Zietlow, A., Ditzen, B., Cohen, M. J., & Baucom, D. H. (2020). Paarbasierte Psychotherapie: Ein Review über die Wirksamkeit kognitiv-verhaltenstherapeutischer Ansätze mit Paaren bei psychischen Störungen. Couple-based psychotherapy: A review of the efficacy of cognitive-behavioral interventions for couples with mental disorders., 68(4), 207–216. doi: 10.1024/1661-4747/a000419

Fluckiger, C., Del Re, A. C., Wampold, B. E., & Horvath, A. O. (2018). The Alliance in Adult Psychotherapy: A Meta-Analytic Synthesis. Psychotherapy, 55(4), 316–340. doi: 10.1037/pst0000172

Flückiger, C., Caspar, F., Grosse Holtforth, N., & Willutzki, U. (2009). Working with patients' strengths: A microprocess approach. doi: 10.1080/10503300902755300

Fossati, A., Maffei, C., Bagnato, M., Battaglia, M., Donati, D., Donini, M., ... Prolo, F. (2000). Patterns of covariation of DSM-IV personality disorders in a mixed psychiatric sample. Compr Psychiatry, 41(3), 206–215. doi: 10.1016/s0010-440x(00)90049-x

Freyberger, H. J., & Stieglitz, R. (2006). Leitlinien zur Diagnostik in der Psychiatrie und Psychotherapie. Zeitschrift für Psychiatrie, Psychologie und Psychotherapie, 54(1), 23–33.

Friborg, O., Martinsen, E. W., Martinussen, M., Kaiser, S., Overgård, K. T., & Rosenvinge, J. H. (2014). Comorbidity of personality disorders in mood disorders: a meta-analytic review of 122 studies from 1988 to 2010. J Affect Disord, 152–154, 1–11. doi: 10.1016/j.jad.2013.08.023

Friborg, O., Martinussen, M., Kaiser, S., Overgård, K. T., & Rosenvinge, J. H. (2013). Comorbidity of personality disorders in anxiety disorders: a meta-analysis of 30 years of research. J Affect Disord, 145(2), 143–155. doi: 10.1016/j.jad.2012.07.004

Fumi, M., Naab, S., & Voderholzer, U. (2018). Diagnostik und Therapie von Essstörungen. MMW-Fortschritte der Medizin, 160(1), 62–70.

Gaebel, W. , Hasan, A., & Falkai, P. . (2019). S3-Leitlinie Schizophrenie. Heidelberg: Springer.

Gaebel, W., Stricker, J., & Kerst, A. (2020). Changes from ICD-10 to ICD-11 and future directions in psychiatric classification. Dialogues in clinical neuroscience, 22(1), 7.

Galatzer-Levy, I. R., Huang, S. H., & Bonanno, G. A. (2018). Trajectories of resilience and dysfunction following potential trauma: A review and statistical evaluation. Clinical psychology re-view, 63, 41–55.

Gassmann, Daniel, & Grawe, Klaus. (2006). General change mechanisms: the relation between problem activation and resource activation in successful and unsuccessful therapeutic interactions. Clinical Psychology & Psychotherapy, 13(1), 1–11. doi: 10.1002/cpp.442

Gawrilow, C., Gollwitzer, P. M., & Oettingen, G. . (2011). If-Then Plans Benefit Delay of Gratification Performance in Children With and Without ADHD. Cognitive Therapy and Research, 35(5), 442–455.

Gili, M., Castellví, P., Vives, M., de la Torre-Luque, A., Almenara, J., Blasco, M. J., ... Miranda-Mendizabal, A. (2019). Mental disorders as risk factors for suicidal behavior in young people: A meta-analysis and systematic review of longitudinal studies. Journal of affective disorders, 245, 152–162.

Goghari, V. M., & Harrow, M. (2016). Twenty year multi-follow-up of different types of hallucinations in schizophrenia, schizoaffective disorder, bipolar disorder, and depression. Schizophrenia Research, 176(2–3), 371-377. doi: 10.1016/j.schres.2016.06.027

Gonzalez, R., Vélez-Pastrana, M., McCrory, E., Kallis, C., Aguila, J., Canino, G., & Bird, H. (2019). Evidence of concurrent and prospective associations between early maltreatment and ADHD through childhood and adolescence. Social Psychiatry and Psychiatric Epidemiology, 54. doi: 10.1007/s00127-019-01659-0

Goodwin, R. D., & Hamilton, S. P. (2003). Lifetime comorbidity of antisocial personality disorder and anxiety disorders among adults in the community. Psychiatry Res, 117(2), 159–166. doi: 10.1016/s0165-1781(02)00320-7

Goodwin, F. K., & Jamison, K. R. (2007). Manic depressive illness (2nd ed.). Oxford: University Press.

Gould, M. S., Marrocco, F. A., Kleinman, M., Thomas, J., Mostkoff, K., Cote, J., & Davies, M. (2005). Evaluating iatrogenic risk of youth suicide screening programs: a randomized controlled trial. Jama, 293(13), 1635–1643.

Grace, G. D., & Christensen, R. C. (2007). Recognizing Psychologically Masked Illnesses: The Need for Collaborative Relationships in Mental Health Care.

Gradl-Dietsch, G., Herpertz-Dahlmann, B., Degenhardt, F., & Hebebrand, J. (2020). ICD-11-Sonderserie: Fütter-und Essstörungen in der ICD-11. Zeitschrift für Kinder- und Jugendpsychiatrie und Psychotherapie.

Gräfe, K., Zipfel, S., Herzog, W., & Löwe, B. (2004). Screening psychischer Störungen mit dem »Gesundheitsfragebogen für Patienten (PHQD)«. Ergebnisse der deutschen Validierungsstudie. [Screening for psychiatric disorders with the Gesundheitsfragebogen für Patienten (PHQ-D; Patient Health Questionnaire). Results from the German validation study]. Diagnostica, 50(4), 171–181. doi: 10.1026/0012-1924.50.4.171

Grawe, K. (1998). Psychologische Therapie. Göttingen, Bern: Toronto, Seattle: Hogrefe.

Grawe, K, & Caspar, F. (1984). Die Plananalyse als Konzept und Instrument für die Psychotherapieforschung. Psychotherapie: Makro- und Mikroperspektiven. Göttingen: Hogrefe.

Grawe, Klaus. (2004). Neuropsychotherapie: Hogrefe Verlag.

Grawe, K, & Grawe-Gerber, M. (1999). Ressourcenaktivierung Ein primaeres Wirkprinzip der Psychotherapie. Resource activation: A primary effective factor in psychotherapy (S. 63): Leibniz-Zentrum für Psychologische Information und Dokumentation (ZPID).

Greenberg, L. S., & Goldman, R. N. (2010). Die Dynamik von Liebe und Macht: emotionsfokussierte Paartherapie: München: Reinhardt.

Gupta, Ankit, & Chadda, Rakesh K. (2016). Adverse psychiatric effects of non-psychotropic medications. BJPsych Advances, 22(5), 325.

Hammen, C., Kim, E. Y., Eberhart, N. K., & Brennan, P. A. (2009). Chronic and acute stress and the prediction of major depression in women. Depression and anxiety, 26(8), 718-723.

Harris, E. C., & Barraclough, B. (1997). Suicide as an outcome for mental disorders. A meta-analysis. British journal of psychiatry, 170(3), 205–228.

Hasan, A., Wobrock, T., Gaebel, W., Janssen, B., Zielasek, J., & Falkai, P. (2013). Nationale und internationale Leitlinien zur Schizophrenie, 1359.

Hassanzadeh, A., Heidari, Z., Feizi, Keshteli, A., Roohafza, H., Afshar, H., & Adibi, P. (2017). Association of stressful life events with psychological problems: a large-scale community-based study using grouped outcomes latent factor regression with latent predictors. Computational and mathematical methods in medicine, 2017.

Hautzinger, M. (2013). Kognitive Verhaltenstherapie bei Depressionen. (7., vollständig überarbeitete und erweiterte Aufl. .): Weinheim: Beltz.

Hautzinger, M, Luka, U, & Trautmann, R. D. (1985). Skala dysfunktionaler Einstellungen : Eine deutsche Version der Dysfunctional Attitude Scale. [A German version of the Dysfunctional Attitude Scale]. Diagnostica, 31(4), 312–323.

Hayden-Evans, M., Milbourn, B., & Netto, J. (2018). ›Pets provide meaning and purpose‹: a qualitative study of pet ownership from the perspectives of people diagnosed with borderline personality disorder. Advances in Mental Health, 16(2), 152–162.

Heidenreich, T., & Michalak, J. (2013). Die» dritte Welle «der Verhaltenstherapie: Grundlagen und Praxis. Weinheim: Beltz.

Hilbert, A., & Tuschen–Caffier, B. (2005). Body–related cognitions in binge–eating disorder and bulimia nervosa. Journal of Social and Clinical Psychology, 24(4), 561–579.

Hilbert, A., Tuschen-Caffier, B., Karwautz, A., Niederhofer, H., & Munsch, S. (2007). Eating disorder examination-questionnaire. Diagnostica, 53(3), 144–154.

Hildenbrand, B. (2005). Einführung in die Genogrammarbeit. Heidelberg: Carl-Auer.
Hippler, K., Sousek, R., & Hackenberg, B. (2010). Das Asperger-Syndrom bei Erwachsenen. Psychopraxis, 13(2), 18–23.
Hipson, W. E., & Séguin, D. G. (2017). The goodness of fit model. Encyclopaedia of personality and individual differences. Basel, Switzerland: Spring International.
Hoellen, B., & Böhmer, M. (2018). Selbstakzeptanz: Die Rational-Emotive Verhaltenstherapie nach Albert Ellis. Stuttgart: Klett-Cotta.
Hoffmann, N., & Hofmann, B. (2012). Exposition bei Ängsten und Zwängen. 3., überarb. Aufl. Weinheim: Beltz.
Hoffmann, N., & Hofmann, B. (2008). Anpassungsstörung und Lebenskrise: Material für Therapie, Beratung und Selbsthilfe. Weinheim: Beltz.
Hohagen, F, Wahl-Kordon, A., Lotz-Rambaldi, W., & Muche-Borowski, C. (2015). S3-Leitlinie Zwangsstörungen. [Elektronische Ressource]: Heidelberg: Springer.
Hoyt, William T. (1996). Antecedents and effects of perceived therapist credibility: A meta-analysis. Journal of Counseling Psychology, 43(4), 430–447. doi: 10.1037/0022-0167.43.4.430
Inskip, H., Harris, C., & Barraclough, B. (1998). Lifetime risk of suicide for affective disorder, alcoholism and schizophrenia. The British Journal of Psychiatry, 172(1), 35–37.
Jack, M. (2007). Fragebogen zur Erfassung von Ressourcen und Selbstmanagementfähigkeiten: FERUS. Göttingen: Hogrefe.
Jacob, G., & Arntz, A. (2015). Schematherapie in der Praxis. Weinheim: Beltz.
Jacobi, C. (1999). Symptomverschiebung in der Verhaltenstherapie Psychologisches Alltagswissen, Regelfall oder Ausnahme? (S. 51): Leibniz-Zentrum für Psychologische Information und Dokumentation (ZPID).
Jacobi, F., Höfler, M., Strehle, J., Mack, S., Gerschler, A., Scholl, L., . . . Wittchen, H. U. (2014). Psychische Störungen in der Allgemeinbevölkerung: Studie zur Gesundheit Erwachsener in Deutschland und ihr Zusatzmodul Psychische Gesundheit (DEGS1-MH). Der Nervenarzt, 85(1), 77–87. doi: 10.1007/s00115-013-3961-y
Jacobs, I., Lenz, L., Dörner, S., & Wegener, B. (2019). How do schema modes and mode factors align with defense styles and personality disorder symptoms? Personal Disord, 10(5), 427–437. doi: 10.1037/per0000329
Johnson, J. G., Cohen, P., Kasen, S., Skodol, A. E., & Oldham, J. M. (2008). Cumulative prevalence of personality disorders between adolescence and adulthood. Acta Psychiatrica Scandinavica, 118(5), 410–413.
Kanfer, F. H., & Saslow, G. (1969). Behavioral diagnosis. In F. C. M (Ed.), Behavior Therapy: Appraisal and status. New York:: McGraw Hill.
Kanfer, F. H., Reinecker, H., & Schmelzer, D. (1996). Selbstmanagement-Therapie. Ein Lehrbuch für die klinische Praxis. Berlin: Springer.
Kasalova, P., Prasko, J., Kantor, K., Zatkova, M., Holubova, M., Sedlackova, Z., . . . Grambal, A. (2018). Personality disorder in marriage and partnership - a narrative review. Neuro endocrinology letters, 39, 159–171.
Kealy, D., Ogrodniczuk, J. S., Rice, S. M., & Oliffe, J. L. (2017). Pathological narcissism and maladaptive self-regulatory behaviours in a nationally representative sample of Canadian men. Psychiatry Res, 256, 156–161. doi: 10.1016/j.psychres.2017.06.009
Kelly, R E., Mansell, W., & Wood, A. M. (2015). Goal conflict and well-being: A review and hierarchical model of goal conflict, ambivalence, self-discrepancy and self-concordance. Personality and Individual Differences, 85, 212–229. doi: 10.1016/j.paid.2015.05.011
Kempke, Stefan, & Luyten, Patrick. (2007). Psychodynamic and cognitive–behavioral approaches of obsessive–compulsive disorder: Is it time to work through our ambivalence? Bulletin of the Menninger Clinic, 71(4), 291–311.
Keulen-de Vos, M., Bernstein, D. P., Clark, L.A., de Vogel, V., Bogaerts, S., Slaats, M., & Arntz, A. (2017). Validation of the schema mode concept in personality disordered offenders. Legal and Criminological Psychology, 22(2), 420–441. doi: https://doi.org/10.1111/lcrp.12109
Kiesler, Donald J. (1983). The 1982 Interpersonal Circle: A taxonomy for complementarity in human transactions. Psychological Review, 90(3), 185–214. doi: 10.1037/0033-295X.90.3.185

Kim, Ji, & Choi, Ji. (2020). Influence of childhood trauma and posttruamatic stress symptoms on impulsivity: focusing on differences according to the dimensions of impulsivity. European Journal of Psychotraumatology, 11, 1796276. doi: 10.1080/20008198.2020.1796276

Kirchner, S. K., Roeh, A., Nolden, J., & Hasan, A. (2018). Diagnosis and treatment of schizotypal personality disorder: evidence from a systematic review. NPJ Schizophr, 4(1), 20. doi: 10.1038/s41537-018-0062-8

Klein, J. P., & Belz-Merk, M. (2014). Psychotherapie chronischer Depression: Praxisleitfaden CBASP. Göttingen: Hogrefe.

Klepsch, R., Zaworka, W., Hand, I., Lünenschloß, K., & Jauernig, G. (1993). Hamburger Zwangsinventar-Kurzform (HZI-K): Springer.

Klusmann, U., Trautwein, U., & Lüdtke, O. (2005). Intrinsische und extrinsische Lebensziele: Reliabilität und Validität einer deutschen Fassung des Aspirations Index.

Kolbeck, S., & Maß, R. . (2009). Fragebogen zu sozialer Angst und sozialen Kompetenzdefiziten: SASKO. : Göttingen: Hogrefe.

Korn, O., Sipos, V., & Schweiger, U. (2012). Die Metakognitive Therapie der Generalisierten Angststörung. Psychotherapie, 17, (S. 119– 130.

Kossak, H. (2007). Sinnvolle Werte und Lebensziele entwickeln. In R. Frank (Ed.), Therapieziel Wohlbefinden. Ressourcen aktivieren in der Psychotherapie (S.. 159-177). Berlin: Springer.

Kühner, C., Huffziger, S., & Nolen-Hoeksema, S. (2007). Response styles questionnaire. Göttingen: Hogrefe.

Kupferberg, A., Bicks, L., & Hasler, G. (2016). Social functioning in major depressive disorder. Neuroscience and Biobehavioral Reviews, 69, 313–332. doi: 10.1016/j.neubiorev.2016.07.002

Ladwig, I., Rief, W., & Nestoriuc, Y. (2014). What are the Risks and Side Effects to Psychotherapy? - Development of an Inventory for the Assessment of Negative Effects of Psychotherapy (INEP). Verhaltenstherapie, 24(4), 252–263. doi: 10.1159/000367928

Lagacé-Séguin, Daniel G, & Coplan, Robert J. (2005). Maternal emotional styles and child social adjustment: Assessment, correlates, outcomes and goodness of fit in early childhood. Social Development, 14(4), 613–636.

Lambert, J. E., Engh, R., Hasbun, A., & Holzer, J. (2012). Impact of posttraumatic stress disorder on the relationship quality and psychological distress of intimate partners: A meta-analytic review. Journal of Family Psychology, 26(5), 729–737. doi: 10.1037/a0029341

Lammers, C. (2017). Therapeutische Beziehung und Gesprächsführung. Weinheim: Beltz.

Lamparter, U., & Schmidt, H.. (2018). Wirklich psychisch bedingt? Somatische Differenzialdiagnosen in der Psychosomatischen Medizin und Psychotherapie. Stuttgart: Schattauer.

Landis, J. R., & Koch, G. G. (1977). The measurement of observer agreement for categorical data. biometrics, 159–174.

Lang, F. R., Martin, M., & Pinquart, M. (2011). Entwicklungspsychologie – Erwachsenenalter. Göttingen: Hogrefe.

Lebow, J. L., Chambers, A. L., Christensen, A., & Johnson, S. M. (2012). Research on the treatment of couple distress. Journal of Marital and Family Therapy, 38(1), 145–168. doi: 10.1111/j.1752-0606.2011.00249.x

Linden, M., & Schermuly-Haupt, M. L. (2014). Definition, assessment and rate of psychotherapy side effects. World Psychiatry, 13(3), 306–309. doi: 10.1002/wps.20153

Linden, M., Strauß, B., Scholten, S., Nestoriuc, Y., Brakemeier, E. L., & Wasilewski, J. (2018). Definition und Entscheidungsschritte in der Bestimmung und Erfassung von Nebenwirkungen von Psychotherapie. PPmP-Psychotherapie· Psychosomatik· Medizinische Psychologie, 68(09/10), 377–382.

Lindenmeyer, Johannes. (1999). Alkoholabhängigkeit. Göttingen: Hogrefe.

Linehan, M. M., Dimeff, L. A., Reynolds, S. K., Comtois, K. A., Welch, S. S., Heagerty, P., & Kivlahan, D. R. (2002). Dialectical behavior therapy versus comprehensive validation therapy plus 12-step for the treatment of opioid dependent women meeting criteria for borderline personality disorder. Drug and Alcohol Dependence, 67(1), 13–26. doi: 10.1016/s0376-8716(02)00011-x

Lobbestael, J., Arntz, A., & Sieswerda, S. (2005). Schema modes and childhood abuse in borderline and antisocial personality disorders. J Behav Ther Exp Psychiatry, 36(3), 240–253. doi: 10.1016/j.jbtep.2005.05.006

Lobbestael, J., Van Vreeswijk, M. F., & Arntz, A. (2008). An empirical test of schema mode conceptualizations in personality disorders. Behav Res Ther, 46(7), 854–860. doi: 10.1016/j.brat.2008.03.006

London, L., Flisher, A. J., Wesseling, C., Mergler, D., & Kromhout, H. (2005). Suicide and exposure to organophosphate insecticides: cause or effect? American journal of industrial medicine, 47(4), 308–321.

Lorenz, T. K. Predictors and impact of psychotherapy side effects in young adults. Counselling & Psychotherapy Research. doi: 10.1002/capr.12356

Love, M., & Farber, B. A. (2019). Honesty in psychotherapy: Results of an online survey comparing high vs. low self-concealers. Psychotherapy Research, 29(5), 607–620. doi: 10.1080/10503307.2017.1417652

Löwe, B., Unützer, J., Callahan, C. M., Perkins, A. J., & Kroenke, K. (2004). Monitoring Depression Treatment Outcomes With the Patient Health Questionnaire-9. Medical Care, 42 (12), 1194–1201. doi: 10.1097/00005650-200412000-00006

Luyten, P., Blatt, S. J., & Fonagy, P. (2013). Impairments in self structures in depression and suicide in psychodynamic and cognitive behavioral approaches: Implications for clinical practice and research. International Journal of Cognitive Therapy, 6(3), 265–279.

Mackrill, T. (2011). Differentiating life goals and therapeutic goals: expanding our understanding of the working alliance. British Journal of Guidance & Counselling, 39(1), 25–39. doi: 10.1080/03069885.2010.531382

Maercker, A., Hecker, T., Augsburger, M., & Kliem, S. (2018). ICD-11 Prevalence Rates of Posttraumatic Stress Disorder and Complex Posttraumatic Stress Disorder in a German Nationwide Sample. J Nerv Ment Dis, 206(4), 270–276. doi: 10.1097/nmd.0000000000000790

Maercker, A., Reed, G. M., Watts, A., Lalor, J., & Perkonigg, A. (2014). Wie sehen Psychologen die klassifikatorische Diagnostik: WHO–IUPsyS-Survey in Deutschland und der Schweiz zur Vorbereitung der ICD-11. Psychother Psychosom Med Psychol, 64(8), 315–321.

Maercker, A., & Schützwohl, M. (1998). Erfassung von psychischen Belastungsfolgen: Die Impact of Event Skala-revidierte Version (IES-R). Diagnostica.

Mahoney, Michael J, & Granovold, Donald K. (2005). Constructivism and psychotherapy. World Psychiatry, 4(2), 74.

Mandal, Eugenia, & Kocur, Dagna. (2013). Psychological masculinity, femininity and tactics of manipulation in patients with borderline personality disorder. Archives of Psychiatry and Psychotherapy, 45–53.

Margraf, J., Cwik, J. C., Pflug, V., & Schneider, S. (2017). Structured Clinical Interviews for Mental Disorders Across the Life Span: Psychometric Quality and Further Developments of the DIPS Open Access Interviews. Zeitschrift Fur Klinische Psychologie Und Psychotherapie, 46(3), 176–186. doi: 10.1026/1616-3443/a000430

Marques, L., Porter, E., Keshaviah, A., Pollack, M., Van Ameringen, M., Stein, M., & Simon, N. (2012). Avoidant Personality Disorder in Individuals with Generalized Social Anxiety Disorder: What Does It Add? Journal of anxiety disorders, 26, 665–672. doi: 10.1016/j.janxdis.2012.05.004

Martinussen, M., Friborg, O., Schmierer, P., Kaiser, S., Øvergård, K. T., Neunhoeffer, A. L., . . . Rosenvinge, J. H. (2017). The comorbidity of personality disorders in eating disorders: a meta-analysis. Eat Weight Disord, 22(2), 201–209. doi: 10.1007/s40519-016-0345-x

Mattejat, F., & Quaschner, K. (2019). Fallkonzeptualisierung Kompendium der Psychotherapie (S. 25–45): Springer.

Matthies, S. D., & Philipsen, A. (2014). Common ground in Attention Deficit Hyperactivity Disorder (ADHD) and Borderline Personality Disorder (BPD)-review of recent findings. Borderline Personal Disord Emot Dysregul, 1, 3. doi: 10.1186/2051-6673-1-3

McCullough, J. P. (2006). Treating chronic depression with disciplined personal involvement: cognitive behavioral analysis system of psychotherapy (CBASP): Springer.

McCullough Jr, James P. (2003). Treatment for chronic depression: Cognitive behavioral analysis system of psychotherapy (CBASP) (Vol. 13): Educational Publishing Foundation.

McGoldrick, M., Gerson, R., & Petry, S. (2009). Genogramme in der Familienberatung. Bern: Huber.

McGuire, P. (2000). Long term psychiatric and cognitive effects of MDMA use.
McLaughlin, K. A., Conron, K. J., Koenen, K. C., & Gilman, S. E. (2010). Childhood adversity, adult stressful life events, and risk of past-year psychiatric disorder: a test of the stress sensitization hypothesis in a population-based sample of adults. Psychological medicine, 40(10), 1647.
Meins, E., McCarthy-Jones, S., Fernyhough, C., Lewis, G., Bentall, R. P., & Alloy, L. B. (2012). Assessing negative cognitive style: Development and validation of a Short-Form version of the Cognitive Style Questionnaire. Personality and Individual Differences, 52(5), 581–585. doi: 10.1016/j.paid.2011.11.026
Michalak, J., & Holtforth, M. (2006). Where Do We Go From Here? The Goal Perspective in Psychotherapy. Clinical Psychology: Science & Practice, 13(4), 346–365. doi: 10.1111/j.1468-2850.2006.00048.x
Michalak, J., Holtforth, M., & Berking, M. (2007). Patientenziele in der Psychotherapie. Psychotherapeut, 52(1), 6–15.
Mikulincer, M., & Shaver, P. R. (2012). An attachment perspective on psychopathology. World Psychiatry, 11(1), 11–15.
Miller, P. R., Dasher, R., Collins, R., Griffiths, P., & Brown, F. (2001). Inpatient diagnostic assessments: 1. Accuracy of structured vs. unstructured interviews. Psychiatry Research, 105 (3), 255-264. doi: 10.1016/S0165-1781(01)00317-1
Miloyan, B., Bienvenu, J., Brilot, B., & Eaton, W. W. (2018). Adverse life events and the onset of anxiety disorders. Psychiatry research, 259, 488–492.
Moelbert, S. C., Klein, L., Thaler, A., Mohler, B. J., Brozzo, C., Martus, P., ... & Giel, K. E. (2017). Depictive and metric body size estimation in anorexia nervosa and bulimia nervosa: a systematic review and meta-analysis. Clinical psychology review, 57, 21–31.
Moreno, G. (2007). Gruppenpsychotherapie und Psychodrama: Einleitung in die Theorie und Praxis: Stuttgart: Thieme.
Moritz, Steffen, Fieker, Martina, Hottenrott, Birgit, Seeralan, Tharanya, Cludius, Barbara, Kolbeck, Katharina, ... Nestoriuc, Yvonne. (2015). No pain, no gain? Adverse effects of psychotherapy in obsessive–compulsive disorder and its relationship to treatment gains. doi: 10.1016/j.jocrd.2015.02.002
Morton, W. A. (1999). Cocaine and psychiatric symptoms. Journal of clinical psychiatry, 1(4), 109.
Mitmansgruber, H. (2020, October). Die »neue «Borderline-Persönlichkeitsstörung: Dimensionale Klassifikation im DSM-5 und ICD-11. In Psychotherapie Forum (pp. 1–11). Wien: Springer..
Mühlberger, A., Herrmann, M. J., & Pauli, P. (2003). Angsterwartungsfragebogen bei Flugreisen (AES). Berlin: Springer.
Müller-Engelmann, M., Schnyder, U., Dittmann, C., Priebe, K., Bohus, M., Thome, J., ... Steil, R. (2020). Psychometric properties and factor structure of the German version of the clinician-administered PTSD scale for DSM-5. Assessment, 27(6), 1128–1138.
Mundle, G., Banger, M., & Mugele, B. (2003). AWMF – Behandlungsleitlinie: Akutbehandlung alkoholbezogener Störungen (pp. 147): Deutsches Zentralinstitut für soziale Fragen/DZI.
Munsch, S., Biedert, E., & Schlup, B. (2011). Binge Eating: Kognitive Verhaltenstherapie bei Essanfällen.Weinheim: Beltz.
Nelson, J., Klumparendt, A., Doebler, P., & Ehring, T. (2017). Childhood maltreatment and characteristics of adult depression: Meta-analysis. [Misshandlung in der Kindheit und Merkmale der Depression im Erwachsenenalter: Metaanalyse]. British Journal of Psychiatry, 210(2), 96–104. doi: 10.1192/bjp.bp.115.180752
Neudeck, P., Mühlig, S., & Berndt, C. (2013). Therapie-Tools Verhaltenstherapie. Therapieplanung, Probatorik, Verhaltensanalyse (1. Auflage): Weinheim: Beltz.
Neumann, A, & Geissner, E. (2007). Die Bedeutung von Metakognitionen für das Verständnis und die Psychotherapie von Zwang. Verhaltenstherapie, 17(2), 116–121.
Neumann, A., Reinecker, H., & Geissner, E. (2010). Erfassung von Metakognitionen bei Zwangsstörungen. Diagnostica.
Newton-Howes, Giles, Tyrer, Peter, & Johnson, Tony. (2006). Personality disorder and the outcome of depression: meta-analysis of published studies. The British Journal of Psychiatry, 188(1), 13–20.

Nicely, T. A., Lane-Loney, S., Masciulli, E., Hollenbeak, C. S., & Ornstein, R. M. (2014). Prevalence and characteristics of avoidant/restrictive food intake disorder in a cohort of young patients in day treatment for eating disorders. Journal of eating disorders, 2(1), 1–8.

Nolen-Hoeksema, S. (1991). Responses to depression and their effects on the duration of depressive episodes. Journal of Abnormal Psychology, 100(4), 569–582. doi: 10.1037/0021-843X.100.4.569

Nordentoft, M., Thorup, A., Petersen, L., Ohlenschlaeger, J., Melau, M., Christensen, TØ, . . . Jeppesen, P. (2006). Transition rates from schizotypal disorder to psychotic disorder for first-contact patients included in the OPUS trial. A randomized clinical trial of integrated treatment and standard treatment. Schizophr Res, 83(1), 29–40. doi: 10.1016/j.schres.2006.01.002

Nordgaard, J., Revsbech, R., Saebye, D., & Parnas, J. (2012). Assessing the diagnostic validity of a structured psychiatric interview in a first-admission hospital sample. World Psychiatry, 11(3), 181–185.

Nordmo, M., Sønderland, N. M., Havik, O. E., Eilertsen, D. E., Monsen, J. T., & Solbakken, O. A. (2020). Effectiveness of open-ended psychotherapy under clinically representative conditions. Frontiers in Psychiatry, 11, 384.

Nordgaard, J., Sass, L. A., & Parnas, J. (2013). The psychiatric interview: validity, structure, and subjectivity. European Archives of Psychiatry and Clinical Neuroscience, 263(4), 353–364. doi: 10.1007/s00406-012-0366-z

Normann, N., & Morina, N. (2018). The efficacy of metacognitive therapy: a systematic review and meta-analysis. Frontiers in psychology, 9, 2211.

Norris, F. H., & Uhl, G. A. (1993). Chronic stress as a mediator of acute stress: The case of Hurricane Hugo 1. Journal of Applied Social Psychology, 23(16), 1263–1284.

Nübling, R., Henn, J., Kaiser, U., Schmidt, J., & Bassler, M. (2020). Zur Validität subjektiver Patientenangaben: Anmerkungen zur Beschwerdenvalidierung. Zeitschrift für Psychiatrie, Psychologie und Psychotherapie, 68(2), 81–95. doi: 10.1024/1661-4747/a000407

Ogrodniczuk, J. S., Kealy, D., Laverdière, O., & Joyce, A. S. (2018). So, who wants to be here? A survey of patients' motives for seeking psychotherapy services and their expected un-involvement in therapy. Archives of Psychiatry and Psychotherapy, 3, 26–30.

Olajide, K., Munjiza, J., Moran, P., O'Connell, L., Newton-Howes, G., Bassett, P., ... & Crawford, M. J. (2018). Development and psychometric properties of the Standardized Assessment of Severity of Personality Disorder (SASPD). Journal of personality disorders, 32(1), 44–56.

Osorio, F. L., Loureiro, S. R., Hallak, J. E. C., Machado-de-Sousa, J. P., Ushirohira, J. M., Baes, C. V. W., ... Crippa, J. A. S. (2019). Clinical validity and intrarater and test-retest reliability of the Structured Clinical Interview for DSM-5-Clinician Version (SCID-5-CV). Psychiatry and Clinical Neurosciences, 73(12), 754–760. doi: 10.1111/pcn.12931

Paolini, E., Moretti, P., & Compton, M. T. (2016). Delusions in first-episode psychosis: Principal component analysis of twelve types of delusions and demographic and clinical correlates of resulting domains. Psychiatry Research, 243, 5–13. doi: 10.1016/j.psychres.2016.06.002

Paunovic, N., Lundh, L.-G., & Öst, L.-G. (2002). Attentional and memory bias for emotional information in crime victims with acute posttraumatic stress disorder (PTSD). Journal of anxiety disorders, 16(6), 675–692.

Pellecchia, G., Moroni, F., Colle, L., Semerari, A., Carcione, A., Fera, T., ... Procacci, M. (2018). Avoidant personality disorder and social phobia: Does mindreading make the difference? Compr Psychiatry, 80, 163–169. doi: 10.1016/j.comppsych.2017.09.011

Peris, T. S., Caporino, N. E., O'Rourke, S., Kendall, P. C., Walkup, J. T., Albano, A. M., ... Ginsburg, G. S. (2017). Therapist-reported features of exposure tasks that predict differential treatment outcomes for youth with anxiety. Journal of the American Academy of Child & Adolescent Psychiatry, 56(12), 1043–1052.

Pfennig, A., Bschor, T., Baghai, T., Bräunig, P., Brieger, P., Falkai, P., ... & Bauer, M. (2012). S3-Leitlinie zur Diagnostik und Therapie bipolarer Störungen. Der Nervenarzt, 83(5), 568–586.

Philipsen, A. (2006). Differential diagnosis and comorbidity of attention-deficit/hyperactivity disorder (ADHD) and borderline personality disorder (BPD) in adults. Eur Arch Psychiatry Clin Neurosci, 256 Suppl 1, 42–46. doi: 10.1007/s00406-006-1006-2

Pietrzak, R. H., Goldstein, R. B, Southwick, S. M., & Grant, B. F. (2011). Prevalence and Axis I comorbidity of full and partial posttraumatic stress disorder in the United States: results from Wave 2 of the National Epidemiologic Survey on Alcohol and Related Conditions. Journal of anxiety disorders, 25(3), 456–465.

Poehlmann, K., & Brunstein, J. C. (1997). GOALS: Ein Fragebogen zur Messung von Lebenszielen, 63.

Post, R. M., Leverich, G. S., McElroy, S., Kupka, R., Suppes, T., Altshuler, L., & Rowe, M. (2020). Relationship of comorbid personality disorders to prospective outcome in bipolar disorder. Journal of Affective Disorders, 276, 147–151.

Prasko, J., Houbová, P., Novák, T., Záleský, R., Espa-Cervená, K., Paskova, B., & Vyskocilová, J. (2005). Influence of personality disorder on the treatment of panic disorder--comparison study. Neuro endocrinology letters, 26(6), 667.

Pudel, V., & Westenhöfer, J. (1989). Fragebogen zum Essverhalten (FEV): Handanweisung. Göttingen: Hogrefe.

Reck, J., & Holsboer-Trachsler, E. (2010). Differentialdiagnostik der Depression. Therapeutische Umschau, 67(11), 555.

Reed, G. M., First, M. B., Kogan, C. S., Hyman, S. E., Gureje, O., Gaebel, W., ... & Saxena, S. (2019). Innovations and changes in the ICD-11 classification of mental, behavioural and neurodevelopmental disorders. World Psychiatry, 18(1), 3–19.

Reich, J. (1991). Relationship between DSM-III avoidant and dependent personality disorders. Psychiatry research, 34, 281–292. doi: 10.1016/0165-1781(90)90006-Q

Reinecke, A., Schöps, D., & Hoyer, J. (2006). Sexuelle Dysfunktionen bei Patienten einer verhaltenstherapeutischen Hochschulambulanz: Häufigkeit, Erkennen, Behandlung. [Sexual dysfunctions in patients of a CBT (cognitive-behavioral therapy) university outpatient clinic: Frequency, detection, and treatment]. Verhaltenstherapie, 16(3), 166–172. doi: 10.1159/000094747

Reiss, N., & Vogel, F. (2014). Empathische Konfrontation in der Schematherapie. Weinheim: Beltz Psychologie Verlags Union.

Ricca, V., Castellini, G., Fioravanti, G., Sauro, C. L., Rotella, F., Ravaldi, C., ... & Faravelli, C. (2012). Emotional eating in anorexia nervosa and bulimia nervosa. Comprehensive psychiatry, 53(3), 245-251.

Roediger, E., & Jacob, G. (2010). Fortschritte der Schematherapie: Konzepte und Anwendungen. Göttingen: Hogrefe.

Rosenberg, M. B. (2016). Gewaltfreie Kommunikation: Eine Sprache des Lebens. Paderborn: Junfermann..

Rosenström, T., Ystrom, E., Torvik, F. A., Czajkowski, N. O., Gillespie, N. A., Aggen, S. H., ... Reichborn-Kjennerud, T. (2017). Genetic and Environmental Structure of DSM-IV Criteria for Antisocial Personality Disorder: A Twin Study. Behav Genet, 47(3), 265–277. doi: 10.1007/s10519-016-9833-z

Roush, J. F., Brown, S. L., Jahn, D. R., Mitchell, S. M., Taylor, N. J., Quinnett, P., & Ries, R. (2017). Mental health professionals' suicide risk assessment and management practices. Crisis.

Rudd, M. D., Mandrusiak, M., & Joiner Jr., T. E. (2006). The case against no-suicide contracts: The commitment to treatment statement as a practice alternative. Journal of clinical psychology, 62(2), 243–251.

Rudolf, G. (2000). Psychotherapeutische Medizin und Psychosomatik : Ein einführendes Lehrbuch auf psychodynamischer Grundlage. Stuttgart: Thieme.

Rudolf, G. (2018). Psychodynamische Psychotherapie: Die Arbeit an Konflikt, Struktur und Trauma. Stuttgar: Klett-Cotta.

Rudolf, G., & Hauten, L. (2019). Psychodynamisch denken - tiefpsychologisch handeln. Praxis der tiefenpsychologisch fundierten Psychotherapie. Stuttgart: Schattauer.

Rumschik, Sean M., & Appel, Jacob M. (2019). Malingering in the Psychiatric Emergency Department: Prevalence, Predictors, and Outcomes, 115.

Ryan, R. M., & Deci, E. L. (2017). Self-determination theory: Basic psychological needs in motivation, development, and wellness. Guilford Publications.

Sachse, R., & Von Franqué, F. (2019). Interaktionsspiele bei Psychopathie: Antisoziale Manipulation erkennen und konstruktiv bewältigen. Heidelberg: Springer.

Sachse, R. (2012). Persönlichkeitsstörungen verstehen. Köln:Psychiatrie-Verlag

Sachse, R., Fasbender, J., Breil, J., & Püschel, O. (2009). Grundlagen und Konzepte Klärungsorientierter Psychotherapie. Göttingen: Hogrefe.

Sadek, J. (2018). A Clinician's Guide to Suicide Risk Assessment and Management. Cham: Springer.

Salkovskis, P. M., Hackmann, A., Wells, A., Gelder, M. G., & Clark, D. M. (2007). Belief disconfirmation versus habituation approaches to situational exposure in panic disorder with agoraphobia: A pilot study. Behaviour Research and Therapy, 45(5), 877–885. doi: 10.1016/j.brat.2006.02.008

Samuel, D. B. (2015). A review of the agreement between clinicians' personality disorder diagnoses and those from other methods and sources. Clinical Psychology: Science and Practice, 22(1), 1–19. doi: 10.1111/cpsp.12088

Sanderud, K., Murphy, S., & Elklit, A. (2016). Child maltreatment and ADHD symptoms in a sample of young adults. European Journal of Psychotraumatology, 7. doi: 10.3402/ejpt.v7.32061

Schäfer, I., Gast, U., Hofmann, A., Knaevelsrud, C., Lampe, A., Liebermann, P., ... Wöller, W. (2019). S3-Leitlinie Posttraumatische Belastungsstörung. Heidelberg: Springer.

Schauer, M., Neuner, F., & Elbert, T. (2005). Narrative exposure therapy : a short-term intervention for traumatic stress disorders after war, terror or torture: Göttingen/Bern: Hogrefe & Huber.

Schmidt, U. (2000). Binge eating and binge eating disorder. European Eating Disorders Review: The Professional Journal of the Eating Disorders Association, 8(5), 340–343.

Schneider, S., & Margraf, J. (2018). Lehrbuch der Verhaltenstherapie, Band 1: Grundlagen, Diagnostik, Verfahren und Rahmenbedingungen psychologischer Therapie. Heidelberg: Springer.

Schulte, D. (1974). Der diagnostisch-therapeutische Prozeß in der Verhaltenstherapie. Diagnostik in der Verhaltenstherapie. München: Urban & Schwarzenberg.

Schulte, D. (2000). Angststörungen. Angst und Ängstlichkeit. Ein Lehrbuch. Göttingen: Hogrefe.

Shedler, J., & Westen, D. (2004). Refining personality disorder diagnosis: integrating science and practice. Am J Psychiatry, 161(8), 1350-1365. doi: 10.1176/appi.ajp.161.8.1350

Shedler, J., & Westen, D. (2007). The Shedler-Westen Assessment Procedure (SWAP): making personality diagnosis clinically meaningful. J Pers Assess, 89(1), 41–55. doi: 10.1080/00223890701357092

Sideli, L., Quigley, H., La Cascia, C., & Murray, R. M. (2020). Cannabis Use and the Risk for Psychosis and Affective Disorders. doi: 10.1080/15504263.2019.1674991

Singh, J., Avasthi, A., & Grover, S. (2007). Malingering of psychiatric disorders: A review. German Journal of Psychiatry, 10(4), 126–132.

Somma, A., Borroni, S., Maffei, C., Besson, E., Garbini, A., Granozio, S., ... Fossati, A. (2017). Inter-rater reliability of the Italian Translation of the Structured Clinical Interview for DSM-5 Personality Disorders (SCID-5-PD): A study on consecutively admitted clinical adult participants. Journal of Psychopathology, 23(3), 105–111.

Smid, G. E., Mooren, T. T. M., Van der Mast, R. C., & Gersons, B. P. R., & Kleber, RJ (2009). Delayed posttraumatic stress disorder: Systematic review, meta-analysis, and metaregression analysis of prospective studies. Journal of Clinical Psychiatry, 70, 1572–1582

Spinhoven, P., Elzinga, B. M., Hovens, J., Roelofs, K., Zitman, F. G., van Oppen, P., & Penninx, B.W. (2010). The specificity of childhood adversities and negative life events across the life span to anxiety and depressive disorders. Journal of affective disorders, 126(1–2), 103–112.

Spitzer, R. L. (1983). Psychiatric diagnosis: Are clinicians still necessary? doi: 10.1016/0010-440x(83)90032-9

Stadler, C., & Kress, B. (2020). Aufstellungsarbeit – was ist das? Definition, Bedeutung und Methodik. In C. Stadler & B. Kress (Eds.), Praxishandbuch Aufstellungsarbeit. Grundlagen, Methodik und Anwendungsgebiete (S. 3–32). Wiesbaden: Springer Fachmedien.

Stavemann, H. H. (2008a). KVT-Praxis. Strategien und Leitfäden für die Kognitive Verhaltenstherapie (2., vollst. überarb. und erw. Aufl.). Weinheim: Beltz PVU.
Stavemann, Harlich H. (2008b). Lebenszielanalyse und Lebenszielplanung. in Therapie und Beratung (1. Aufl.): Weinheim: Beltz.
Stavemann, Harlich H. (2014). Integrative KVT. die Therapie emotionaler Turbulenzen ; mit Arbeitsmaterial zum Download (5., vollst. überarb. Aufl. ). Weinheim: Beltz.
Steketee, G., Frost, R., & Bogart, K. (1996). The Yale-Brown obsessive compulsive scale: Interview versus self-report. Behaviour Research and Therapy, 34(8), 675–684.
Stellpflug, M. H., & Berns, I. (2008). Musterberufsordnung für die Psychologischen Psychotherapeuten und Kinder- und Jugendlichenpsychotherapeuten. Text und Kommentierung (2., neu bearb. und erw. Aufl. ed.): Psychotherapeutenverl.
Strunz, S., Schermuck, C., Ballerstein, S., Ahlers, C. J., Dziobek, I., & Roepke, S. (2017). Romantic Relationships and Relationship Satisfaction Among Adults With Asperger Syndrome and High-Functioning Autism. J Clin Psychol, 73(1), 113–125. doi: 10.1002/jclp.22319
Stuart, A. L., Pasco, J. A., Jacka, F. N., Brennan, S. L., Berk, M., & Williams, L. J. (2014). Comparison of self-report and structured clinical interview in the identification of depression. Compr Psychiatry, 55(4), 866–869. doi: 10.1016/j.comppsych.2013.12.019
Summerfeldt, Laura J. (2004). Understanding and treating incompleteness in obsessive-compulsive disorder. Journal of clinical psychology, 60(11), 1155–1168.
Suppiger, Andrea, In-Albon, Tina, Herren, Chantal, Bader, Klaus, Schneider, Silvia, & Margraf, Jürgen. (2008). Reliabilität des Diagnostischen Interviews bei Psychischen Störungen (DIPS für DSM-IV-TR) unter klinischen Routinebedingungen. Verhaltenstherapie, 18(4), 237–244.
Sveen, J., Bondjers, K., & Willebrand, M. (2016). Psychometric properties of the PTSD Checklist for DSM-5: a pilot study. European Journal of Psychotraumatology, 7(1), 30165.
Swift, J. K., Callahan, J. L., Cooper, M., & Parkin, S. R. (2018). The impact of accommodating client preference in psychotherapy: A meta-analysis. Journal of Clinical Psychology, 74(11), 1924–1937.
Swift, J. K., & Derthick, A. O. (2013). Increasing hope by addressing clients' outcome expectations. Psychotherapy, 50(3), 284–287. doi: 10.1037/a0031941
Swift, J. K., & Callahan, JenniferL. (2011). Decreasing treatment dropout by addressing expectations for treatment length. Psychotherapy Research, 21(2), 193–200. doi: 10.1080/10503307.2010.541294
Taft, C. T., Watkins, L. E., Stafford, J., Street, A. E., & Monson, C. M. (2011). Posttraumatic stress disorder and intimate relationship problems: a meta-analysis. Journal of consulting and clinical psychology, 79(1), 22.
Taylor, C. D. J., Bee, P., & Haddock, G. (2017). Does schema therapy change schemas and symptoms? A systematic review across mental health disorders. Psychology & Psychotherapy: Theory, Research & Practice, 90(3), 456–479. doi: 10.1111/papt.12112
Taylor, S., McKay, D., Crowe, K. B., Abramowitz, J. S., Conelea, C. A., Calamari, J. E., & Sica, C. (2014). The sense of incompleteness as a motivator of obsessive-compulsive symptoms: An empirical analysis of concepts and correlates. Behavior therapy, 45(2), 254–262.
ten Have, M., de Graaf, R., van Dorsselaer, S., & Beekman, A. (2013). Lifetime treatment contact and delay in treatment seeking after first onset of a mental disorder. Psychiatric Services, 64 (10), 981–989. doi: 10.1176/appi.ps.201200454
Thomasius, R., Gouzoulis-Mayfrank, E., Kraus, C., Wiedenmann, H., Hermle, L., Sack, P. M., ... Schmoldt, A. (2004). AWMF-Behandlungsleitlinie: Psychische und Verhaltensstörungen durch Kokain, Amphetamine, Ecstasy und Halluzinogene. [AWMF Guideline: Cocaine-, amphetamine-, ecstasy-, and hallucinogen-related disorders]. Fortschritte der Neurologie, Psychiatrie, 72(12), 679–695. doi: 10.1055/s-2004-818531
Thyen, U., & Konrad, K. (2018). Psychosoziale Entwicklung in der Adoleszenz. In Stier, B., Weissenrieder, N., Schwab, K. O. (Hrsg.) Jugendmedizin (S. 19–24): Springer.
Tibubos, A.N., Burghardt, J., Klein, E.M., Brähler, E., Jünger, C., Michal, M., . . . Singer, S. (2020). Frequency of stressful life events and associations with mental health and general subjective health in the general population. Journal of Public Health, 1–10.

Timmer, B., Bleichhardt, G., & Rief, WinfriedW (2006). Importance of psychotherapy motivation in patients with somatization syndrome. Psychotherapy Research, 16(03), 348–356.

Too, L.S., Spittal, M. J., Bugeja, L., R., Lennart, Butterworth, P., & Pirkis, J. (2019). The association between mental disorders and suicide: A systematic review and meta-analysis of record linkage studies. Journal of Affective Disorders, 259, 302–313. doi: 10.1016/j.jad.2019.08.054

Torgersen, S. (2013). Epidemiology. In T. A. Widiger (Ed.), The Oxford Handbook of Personality Disorders. Oxford: Oxford University Press.

Trösken, A. & Grawe, K. (2004). Inkongruenzerleben aufgrund brachliegender und fehlender Ressourcen: Die Rolle von Ressourcenpotentialen und Ressourcenrealisierung für die Psychologische Therapie. Verhaltenstherapie & psychosoziale Praxis, 36, 51–62.

Trull, T. J., Widiger, T. A., & Frances, A. (1987). Covariation of criteria sets for avoidant, schizoid, and dependent personality disorders. Am J Psychiatry, 144(6), 767–771. doi: 10.1176/ajp.144.6.767

Tryon, G. S., Birch, S.E., & Verkuilen, J. (2018). Meta-analyses of the relation of goal consensus and collaboration to psychotherapy outcome. Psychotherapy, 55(4), 372.

Turner, R. M. (1987). The effects of personality disorder diagnosis on the outcome of social anxiety symptom reduction. Journal of Personality Disorders, 1(2), 136–143.

Vaillant, George E. (1992). Ego mechanisms of defense: a guide for clinicans and researchers: American Psychiatric Pub.

Van Houtem, C. M. H. H., Laine, M. L., Boomsma, D. I., Ligthart, L., Van Wijk, A. J., & De Jongh, A. (2013). A review and meta-analysis of the heritability of specific phobia subtypes and corresponding fears. Journal of Anxiety Disorders, 27(4), 379–388.

Vaughn, Michael, Fu, Qiang, Delisi, Matt, Beaver, Kevin, Perron, Brian, Terrell, Katie, & Howard, Matthew. (2009). Correlates of Cruelty to Animals in the United States: Results from the National Epidemiologic Survey on Alcohol and Related Conditions. Journal of psychiatric research, 43, 1213–1218. doi: 10.1016/j.jpsychires.2009.04.011

Verschuere, Bruno, & Kaat, Laura. (2017). What are the core features of psychopathy? A prototypicality analysis using the Psychopathy Checklist-Revised (PCL-R).

Vittengl, Jeffrey R., Clark, Lee Anna, Dunn, Todd W., & Jarrett, Robin B. (2007). Reducing relapse and recurrence in unipolar depression: A comparative meta-analysis of cognitive-behavioral therapy's effects. Journal of Consulting and Clinical Psychology, 75(3), 475–488. doi: 10.1037/0022-006X.75.3.475

Vocks, Silja, Legenbauer, Tanja, Troje, Nikolaus, & Schulte, Dietmar. (2006). Körperbildtherapie bei Essstörungen. Zeitschrift für klinische Psychologie und Psychotherapie, 35(4), 286–295.

von Schlippe, A., & Schweitzer, J. (2013). Lehrbuch der systemischen Therapie und Beratung I. Göttingen: Vandenhoeck & Ruprecht.

von Sydow, K. (2018). Standardisierte Diagnostik. In K. von Sydow & U. Borst (Hrsg.), Systemische Therapie in der Praxis (S. 123-133). Weinheim: Beltz.

von Sydow, Kirsten, & Borst, Ulrike. (2018). Systemische Therapie in der Praxis. Weinheim: Beltz.

von Uexküll, T., & Wesiack, W. (1988). Theorie der Humanmedizin: Grundlagen ärztlichen Denkens und Handelns: Urban u. Schwarzenberg.

Wagner, B. (2019). Psychotherapie mit Trauernden. Grundlagen für die therapeutische Praxis. Weinheim: Beltz.

Wagner, E. (2020). Praxisbuch Systemische Therapie: vom Fallverständnis zum wirksamen psychotherapeutischen Handeln in klinischen Kontexten. Stuttgart: Klett-Cotta.

Walser, R. D., & Westrup, D. (2007). Acceptance and Commitment Therapy for the Treatment of Post-Traumatic Stress Disorder and Trauma-Related Problems: A Practitioner's Guide to Using Mindfulness and Acceptance Strategies. Family Therapy: The Journal of the California Graduate School of Family Psychology, 34(3), 218–218.

Walter, E. E., Fernandez, F., Snelling, M., & Barkus, E. (2016). Genetic Consideration of Schizotypal Traits: A Review. Front Psychol, 7, 1769. doi: 10.3389/fpsyg.2016.01769

Wang, S., Fox, K., Boccagno, C., Hooley, J., Mair, P., Nock, M., & Haynos, A. (2020). Functional assessment of restrictive eating: A three-study transdiagnostic investigation.

Waters, A., Hill, A., & Waller, G. (2001). Internal and external antecedents of binge eating episodes in a group of women with bulimia nervosa. International Journal of Eating Disorders, 29(1), 17–22.
Wedig, M. M., & Nock, M. K. (2010). The functional assessment of maladaptive behaviors: A preliminary evaluation of binge eating and purging among women. Psychiatry research, 178 (3), 518–524.
Weinbrecht, A., Schulze, L., Boettcher, J., & Renneberg, B. (2016). Avoidant Personality Disorder: a Current Review. Current Psychiatry Reports, 18. doi: 10.1007/s11920-016-0665-6
Wells, A. (2000). Emotional Disorders and Metacognition: A practical manual and conceptual guide: Chichester: Wiley.
Wells, A. (2005). The metacognitive model of GAD: Assessment of meta-worry and relationship with DSM-IV generalized anxiety disorder. Cognitive Therapy and Research, 29(1), 107–121.
Wells, A, & Carter, K. (2001). Further tests of a cognitive model of generalized anxiety disorder: Metacognitions and worry in GAD, panic disorder, social phobia, depression, and nonpatients. Behavior therapy, 32(1), 85–102.
Whisman, M. A., & Baucom, D. H. (2012). Intimate relationships and psychopathology. Clinical Child and Family Psychology Review, 15(1), 4–13. doi: 10.1007/s10567-011-0107-2
Whisman, M. A., & Uebelacker, L. A. (2009). Prospective associations between marital discord and depressive symptoms in middle-aged and older adults. Psychology and Aging, 24(1), 184–189. doi: 10.1037/a0014759
Williams, J. B. W., Kobak, K. A., Bech, P., Engelhardt, N., Evans, K., Lipsitz, J., . . . Kalalie, A. (2008). The GRID-HAMD: Standardization of the Hamilton Depression Rating Scale. International Clinical Psychopharmacology, 23(3), 120–129. doi: 10.1097/YIC.0b013e3 282 f948 f5
Willutzki, U. (2008). Klinische Ressourcendiagnostik. In B. Röhrle (Hrsg.), Lehrbuch der klinisch-psychologischen Diagnostik. Stuttgart: Kohlhammer.
Willutzki, U., Teismann, T., & Schulte, D. (2012). Psychotherapy for Social Anxiety Disorder: Long-Term Effectiveness of Resource-Oriented Cognitive-Behavioral Therapy and Cognitive Therapy in Social Anxiety Disorder. Journal of Clinical Psychology, 68(6), 581–591. doi: 10.1002/jclp.21842
Wiseman, E. J., & Heithoff, K. A. (1996). Comparison of DSM-III-R symptoms for alcohol dependence between patient self-report and clinician interview or the Structured Clinical Interview for DSM-III-R. J Addict Dis, 15(2), 43–54. doi: 10.1300/J069v15n02_04
Wittchen, H-U, & Hoyer, Jürgen. (2011). Was ist Klinische Psychologie? Definitionen, Konzepte und Modelle Klinische Psychologie & Psychotherapie (S. 3–25). Heidelberg: Springer.
Wittmann, W. W., Lutz, W., Steffanowski, A., Kriz, D., Glahn, E. M., Völkle, M. C., ... & Ruprecht, T. (2011). (2011). Qualitätsmonitoring in der ambulanten Psychotherapie: Modellprojekt der Techniker Krankenkasse–Abschlussbericht: Hamburg: Techniker Krankenkasse.
Wojciechowski, T. W. (2017). PTSD as a Risk Factor for the Development of Violence Among Juvenile Offenders: A Group-Based Trajectory Modeling Approach. Journal of Interpersonal Violence, 35(13–14), 2511–2535. doi: 10.1177/0886260517704231
Woods, S. W., Addington, J., Cadenhead, K. S., Cannon, T. D., Cornblatt, B. A., Heinssen, R., ... McGlashan, T. H. (2009). Validity of the prodromal risk syndrome for first psychosis: findings from the North American Prodrome Longitudinal Study. Schizophr Bull, 35(5), 894-908. doi: 10.1093/schbul/sbp027
World Health Organization. (1993). The ICD-10 classification of mental and behavioural disorders: diagnostic criteria for research (Vol. 2): World Health Organization.
World Health Organization. (2018). International classification of diseases for mortality and morbidity statistics (11th Revision). Retrieved from https://icd.who.int/browse11/l-m/en
Wunderer, E., & Schnebel, A. (2008). Interdisziplinäre Essstörungstherapie: Psychotherapie, Medizinische Behandlung, Sozialpädagogische Begleitung, Ernährungstherapie (1. Aufl..). Weinheim: Beltz.
Yang, Y., & Raine, A. (2009). Prefrontal structural and functional brain imaging findings in antisocial, violent, and psychopathic individuals: a meta-analysis. Psychiatry Res, 174(2), 81–88. doi: 10.1016/j.pscychresns.2009.03.012
Young, J. E., Klosko, J.S., & Weishaar, M.E. (2003). Schema therapy. New York: Guilford, 254.

Zens, C., & Jacob, G. (2020). Grundlagen und therapeutisches Vorgehen in der Schematherapie. Zeitschrift für Psychiatrie, Psychologie und Psychotherapie, 68(3), 180–190. doi: 10.1024/1661-4747/a000417

Zlotnick, C., Franklin, C. L., & Zimmerman, M. (2002). Is comorbidity of posttraumatic stress disorder and borderline personality disorder related to greater pathology and impairment? Am J Psychiatry, 159(11), 1940–1943. doi: 10.1176/appi.ajp.159.11.1940

# Stichwortverzeichnis

## A

ABC-Modell 132, 134
Aktualkonflikt 11, 17
Anamnese 23, 26, 43, 53, 92, 129, 136, 179–180
Angstnetzwerk 145
Angststörungen 39, 137
- Agoraphobie 107
- Generalisierte Angststörung 115–116, 182
- Panikstörung 114
- Soziale Phobie 109, 111, 182
- Spezifische Phobie 110, 113
Antisuizidvertrag *siehe* Notfallplan
Arbeitsbeziehung 21, 23, 30, 34–35
Asperger-Syndrom 180
Aufklärungspflicht 23, 33
Aufstellungsarbeit *siehe* Skulptur

## B

Behandlungsplan 52
Beziehungsmotive 13–14, 81, 157
- Anerkennung 165, 171, 174, 178
- Autonomie 164, 171
- Solidarität 159, 171, 173, 178
- Territorialität 159, 164, 169
- Verlässlichkeit 167, 169, 173
- Wichtigkeit 161, 165, 167, 171, 174, 176, 178
Bindungsstil 13
Biopsychosoziales Modell 14, 43
Bipolare Störung 38, 105
Body Integrity Dysphoria 38

## C

Cognitive Behavioral Analysis System of Psychotherapy (CBASP) 136
Computerspielstörung 38

## D

Depression 39, 104, 112, 115, 117, 133
Differenzialdiagnostik
- Güte 98, 156
- Simulation 130
- Somatisch 126
- Substanzinduziert 128
Dokumentationspflicht 34
Dritte Welle 13, 19, 26, 35, 85, 134

## E

Eigengeruchswahn 38–39
Emotionsfokussierte Therapie 76
Empathische Konfrontation 67, 84
Entscheidungsbaum 96, 100, 104
Erstgespräch *siehe* Sprechstunde
Essattacken 38, 40, 104, 122, 147
Essstörungen 40, 104, 112, 121, 146
Exkoriationsstörung 38
Explorationsverhalten 13

## F

Fallkonzeption 37, 56, 85, 100
Fremdgefährdung 23, 29, 52, 58

## G

Gegenübertragung 80, 137
Genetische Disposition 14–15, 43, 114
Genogramm 92
Gesprächsführung (Techniken) 35
Grabstein-Übung 70
Grundbedürfnisse 13–14, 25, 63, 72, 83–84, 89
Grundkonflikt 11, 17, 19, 80, 134
Gütekriterien
- Objektivität 98
- Reliabilität 96, 98–99, 156
- Validität 96, 98–99, 156–157

## H

Horten 38
Hyperkinetische Störung 179
Hypochondrie *siehe* Krankheitsangststörung

## I

Imagination 49, 69, 71, 134–135, 138–139
Intermittierende explosive Störung 38

## K

Katatone Störung 38
Klärungsorientierte Psychotherapie 81, 158
Klassische Konditionierung 16, 42, 114, 145
Kompensationsverhalten 104, 124, 142, 148
Komplementäre Beziehungsgestaltung 51, 157, 159
Komplexe Posttraumatische Belastungsstörung 38
Komplizierte Trauer 38
Konstruktivismus 13, 18, 91
Kontraindikation 28, 144
Körperbild 149
Körperdysmorphe Störung 38
Krankheitsangststörung 116

## L

LEAD-Standard 98, 157
Lebenskrise 56, 61
Lebenszielanalyse 56, 63, 74
Limited Reparenting 157

## M

Metakognitive Therapie 138, 140, 144
Modelllernen 114
Modusmodell 85, 160, 162, 164, 166, 168, 170, 172–173, 175
Möglichkeitsraum 19, 21, 27, 70, 90, 95

## N

Nebenwirkungen 33–34
Notfallplan 60

## O

Operante Konditionierung 16, 42

Operationalisierte Psychodynamische Diagnostik (OPD) 80

## P

Paartherapie 76
Persönlichkeitsstörungen 40
 – Antisozial 163, 176, 178
 – Borderline 168, 177–178
 – Dependent 172, 177
 – Histrionisch 166, 176
 – Klassifikationssysteme 151
 – Narzisstisch 165, 176
 – Paranoid 159
 – Schizoid 160, 178, 180
 – Schizotyp 162
 – Vermeidend-selbstunsicher 174, 177, 182
 – Zwanghaft 170, 180
Perspektive
 – lösungsorientiert 11, 19, 52, 57, 70
 – problemorientiert 11, 19, 21, 49, 52, 57, 150, 157
 – störungsorientiert 11, 19, 50, 52, 97, 157
Plananalyse 57, 89
Posttraumatische Belastungsstörung 110, 114, 119, 144, 178
Primäremotion 77
Probatorik 21, 37
Problemtrance 11, 18–19
Psychodynamische Therapie 11, 18, 134
Psychoedukation 72, 82, 144
Psychopathologischer Befund 54
Psychopharmaka 29, 33, 128, 133
Psychotische Störungen 39, 106

## R

Resilienz 11, 71
Ressourcen 11, 15, 27, 53, 56, 68, 70, 91
Rollenspiel 95, 134

## S

Schematherapie 84–85, 158
Schizophrenie *siehe* Psychotische Störungen
Schweigepflicht 33–34
Sekundäremotion 77
Selbsterfahrung 30
Selbstgefährdung *siehe* Suizidalität
Situationsanalyse 89, 97, 132, 134, 138–139, 143, 145
Skulptur 94

Somatische Belastungsstörung 40
SORKC-Modell *siehe* Verhaltensanalyse
Sprechstunde 21, 23
Stuck Points 146
Stuhldialog 67, 73, 157
Suizidalität 23, 29, 52, 56–57, 145
Supervision 30, 32, 34, 100, 131
Systemische Therapie 11, 18, 92

## T

Tagebuch 97, 133–135, 143, 147–148
Teilearbeit 73, 94
Therapieauftrag *siehe* Therapieziele
Therapieindikation 28
Therapiemotivation 25, 27, 52
Therapieziele 21, 24, 52
Trauma 40, 94, 110, 114, 119, 144, 178

## U

Übertragung 80, 137
Umwandlungsantrag 53

## V

Verhaltensanalyse 42, 79
– Makroanalyse 17, 43
– Mikroanalyse 17, 46, 132
Verhaltenstherapie 16, 35, 132
Vulnerabilitäts-Stress-Modell 15, 43, 61, 72

## Z

Zwanghaftes Sexualverhalten 38
Zwangsstörung 39, 114, 117, 141, 181

# Übersicht Onlinematerialien

Alle hier aufgeführten Arbeitsmaterialien zum Einstieg in die Diagnostik sowie die Multiple-Choice-Fragen zur Kontrolle des Lernfortschritts *stehen online als Download unter folgendem Link zur Verfügung:* https://dl.kohlhammer.de/978-3-17-041194-4

## Materialien für den Einstieg in die Diagnostik

- M1    Protokollbogen für Erstgespräche
- M2    Anamnesebogen
- M3    Fallkonzeption
- M4    Das SORKC-Modell
- M5    Notfallplan
- M6    Lebenslinie
- M7    Analyse der Beziehungsdynamik
- M8    Modus-Analyse
- M9    Plananalyse
- M10   Screening-Bogen
- M11   ABC-Modell

## Multiple-Choice-Fragen zur Kontrolle des Lernfortschritts

- F1   Fragen zu Kapitel 1 – Vom Störungsverständnis zur Diagnostik
- F2   Fragen zu Kapitel 2 – Diagnostik im Therapieverlauf
- F3   Fragen zu Kapitel 3 – Störungsübergreifende Diagnostik
- F4   Fragen zu Kapitel 4 – Störungsspezifische Diagnostik
- F5   Fragen zu Kapitel 5 – Diagnostik von Persönlichkeitsstilen und -störungen